本书是中国政法大学解志勇教授任首席专家的国家社科基金重大项目"中国特色国家监察理论构建、制度创新与实践运行研究"(项目编号 18ZDA135)的研究成果。本书出版受国家社科基金重大项目"中国特色国家监察理论构建、制度创新与实践运行研究"资助。

国家社科基金重大项目研究成果

境外微观权力
监察制度研究

JINGWAI WEIGUAN
QUANLI JIANCHA ZHIDU YANJIU

侯圣鑫◎著

2021·北京

图书在版编目（CIP）数据

境外微观权力监察制度研究/侯圣鑫著. —北京：中国政法大学出版社，2021.2
ISBN 978-7-5620-9834-8

Ⅰ.①境… Ⅱ.①侯… Ⅲ.①监察—政治制度—研究—国外 Ⅳ.①D523

中国版本图书馆CIP数据核字(2021)第012515号

出 版 者	中国政法大学出版社
地　　址	北京市海淀区西土城路 25 号
邮　　箱	fadapress@163.com
网　　址	http://www.cuplpress.com (网络实名：中国政法大学出版社)
电　　话	010-58908435(第一编辑部) 58908334(邮购部)
承　　印	北京九州迅驰传媒文化有限公司
开　　本	880mm×1230mm　1/32
印　　张	9.25
字　　数	216 千字
版　　次	2021 年 2 月第 1 版
印　　次	2021 年 2 月第 1 次印刷
定　　价	46.00 元

自　序

　　习近平总书记在中国共产党第十九次全国代表大会上向全世界庄严宣告，中国特色社会主义进入了新时代，这是我国发展新的历史方位。在中国特色社会主义的新时代，习近平总书记强调指出：中国坚持对外开放的基本国策，坚持打开国门搞建设，积极促进"一带一路"国际合作，努力实现政策沟通、设施联通、贸易畅通、资金融通、民心相通，打造国际合作新平台，增添共同发展新动力。[1] 我国将以"一带一路"建设为重点，坚持引进来和走出去并重，遵循共商共建共享原则，加强创新能力开放合作，形成陆海内外联动、东西双向互济的开放格局。创新对外投资方式，促进国际产能合作，形成面向全球的贸易、投融资、生产、服务网络，加快培育国际经济合作和竞争新优势。[2] 因此，我国将有大量的政府机构、事业单位和国有企业走出国门，在境外设立分支机构，这些分支机构及其工作人员控制和掌握着巨大的经济、政治、社会资源，从而产生数量众多的境外微观权力主体，形成庞大的境外微观权力

---

〔1〕习近平：《决胜全面建成小康社会　夺取新时代中国特色社会主义伟大胜利——在中国共产党第十九次全国代表大会上的报告》，2017年10月18日。

〔2〕习近平：《决胜全面建成小康社会　夺取新时代中国特色社会主义伟大胜利——在中国共产党第十九次全国代表大会上的报告》，2017年10月18日。

群。由于权力本身的特性、境外微观权力所处的外部环境和其他各种复杂因素的交织叠加，境外微观权力运行中存在大量风险、遇到众多挑战。如何应对这些风险和挑战，加强对境外微观权力的控制和监管成为摆在中国共产党人面前的重大理论课题和实践课题。

习近平总书记对加强权力控制和监管高度重视，多次强调要把权力关进制度的笼子里，要依法设定权力、规范权力、制约权力、监督权力；指出各级党政组织、各级领导干部手中的权力是党和人民赋予的，是上下左右有界受控的，不是可以为所欲为、随心所欲的。习近平总书记对制度建设有深刻认识，指出要建立健全相关制度，用制度管权管事管人，全方位扎紧制度笼子，更多用制度治党、管权、治吏。习近平总书记在党的十九届四中全会上提出，中国特色社会主义制度是党和人民在长期实践探索中形成的科学制度体系，我国国家治理一切工作和活动都依照中国特色社会主义制度展开，我国国家治理体系和治理能力是中国特色社会主义制度及其执行能力的集中体现。

习近平总书记对加强权力运行的制约监督有深刻理解，指出最终目标是要把权力关进制度的笼子里，形成不敢腐的惩戒机制、不能腐的防范机制、不易腐的保障机制，从根本上规范权力、从源头上治理腐败。作为解志勇教授主持的国家社科基金重大项目"中国特色国家监察理论构建、制度创新与实践运行研究"的重要组成部分，本书主要是从政治学视角研究加强对境外微观权力的制约监督，认为必须找出境外微观权力运行和腐败发生的基本规律，构建境外微观权力监察理论，深化对境外微观权力运行异化和腐败问题多发领域和环节的改革，提出构建境外微观权力监察制度的立法完善方案，创新完善中国特色国家监察制度，最大限度减少体制障碍和制度漏洞。从根本上讲，中国特色国家监察制度是党和国家监督体系的核心和关键，党和国家监督体系是中国特色社会主义制度体系中的重要组成，强化对权力运行的制约和监督是国家治理体系和治理能力现代化的重要体现，权力运行机制的现代化是国家治理体系和治理能力现代化的重要内容。党的十九届四中全会通过的《中共中央关于坚持和完善中国特色社会主义制度　推进国家治理体系和治理能力现代化若干重大问题的决定》深入贯彻习近平新时代中国特色社会主义思想，全面贯彻党的十九大精神，对坚持和完善党和国家监督体系，强化对权力运行的制约和监督，形成决策科学、执行坚决、监督有力的权力运行机制，构建一体推进不敢腐、不能腐、不想腐体制机制作出战略部署。这是以习近平同志为核心的党中央着眼党全面领导、长期执政和国家长治久安作出的重大制度安排，是坚持和完善中国特色社会主义制度、推进国家治理体系和治理能力现代化的重大举措，是中国共产党坚守初心使命、坚持执政为民的必然要求，是优化权力配置、强化运行制约，加强对公权力有效监督的必然要求。国家社科基金重要项目研究内容是深入学习贯彻党的十九大和十九届四中全会精神的重要理论成果，本书主要内容是党的十九大和十九届四中全会精神在境外微观权力控制和监管领域的深化和具体化。

　　从政治学视角研究中国特色国家监察制度，要从党和国家的领导体制着手。党和国家的领导体制是社会主义政治体制改革过程中衍生出来的概念，实际上就是指政治体制。"国家的领导体制"总体上是指国家权力机关内部之间的权力划分和相互关系的体制。习近平总书记提出全面依法治国，必须努力形成国家法律法规和党内规定制度相辅相成、相互促进、相互保障的格局。由此可见，这里的立法不仅包括法律法规而且应当包括党内规章制度。从党的领导方面看，党的十八大以来，以习近平同志为核心的党中央多次指出，中国共产党的领导是中国特色社会主义最本质的特征，是中国特色社会主义制度的最大优势，并且已经在党的十九大上写入党章，成为全党必须严格遵守的根本制度核心内容。党的各级组织及其组成人员既承担决策职能，又具体负责组织实施。从宏观、中观到微观，具体到境外微观权力主体及其组成人员，同样既承担决策职能，又具体负责组织实施，甚至有的还承担监督考核评价职责。议行合一的政治体制有许多优势，借用密尔从功利原则出发讨论管理和监督的表述，议行合一的政治体制能够集中政治家和精英群体的智慧和才能，为拥有最好的法律、最纯洁的司法、最开明的行政、最公开和最不繁重的财政制度奠定了坚实基础。但是议行合一的政治体制必须解决的一个重大问题就是权力的控制和监管问题，尤其是对微观权力运行的控制和监管。原因主要有以下几个方面：一是国家治理工作和公权力运行要兼顾公平和效率。一方面现代国家的治理对象广泛而复杂，需要更强有力、更高效能、更集中统一的治理；另一方面人民群众和社会发展趋势又要求进一步扩大民主，充分发挥市场经济主体和公民个体的自主性和创造性，保证公平参与的机会。如何妥善处理二者之间的关系是现代国家治理的重要课题。必须要建立完善的权力制约监督制度体系，以保证权力的公正合理运行，同时完善配套制度措施，最大限度降低运行成本，提高运行效率，以促进国家政治稳定和经济社会可持续发展。二是从国家治理的各环节和政策制定实施的过程来看。国家治理体系是由决策、执行、监督、信息、咨询、反馈等众多环节构成的一个完整系统。必须要对决策权、执行权和信息、咨询、反馈等环节进行全方位的控制和监管，主要依靠权力的制约监督，同时要对制约监督的权力加强控制和监管。只有这样，才能保证国家治理中政策的合法性和公正性，保证政策的贯彻落实，实现国家政策合理调整，提高国家治理的能力和水平。三是从国家面临的经济社会发展环境来看。我国社会主义市场经济体制已经基本确立，对外开放程度越来越高，在这种大背景和发展趋势下，利益主体多元化、经济产权明晰化、运行机制竞争化、市场行为规范化、宏观调控科学化等要求在自主、公平、诚信、竞争的基础上讲求民主与法治，特别是民主监督与依法办事。这需要对公共权力的制约和监督，来防治"市场失灵"和"政府失灵"现象，在国家治理过程中既确保公平正义，又最大限度降低治理成本，提高治理效率。在这种大背景下，必须保证中国特色国家监察的广度，实现对权力主体和权力领域的全覆盖；必须保证中国特色国家监察的深度，实现对各权力主体和权力领域的有效监察，这就对构建中国特色国家监察理论，创新完善中国特色国家监察制度提出了更为迫切也更为明确的需求。

党的十八大以来，即中国特色社会主义建设进入新的阶段，特别是国家监察体制改革及试点工作扎实推进和《中华人民共和国监察法》（以下简称《监察法》）制定出台以来，以习近平总书记为核心的党中央着眼于"四个全面"战略布局的整体设计，身体力行、率先垂范，坚定推进全面从严治党，坚持思想建党和制度治党紧密结合，集中整饬党风，严厉惩治腐败，净化党内政治生态，取得了反腐败斗争的决定性胜利。全面从严治党已经到了向基层延伸、向纵深推进、向境外拓展的新阶段；反腐败斗争已经到了强化权力制约和监督，构建一体推进不敢腐、不能腐、不想腐体制机制的新阶段。在全面从严治党向基层延伸、向纵深推进、向境外拓展的大背景下，在反腐败斗争取得决定性胜利压倒性态势已经形成并巩固发展的新形势下，本书深入查找境外微观权力运行中存在的权力滥用、权力腐败的风险隐患和薄弱环节，认真分析研究境外微观权力运行的风险隐患和薄弱环节的产生原因和形成机制，从全面从严治党、国家治理体系和治理能力现代化、加强海外利益保护和推行"一带一路"倡议等多个角度考量境外微观权力控制和监管问题。深刻敏锐地发现和提出，境外微观权力主体掌握重大权力，控制重要资源，是必须高度重视的重要权力主体，不仅要解决全覆盖问题，还应该将其作为国家监察的重点；但其权力运行存在重大风险，面临重大挑战，制约监督力度明显不足，许多方面尚处于控制和监管的空白和盲区。境外微观权力控制和监管是全面从严治党的重要关注点，是国家治理体系和治理能力现代化的重要环节，是海外利益保护工作面临的重要课题，是顺利推行"一带一路"倡议的重要基础。如果境外微观权力不能得到有效控制和监管，将对"一带一路"倡议的全面推行和"走出去"战略的全面推进产生重大危害，对全面从严治党、全面依法治国造成严重阻碍，对国家治理体系和治理能力现代化进程产生严重阻滞，甚至将影响中国特色社会主义建设和中华民族伟大复兴的历史进程。因此，构建中国特色国家监察理论必须高度重视境外微观权力的控制和监管问题，创新完善中国特色国家监察制度必须突出境外微观权力的控制和监管这个重点。

党的十八大以来，习近平同志团结带领十八届中央领导集体坚持以马克思列宁主义、毛泽东思想、邓小平理论、"三个代表"重要思想、科学发展观为指导，坚持解放思想、实事求是、与时俱进、求真务实，坚持辩证唯物主义和历史唯物主义，紧

密结合新的时代条件和实践要求，以全新的视野深化对共产党
执政规律、社会主义建设规律、人类社会发展规律的认识，进
行艰辛理论探索，取得重大理论创新成果，形成了习近平新时
代中国特色社会主义思想。习近平新时代中国特色社会主义思
想，明确坚持和发展中国特色社会主义，中国特色社会主义事
业总体布局是"五位一体"、战略布局是"四个全面"。习近平
新时代中国特色社会主义思想包括全面依法治国和全面从严治
党在内的十四个方面的基本方略。坚持全面从严治党，要把党
的政治建设摆在首位，思想建党和制度治党同向发力，统筹推
进党的各项建设，严明党的纪律，强化党内监督，全面净化党
内政治生态，坚决纠正各种不正之风，以零容忍态度惩治腐败，
不断增强党自我净化、自我完善、自我革新、自我提高的能力。
坚持全面深化改革，把完善和发展中国特色社会主义制度，推
进国家治理体系和治理能力现代化作为全面深化改革的总目标，
主要内容就是各方面制度更加成熟、更加定型，制度体系更加
完善。国家监察体制改革是建立中国特色国家监察制度体系的
创制之举。坚持全面依法治国，建设社会主义法治国家，一项
基本要求和重要特征就是各项权力的规范合理平稳运行，实现
各项权力运行的制度化和规范化。在积极推进国家监察体制改
革试点的基础上，制定出台《监察法》，使改革实践成果上升为
宪法法律规定，充分体现了用法治思维和法治方式引领推动保
障改革的导向。国家监察体制改革深入推进和《监察法》制定
出台充分体现了全面从严治党、全面深化改革和全面依法治国
的有机统一。因此，从统筹推进"四个全面"战略布局的高度，
要坚持全面从严治党向基层延伸，关注微观权力控制和监管问
题；要坚持全面从严治党向境外拓展，关注境外微观权力控制
和监管问题；要坚持全面依法治国运用法治方式解决权力运行

问题，关注境外微观权力运行的制度化和规范化问题；要坚持全面深化改革加强制度建设，关注以制约监督为主要内容的中国特色国家监察制度构建问题，特别是在制约监督境外微观权力中的特殊问题；要坚持全面深化改革提高国家治理能力，关注境外微观权力的控制和监管问题，确保其运行合法规范和合理高效。

习近平总书记在党的十九大上指出："要加强对权力运行的制约和监督，让人民监督权力，让权力在阳光下运行，把权力关进制度的笼子。"权力制约监督具有巨大理论价值和实践意义，是解决权力滥用和权力腐败问题的关键一招。通过加强权力制约监督建设，确保权力的规范运行和合理行使，防止权力的异化和滥用，有效预防权力腐败的发生和蔓延。在中国特色社会主义建设的新时期，大力加强权力制约监督建设，直接关系到政治体制改革能否顺利推进，社会主义市场经济体制改革能否顺利开展，经济运行能否实现长期平稳较快发展，中华民族伟大复兴中国梦能否顺利实现，中国特色社会主义建设能否顺利推进，党的建设新的伟大工程能否顺利完成，各项伟大斗争能否取得决定性胜利。大力推行"一带一路"倡议，不断拓展海外利益，掌握大量资源的境外微观权力主体纷纷走出国门。境外微观权力的控制和监管问题值得高度重视，在某些方面对事业成败可能发挥着决定性作用，加强权力制约监督是解决境外微观权力控制和监管的重要路径。

权力制约监督理论本身已经较为成熟，其面临的重大难题在于如何妥善处理加强权力控制和监管与提高权力运行效率、降低权力运行成本之间的关系，此外，境外微观权力制约监督仍然面临如何妥善处理各种要素之间的复杂关系，实现各种力量之间的动态平衡等重要问题。因此，加强境外微观权力制约监督需要强有力的理论支撑和方法论指导，行政法的平衡理论正是与境外微观权力制约监督研究高度契合的先进理论。引入行政法的平衡理论将对境外微观权力制约监督基本制度构建和配套制度措施完善提供理论支撑和有力指导，妥善处理各种要素之间的复杂关系，实现各种力量之间的动态平衡，最终实现境外微观权力的合法安全规范运行，同时保证境外微观权力的合理高效平稳运行，最大限度降低境外微观权力运行成本，确保境外微观权力相对人的权利和利益不受非法侵犯，积极维护社会公共利益。

以境外微观权力运行中存在的风险挑战和对权力制约监督本身的深入研究为基础，在行政法平衡理论的指导下，提出境外微观权力制约监督制度建设的完善实施方案，将其作为境外微观权力中国特色国家监察制度的主要内容。根据制度本身与权力制约监督的关系和重要性程度，将境外微观权力制约监督制度分为基本制度和配套制度措施。首先研究提出境外微观权力制约监督基本制度构建方案，在此基础上，提出境外微观权力制约监督配套制度和措施，从而完整构建境外微观权力制约监督制度体系，形成完善的境外微观权力控制和监管的制度体系，进而构建境外微观权力中国特色国家监察制度，充分发挥制度整体合力。

在对制度、制度建设和境外微观权力运行制度进行深入分析的基础上，研究提出境外微观权力制约监督的基本制度，主要包括：境外微观权力量化制度，境外微观权力责任管理制度，境外微观权力运行公开制度，境外微观权力配置管理制度，对境外微观特权的制约监督制度，对隐蔽性境外微观权力的制约监督制度，对境外微观权力主体主要负责人的制约监督制度。对每一项基本制度进行深入谋划和周密设计，围绕要具体应对的境外微观权力运行中的风险和挑战，研究提出完善的制度措施，从而最终形成完整的实施方案。其中，需要着重指出的是，这些基本制度均是相对于权力制约监督制度本身的特殊制度，所有制度均值得深入研究和思考以及认真分析和解构，这也是本书研究内容的重点，对境外微观权力监察制度构建和立法完善发挥关键作用。

加强对境外微观权力的控制和监管必须注重系统谋划、整体推进、协调发展，构建以权力制约监督为基础和核心的境外微观权力监察制度，充分发挥境外微观权力制约监督基本制度和配套制度措施的作用。仅仅依靠境外微观权力制约监督的各项基本制度，是无法控制和监管境外微观权力的，更谈不上良好驾驭境外微观权力。配套制度措施的不完善会导致境外微观权力制约监督制度执行力大幅度下降，导致制度执行的宽松软问题滋生，从而产生权力滥用甚至严重的权力腐败行为。各项基本制度制定得过于周密和执行得过于严格又容易导致权力运行效率降低、造成权力运行成本过高，相关配套制度措施如果不能及时跟进，甚至可能导致境外微观权力主体丧失工作的积极性和主动性，将对"一带一路"倡议的深入推行和海外利益的拓展产生重大危害，影响中国特色社会主义建设和中华民族伟大复兴的历史进程。因此必须在建立完善的境外微观权力制约监督体系的同时，建立健全配套制度措施，二者相互结合、相互补充、相得益彰，最终形成系统完备、合理有序、运行高效的境外微观权力制约监督基本制度和配套制度措施体系，达到最优政治效果、经济效果、社会效果和国际效果。在此基础上，本书第七章重点研究提出了境外微观权力主体工作人员选派制度、境外微观权力主体工作人员管理保障制度、境外微观权力事项管理制度等。在配套措施方面，提出充分运用科技创新促进境外微观权力规范运行，熟练运用金融手段和财务工具加强境外微观权力的控制和监管等境外微观权力制约监督配套措施，并且充分发挥家庭在预防境外微观权力腐败中的作用等。

　　深化国家监察体制改革，是以习近平同志为核心的党中央作出的事关全局的重大政治体制改革，是强化党和国家自我监督的重大决策部署。[1] 国家监察体制改革是在全面从严治党取得重大成果，党内法规制度体系逐步健全完善的基础上，建立中国特色国家监察制度的创制之举。中国特色国家监察制度体现了中华民族传统制度文化，是对中国历史监察制度和监察文化的深入学习借鉴，也是对当代权力制约监督的一次成功探索。以习近平总书记为核心的党中央深刻认识到，要充分运用法治思维和法治方式引领推动保障国家监察体制改革的导向，于十三届全国人大一次会议表决通过《监察法》这一部对国家监察工作起统领性和基础性作用的法律，对完善党内法规制度体系和国家监察法治体系发挥关键性和基础性作用。《监察法》总结了党的十八大以来反腐败工作的经验，巩固了国家监察体制改革的成果，构建起具有中国特色的国家监察体系，开启了法治反腐的新阶段。[2]《监察法》是中华人民共和国历史上第一部规范监察法治的法律，也是世界上前所未有的一部富有中国特色的独创的新法律。《监察法》全面规定了监察工作的原则、体制、机制和程序，构建了党统一领导的国家监察体制，对所有行使公权力的公职人员监察全覆盖，从立法的高度明确了监察对象，将监督"狭义政府"转变为监督"广义政府"，实现了

---

〔1〕　吴建雄主编：《读懂监察法》，人民出版社 2018 年版，第 1 页。
〔2〕　马怀德主编：《中华人民共和国监察法理解与适用》，中国法制出版社 2018 年版，第 1 页。

党内监督与国家监察的无缝隙对接，做到了监察全覆盖。[1] 具体到境外微观权力的控制和监管，国家监察体制改革中没有作出专门设计谋划，《监察法》中也没有专门章节和条款述及；但是，这并不意味着没有针对境外微观权力的监察制度。《监察法》对所有行使公权力的公职人员的监察全覆盖应当包括境外微观权力主体及其工作人员。只是国家监察体制改革推进和《监察法》制定过程中，没有把境外微观权力作为专门对象进行研究规范。国家监察体制改革和国家监察法治建设将不断深化发展，在今后的工作中要进一步健全完善针对境外微观权力的监察制度，运用修改完善《监察法》和其他党纪党规、法律法规的方式，加强对境外微观权力的制约监督，加强对境外微观权力的控制和监管。本书在前面深入研究的基础上，有针对性地尝试提出修改完善《监察法》和其他党纪党规、法律法规的立法建议，推进国家监察体制改革不断深化发展的意见建议，为进一步健全完善境外微观权力监察制度贡献力量。党规制度体系和国家监察法治体系立法完善建议主要包括以下内容：着力实现国家监察全覆盖，落实境外微观权力国家监察责任，全面落实监察工作方针，扩大反腐败国际合作等。

侯圣鑫

2020 年 12 月

---

〔1〕 马怀德主编：《中华人民共和国监察法理解与适用》，中国法制出版社2018年版，第4页。

目　录

第一章　绪论 ……………………………………………… 1

一、研究基本考量 …………………………………… 2

二、研究现状述评 …………………………………… 16

三、研究方法 ………………………………………… 30

四、研究框架 ………………………………………… 35

第二章　境外微观权力基础研究 ………………………… 41

一、聚焦权力 ………………………………………… 41

二、界定权力 ………………………………………… 42

三、研究的其他限定 ………………………………… 50

四、研究对象的基本特征 …………………………… 54

第三章　境外微观权力运行风险研究 …………………… 57

一、权力运行风险研究的重要意义 ………………… 57

二、权力本身的运行风险 …………………………… 59

三、境外微观权力运行风险的具体表现 …………… 65

四、境外微观权力腐败 ……………………………… 75

第四章 境外微观权力制约监督基础研究 ·············· 83
一、权力制约监督理论基础 ················· 83
二、权力制约监督的基本内涵 ··············· 89
三、境外微观权力制约监督基本路径 ·········· 97

第五章 平衡理论引入研究 ·················· 101
一、平衡理论引入必要性和可行性研究 ········· 101
二、将平衡论作为境外微观权力制约监督的
理论基础 ···························· 109
三、境外微观权力制约监督对平衡论的主要借鉴 ····· 114

第六章 境外微观权力制约监督基本制度构建研究 ········ 120
一、境外微观权力制约监督制度的基本分析 ······· 123
二、境外微观权力量化制度 ················ 128
三、境外微观权力责任管理制度 ·············· 132
四、境外微观权力运行公开制度 ·············· 135
五、境外微观权力配置管理制度 ·············· 138
六、针对境外微观特权的制约监督制度 ·········· 143
七、针对隐蔽性境外微观权力的制约监督制度 ······· 150
八、针对境外微观权力主体主要负责人的制约监督制度 ··· 154

第七章 境外微观权力制约监督配套制度措施研究 ········ 163
一、境外微观权力主体工作人员选派制度 ········· 164
二、境外微观权力主体工作人员管理保障制度 ······· 171
三、境外微观权力事项管理制度 ·············· 186
四、境外微观权力制约监督配套措施 ··········· 189

第八章　境外微观权力监察制度立法完善研究 ················ 196

一、与党内法规制度体系和国家监察法治体系密切衔接 ··· 196

二、立法构建境外微观权力监察制度的主要考量 ··········· 213

三、国家监察法治体系立法完善建议 ····················· 218

第九章　结　语 ·················· 239

参考文献 ·················· 245

后　记 ·················· 270

第一章　绪论

在党的十九大上，习近平新时代中国特色社会主义思想被确立为党的指导思想。党的理论创新取得重大历史成果，中国特色社会主义建设伟大实践取得历史性成就，中国特色社会主义事业发生历史性变革。党的十九大后，国家监察体制改革加速推进，搅动了政治改革的"一池春水"。2018年第十三届全国人民代表大会第一次会议通过《监察法》，总结了党的十八大以来反腐败的经验，巩固了国家监察体制改革的成果，构建起具有中国特色的国家监察体系，开启了法治反腐的新阶段。[1]《监察法》的出台，对于构建党统一指挥、全面覆盖、权威高效的中国特色国家监察体系，实现国家治理体系和治理能力现代化具有重要意义，实现了中国特色国家监察制度的重大变迁。处于新时代，学习新思想，践行新理论，构建新制度，出台新法律，理论研究需求发生新变化，提出新要求，明确新任务。理论研究的新需求为法学界和政治学界指明了研究方向，明确了研究重点。

---

〔1〕 马怀德主编：《中华人民共和国监察法理解与适用》，中国法制出版社2018年版，第1页。

一、研究基本考量

（一）要认清研究所处历史方位

习近平总书记在党的十九大上指出："经过长期努力，中国特色社会主义进入了新时代，这是我国发展新的历史方位。"[1]从事理论研究工作，必须将理论研究的主要内容放入时代大背景中去，认清理论研究所处的历史方位。理论研究要为经济政治社会实践服务，要为改革发展稳定工作任务服务，要放入世界发展大势大局中去考量，要放入历史发展的时代长河中去把握。这同样是党的各级领导干部的重要学习培训目标：树立世界眼光和战略思维。

1. 以习近平新时代中国特色社会主义思想为指导。2017年10月，习近平总书记在党的十九大上庄严宣布，中国特色社会主义已经进入新时代。马克思主义基本原理与中国特色社会主义建设伟大实践相结合，产生了伟大的习近平新时代中国特色社会主义思想。党的十九大概括和提出的习近平新时代中国特色社会主义思想，被确立为党必须长期坚持的指导思想，并写入党章，实现了党的指导思想的与时俱进。这是党的十九大最重大的理论创新、最重要的政治成果、最深远的历史贡献。[2]习近平新时代中国特色社会主义思想是马克思主义中国化的最新成果，是党和人民实践经验和集体智慧的结晶，是中国特色社会主义理论体系的重要组成部分，是全党全国各族人民为实现中华民族伟大复兴而奋斗的行动指南。学习宣传贯彻习近平

---

〔1〕 习近平：《决胜全面建成小康社会　夺取新时代中国特色社会主义伟大胜利——在中国共产党第十九次全国代表大会上的报告》，2017年10月18日。

〔2〕 中共中央宣传部编：《习近平新时代中国特色社会主义思想三十讲》，学习出版社2018年版，第1页。

新时代中国特色社会主义思想是当前和今后一定历史时期我党的首要政治任务。具体到个人，无论是在党的最高学府从事理论研究，还是在基层一线从事艰苦的实务工作，都要把学习宣传贯彻习近平新时代中国特色社会主义思想作为首要政治任务。在学习和工作中，尤其是课题研究和书稿撰写过程中，要以高度的使命感和责任感，以时不我待、只争朝夕的精神系统学习、全面学习，深入领会习近平新时代中国特色社会主义思想的时代背景、科学体系、精神实质、实践要求，把习近平新时代中国特色社会主义思想作为从事理论研究和实践探索的行动指南和基本遵循。要弘扬理论联系实际的优良学风，着力提高深入学习本领、调查研究本领、实践锻炼本领，努力拿出经得起理论和实践检验的科研成果。

2. 以中国特色社会主义建设为实践舞台。无论是从事法学理论研究还是法学实践锻炼，要自觉以习近平新时代中国特色社会主义思想为指导，研究成果要放入中国特色社会主义进入新时代的大背景下去考量，要经受住中国特色社会主义建设伟大实践的检验，要为中国特色社会主义建设贡献自己的力量。要着重指出的是，学习贯彻习近平新时代中国特色社会主义思想时，要把其作为一个整体加以把握，要融会贯通，不可失之偏颇。但这不意味着平均用力，眉毛胡子一把抓，在具体工作中，学习贯彻习近平新时代中国特色社会主义思想应该密切结合自身学习和工作实际，突出学习重点，突破学习难点，为自身学习研究和工作实践提供理论基础和具体指导。在学习贯彻过程中，必须紧紧抓住重点，投入更多精力学习领会与自身理论研究和工作实践密切相关的内容，比如习近平新时代中国特色社会主义经济思想、习近平新时代中国特色社会主义思想中关于政法工作的重要内容、习近平新时代中国特色社会主义思想中关于国家安全工作的重要内容（总体国家安全观）、习近平强军思想等。在其中，党建思想、关于政法工作的重要内容与课题研究更为贴近，与在中央党校和实务部门的工作职能和研究任务更为契合，因此投入了更多学习时间和精力，对党建工作和政法工作作了一些深入的思考，应该说取得较大收获，取得较多成果，为课题研究和书稿撰写奠定坚实基础。

3. 娴熟运用调查研究方法寻求问题解决之道。习近平总书记指出"调查研究是谋事之基、成事之道。没有调查，就没有发言权，更没有决策权"。[1] 调查研究是我们党老一辈无产阶级革命家倡导和发扬的优良传统，是我们党做好工作的传家宝。调查研究不是领导干部的专利，同样应该是理论工作者必须牢牢掌握、认真贯彻落实的重要原则。在深入学习贯彻习近平新时代中国特色社会主义思想的基础上，本书大胆地尝试和设想，将研究聚焦习近平新时代中国特色社会主义思想的某一方面，找出其中的某些关键问题进行深入研究，对习近平总书记关注的重大问题予以回应，尽最大努力提出一些建设性的意见建议，为健全完善中国特色社会主义制度体系建言献策，为国家治理体系和治理能力现代化贡献力量。

（1）调查研究首先要找准问题。马克思曾深刻指出："问题就是时代的口号，是它表现自己精神状态的最实际的呼声。"坚持问题导向，要找准主要矛盾和矛盾的主要方面，切中矛盾的要害，抓住化解矛盾的着力点，找到解决矛盾的突破口。要紧紧围绕党的路线方针政策和中央重大决策部署的贯彻执行，深入研究影响和制约经济社会持续健康发展的突出问题，深入研

---

[1] 中共中央宣传部编：《习近平新时代中国特色社会主义思想三十讲》，学习出版社2018年版，第335页。

究人民群众反映强烈的热点难点问题，深入研究党的建设面临的重大理论和现实问题。境外微观权力监察制度研究选题找准了问题，可以说是紧扣全面从严治党面临的理论问题，紧扣贯彻落实党的十九大和十九届四中全会精神需要解决的现实问题，紧扣推动国家经济社会发展面临的重要问题，紧扣维护国家核心利益安全的重大问题。

（2）调查研究目的是解决问题。问题客观存在，不以人的意志为转移，但问题又不是简单直观地摆在我们面前，而是需要深入思考和潜心研究，把事情的真相和全貌调查清楚，把问题的本质和规律把握准确，把解决问题的思路和对策研究透彻。具体到本书的研究，就需要综合运用法学等学科的多种科学理论和研究方法，把境外微观权力界定清楚，把境外微观权力运行的特点和规律探寻出来，把境外微观权力面临的风险和挑战挖掘出来，把面临风险和挑战的各种原因分析清楚，把境外微观权力制约基本制度和配套制度措施构建出来，把境外微观权力监察制度健全完善起来，把运用权力制约监督理论解决境外微观权力运行问题的整体方案呈现出来。

（3）调查研究方法要运用得当。学术论文注重研究方法，重大课题和学术专著同样要强调调查研究方法，甚至要更加重视，要努力做到娴熟运用。重大课题和学术专著的调查研究尤其是本书这种覆盖面广、影响力大而又十分敏感的选题，一定要做到全面，要多层次、多方位、多渠道地调查了解情况。既要调查国内，又要调查境外；既要调查行政机关，又要调查国有企业和事业单位；既要调查领导干部，又要调查普通境外工作人员；既要调查先进经验，又要调查反面案例。重大课题和学术专著的调查研究尤其是本书这种研究对象纷繁复杂、隐蔽性强而又十分重要的选题，一定要做到真实，要主动地深入实际、深入一线、深入群众，虚心学习，真心求教，热心服务，对境外微观权力运行和权力监察中最难、最忧、最险、最隐蔽的问题要主动调研、紧紧盯住、抓牢不放，真正找准目标、听到实话、看到真料、察到实情、获得真知、收到实效。关于本书的研究方法，在本章后半部分将用专门一节来深入论述。

（二）聚焦现阶段理论实践需要

习近平总书记指出："我们中国共产党人干革命、搞建设、抓改革，从来都是为了解决中国的现实问题。"[1] 其实，人类社会认识世界和改造世界的过程就是发现问题、解决问题的过程。在现阶段我们面临大量棘手问题，正如习近平总书记指出的，中华民族伟大复兴，绝不是轻轻松松、敲锣打鼓就能实现的。我们党必须要坚持问题导向，要团结带领人民有效应对重大挑战、抵御重大风险、克服重大阻力。在研究过程中必须牢记习近平总书记的嘱托，牢固树立问题意识、坚持问题导向、敏锐发现问题，大胆提出问题、深入研究问题、科学分析问题、弄清问题性质、找到问题症结，有效破解问题，最终解决问题，提出理论成果和实践建议。境外微观权力监察制度研究要坚持问题导向，聚焦现阶段理论实践需要，谋划构建一套既能保证和提高境外微观权力运行效率，控制和降低境外微观权力运行成本，有效维护国家海外利益安全，有力推动国家海外利益迅速发展，又能规范境外微观权力运行，防止境外微观权力滥用，预防境外微观权力腐败的制度体系、机制体系。研究绝对不能消极懈怠、回避矛盾，忽视问题，而且要坚持问题导向、目标导向、结果导向，付出更为艰辛的努力，探索出一条既适合当

[1] 中共中央宣传部编：《习近平新时代中国特色社会主义思想三十讲》，学习出版社 2018 年版，第 330 页。

下中国特点和时代特征，又符合世界发展大势的境外微观权力治理道路，进行这一具有新的历史特点的伟大斗争。结合本书研究内容，实践研究主要集中在以下方面：

1. 延伸全面从严治党。习近平总书记在讲话中多次引用英国历史学家阿克顿于 1887 年 4 月 3 日致克莱顿主教的信中的一句话"权力导致腐败，绝对权力导致绝对腐败"。由此可见，习近平总书记高度重视对权力滥用和权力腐败风险的控制，对权力运行规律有深入研究和深刻认识。他明确提出要让人民监督权力，让权力在阳光下运行，把权力关进制度的笼子等重要论述。有学者还补充要把笼子的钥匙交给人民。党的十八大以来，以习近平总书记为核心的党中央着眼于"四个全面"战略布局的整体设计，身体力行、率先垂范，坚定推进全面从严治党，坚持思想建党和制度治党紧密结合，集中整饬党风，严厉惩治腐败，净化了党内政治生态，党内政治生活展现新气象，赢得了党心民心，为开创党和国家事业新局面提供了重要保证。[1]习近平总书记在党的十九大上提出："反腐败斗争形势依然严峻复杂，巩固压倒性态势、夺取压倒性胜利的决心必须坚如磐石。"党的十九大提出党内监督全覆盖、国家监察全覆盖，深化国家监察体制改革，整合分散的反腐败力量，实现对所有行使公权力的公职人员监察全覆盖。2018 年 3 月，十三届全国人大一次会议表决通过了《监察法》，开启了国家监察体制改革的序幕，目标是实现对所有行使公权力的公职人员监察全覆盖。全面从严治党和反腐败工作要向基层延伸，向纵深推进，向境外拓展，既要打老虎，又要拍苍蝇，还要境外猎狐。那么现在问

〔1〕 中共中央文献研究室编：《习近平关于全面从严治党论述摘编》，中央文献出版社 2016 年版，第 38 页。

题来了，在"一带一路"倡议深入推行大背景下，以政府机关、国有大型企业为代表的各种力量、机构纷纷走出去，对于这些掌握巨大资源的境外微观权力以及行使这些权力的公职人员，有没有做到监察全覆盖、有没有监管盲区、有没有薄弱环节，监察是否权威高效、监督是否有力、制约有没有薄弱环节，回答这些问题的底气并不足，还有许多工作亟须去做。不仅关注监察全覆盖有没有做到，而且要关注巡视全覆盖、审计全覆盖做到了没有，无禁区实现了没有，全面从严治党的各项要求和举措在境外微观权力行使过程中落实了没有，这要打一个大大的问号。如果不能对境外微观权力进行有效控制、深入监管、全面治理，就谈不上对所有行使公权力的公职人员的全覆盖，境外就成了不受监管的法外之地，成为腐败分子的聚集地，全面从严治党的目标和任务就没有完成，就会对中国特色社会主义建设造成巨大危害。这也印证了习近平总书记关于全面从严治党永远在路上，依然任重道远，反腐败斗争形势依然严峻复杂的重大判断。

2. 提高国家治理能力。党的十八届三中全会通过的《中共中央关于全面深化改革若干重大问题的决定》指出 2020 年要在重要领域和关键环节改革上取得决定性成果，形成系统完备、科学规范、运行有效的制度体系。实际上就是要在 2020 年实现国家治理体系和治理能力现代化，真正走向良法和善治。党的十九届四中全会通过的《中共中央关于坚持和完善中国特色社会主义制度 推进国家治理体系和治理能力现代化若干重大问题的决定》指出：坚持和完善中国特色社会主义制度、推进国家治理体系和治理能力现代化的总体目标是，到我们党成立一百年时，在各方面制度更加成熟更加定型上取得明显成效；到2035 年，各方面制度更加完善，基本实现国家治理体系和治理能力现代化；到新中国成立一百年时，全面实现国家治理体系和治理能力现代化，使中国特色社会主义制度更加巩固、优越性更充分展现。《监察法》第 1 条开门见山地指出立法目的：深化国家监察体制改革，加强对所有行使公权力的公职人员的监督，实现国家监察全面覆盖，深入开展反腐败工作，推进国家治理体系和治理能力现代化。党中央作出的一系列高瞻远瞩、旗帜鲜明的重大决策部署，体现了我们党"为子孙后代计、为长治久安谋"的历史自觉和使命担当。

对所有行使公权力的公职人员的监督实现监察全覆盖，深入开展反腐败工作是国家治理体系和治理能力现代化的重要内容，境外微观权力的控制和监管问题是现阶段摆在我们共产党人面前的重大理论课题和时代难题。20 世纪末，中国的国有大型骨干企业纷纷想要走出去，建立境外机构，发展境外业务，拓展海外利益，当时的一位党和国家领导人对此持反对意见，主要理由就是大量的资产和人员走出去，权力滥用和权力腐败问题如何解决，国有资产发生严重流失问题如何避免；国有企业在国内存在的权力腐败问题和国有资产流失问题都没有得到有效解决，国有企业走出去之后权力运行将更加难以监管。这一问题不解决，国有企业走出去就要缓一缓。由此可见，境外微观权力滥用和权力腐败问题在 20 世纪 90 年代已经成为党和国家领导人关注的重大问题，但是一直没有找到良好的解决方案，只能选择尽量回避问题，这已经严重影响我国国有企业"走出去"战略的深入推进，严重影响我国海外利益的拓展，甚至在一定程度上阻碍中华民族伟大复兴的历史进程。随着时间的推移，中国特色社会主义事业的不断推进，世界经济贸易往来更为密切频繁，各种因素相互作用要求我们必须勇于走出去，去开拓境外市场，去加强境外投资，甚至要再建设一个境外中国。

这就要求我们必须善于走出去，提高境外微观权力运行的安全性，构建一套崭新有效的理论和制度体系，为中国海外利益发展壮大保驾护航。在这一大背景下，境外微观权力控制和监管问题就变得更为重要和更加迫切。要从实现国家治理体系和治理能力现代化的高度，重新认识和研究境外微观权力控制和监管问题。要加强理论创新和实践创新，深化权力监察制度改革，提高对境外微观权力的控制和监管能力。由此可见，加强境外微观权力运行的制度化和规范化，健全完善政府治理、市场治理和社会治理的制度安排和规范程序，是走向良法和善治的重要领域和关键环节。在这一历史任务面前，除了加强顶层设计，从战略上谋划之外，加强境外微观权力监察将发挥重大作用，将帮助当代中国共产党人找到合适的答案，交出合格的答卷。

3. 加强权力制约监督。习近平总书记对加强权力制约监督有很多经典论述，早在 2012 年首都各界纪念现行宪法公布施行 30 周年大会上，习近平总书记就指出："我们要健全权力运行制约和监督体系，有权必有责，用权受监督，失职要问责，违法要追究，保证人民赋予的权力始终用来为人民谋利益。"[1] 习近平总书记在党的十九大报告中提出，要构建党统一指挥、全面覆盖、权威高效的监督体系，把党内监督同国家机关监督、民主监督、司法监督、群众监督、舆论监督贯通起来，增强监督合力。如何打造制度的笼子，有效关注权力主体的权力，是实务界的重大责任，也是理论界的重大课题。面对境外微观权力运行中的各种问题，解决方法有很多，解决方案有多个，但是以权力分析方法为重要抓手，把它当作显微镜和望远镜，科

---

[1] 习近平："在首都各界纪念现行宪法颁布施行 30 周年大会上的讲话"，载习近平：《习近平谈治国理政》，外文出版社 2014 年版，第 142 页。

学分析境外微观权力，构建以权力运行为中心、体系完善的制约监督体系，健全完善境外微观权力监察制度，这是最关键的方法，也是最根本的举措，能够提高境外微观权力控制和监管能力，切实保护国家海外利益，护航"一带一路"倡议深入推行。要解决境外微观权力滥用和权力腐败问题，必须构建一套合理可行、运转高效的权力制约监督体系，做到无禁区、全覆盖、零容忍，以永远在路上的决心和恒心，与其他配套措施一道，坚定不移推动标本兼治，扎牢不能腐的笼子。权力制约监督制度是境外微观权力监察制度的核心内容，关于境外微观权力制约监督的论述和研究是本书的核心和主体，内容是否深入、是否充分、是否全面，提出的方案是否有效、是否合理、是否可行，是衡量本书研究质量和水平的关键。

（三）推动理论研究创新

境外微观权力监察制度研究要突出研究重点，聚焦关键问题，努力推动理论研究创新，主要做好以下几个方面工作：

1. 聚焦微观权力运行。

（1）把握权力这一政治学研究的金钥匙。简单地说，权力是指事物之间相互作用的力量，政治学中的权力是指在政治领域中事物相互作用的力量。从学术意义上去界定政治权力，以区别于其他领域的权力，北京大学李景鹏教授提出，政治权力就是某一政治主体依靠一定的政治力量，为实现某种利益或原则而在实际政治过程中体现出的对政治客体的制约能力。[1] 这里的政治权力所强调的是各种政治实体之间相互影响、相互作用、相互制约的状况。在研究中，应该把各种政治实体看成是联系和相互作用的，在相互作用中贯穿着权力现象。用权力作

---

〔1〕 李景鹏：《权力政治学》，北京大学出版社 2008 年版，第 5 页。

为分析和研究政治现象和政治问题的工具和切入点，即符合政治学经典的理论精神，又能清楚反映政治主体相互作用的基本状态。毫不夸张地说，权力是研究政治学的一把金钥匙。国家监察体制改革试点和《监察法》出台前后，关于监察法和监察制度的研究成果较多，但多是从制度建设和法治反腐的角度来开展研究，本书将权力研究引入国家监察制度构建，把权力分析方法作为查找问题、分析原因、制度建设的根本方法，这是对法学研究和制度研究方法论上的一种创新。

（2）聚焦微观研究权力运行问题。马克思主义政治学中的政治主体主要是指国家。而刘春教授指出应该更多地关注微观层面的权力和政治主体（政治过程中的群体或个体），注重将权力分析作为中观和微观层次上的基本分析工具，构建新的理论体系和研究体系。具体到权力制约监督理论，从理论研究上看，宏观层面的制约监督理论，西方政治学经典作品已经作了深入研究和论述，已经相当成熟和完善，国内理论界也作了全面系统研究，是当代中国政治研究中比较成熟的部分；中观和微观层面的制约监督理论研究尚显薄弱，具体情况将在本章研究现状述评中详细介绍。从实践需求上看，国内实践对权力制约监督的需求，主要集中在中观和微观层面；而境外实践对权力制约监督的需求，主要集中在微观层面，主要着眼点在于如何更有效地制约监督微观权力，防止权力滥用和权力腐败。综合理论研究现状和政治实践需求，应该聚焦境外微观权力制约监督研究，构建境外微观权力监察制度，突出重点，抓住微观，做深做细，弄懂悟透。

2. 着眼海外利益保护。研究境外微观权力制约监督，构建境外微观权力监察制度，除了上述全面从严治党，提高国家治理能力等考量外，更好地保护我国海外利益也是重要目的之一。

众所周知，随着"一带一路"倡议的深入推行，国家的海外利益越来越庞大，仅经贸合作领域，截至 2018 年底我国企业对沿线国家的直接投资累计已超过 500 亿美元，2013 年~2016 年我国与沿线国家的贸易总额超过 3 万亿美元，"一带一路"金融合作也已经初具规模，一大批互联互通项目规划实施，各领域人文合作深入开展。[1] 经过数十年的奋斗实践，我国已经形成了多方位、全领域的"走出去"战略格局，多样化、高层次的"走出去"战略方式，多主体、一体化的"走出去"战略主体；这为我国经济长期高速稳定增长提供了强大动力，为中国长期稳定发展拓展了战略空间。中国蓬勃发展的海外利益也面临着越来越多的风险和挑战，海外企业、对外贸易、能源通道、公民安全、国家形象都面临诸多风险和挑战。分析这些风险和挑战，应该说主要因素在外部，外部因素分为很多种、非常复杂，但是内部因素也不容忽视，并且外部因素也要通过内部因素发挥作用，甚至主动寻找内部因素的漏洞和薄弱环节。本书大胆提出，如果境外微观权力监察制度不能有效构建，境外微观权力控制和监管问题解决不好，我国海外利益保护工作最大风险在内部，最大挑战就是"内鬼"。本书基于服务中国发展的"走出去"战略，尤其是"一带一路"倡议，结合加强对权力运行的制约和监督，尝试在全面分析境外微观权力主体所面临的困境的基础上，结合党中央提出的全面从严治党要求，全面总结加强对境外微观权力运行制约监督的原则和理论、机制和方式、路径和特色，构建境外微观权力监察制度，实现国家监察境外全面覆盖、有效覆盖，推动全面从严治党向境外延伸，促进反

---

〔1〕　高虎城："积极促进'一带一路'国际合作"，载本书编写组编著：《党的十九大报告辅导读本》，人民出版社 2017 年版，第 408 页。

腐败斗争向境外拓展，交出解决境外微观权力控制和监管问题的理想答卷。

3. 注重强化系统思维。2012 年 12 月 31 日，习近平总书记在主持十八届中央政治局第二次集体学习时指出："要加强宏观思考和顶层设计，更加注重改革的系统性、整体性、协同性，同时也要继续鼓励大胆试验、大胆突破，不断把改革开放引向深入。""改革开放是一个系统工程，必须坚持全面改革，在各项改革协同配合中推进。改革开放是一场深刻而全面的社会变革，每一项改革都会对其他改革产生重要影响，每一项改革又都需要其他改革协同配合。要更加注重各项改革的相互促进、良性互动，整体推进，重点突破，形成推进改革开放的强大合力。"[1] 2013 年在与党外人士座谈时又着重指出："全面深化改革是一项复杂的系统工程，需要加强顶层设计和整体谋划，加强各项改革关联性、系统性、可行性研究。我们要在基本确定主要改革措施的基础上，深入研究各领域改革关联性和各项改革举措耦合性，深入论述改革措施可行性，把握好全面深化改革的重大关系，使各项改革举措在政策取向上相互配合、在实施过程中相互促进、在实际成效上相得益彰。"面对境外微观权力运行的风险和挑战，加强境外微观权力制约监督不是唯一之策，更不是万全之策，需要与其他政策制度措施相互配合，统筹兼顾，发挥整体合力。加强境外微观权力制约监督不是一时之功，不可能一蹴而就，必须持续发力，久久为功。加强境外微观权力制约监督不只是一项政策、几项制度，而是动态的实施过程，需要经常调整校准。研究境外微观权力制约监督，构

---

〔1〕 习近平："改革开放只有进行时没有完成时"，载习近平：《习近平谈治国理政》，外文出版社 2014 年版，第 68 页。

建境外微观权力监察制度，需要加强系统思维，综合施策，整体联动，动态调整，达到实然与应然、过程与结果、效率与公平的完美统一。境外微观权力制约监督基本制度和配套制度措施构建要注重系统性、整体性、协同性，随着制度建设的推进，要加强协同，既抓制度设计协调，也抓制度执行协作，更抓制度效果协同，促进权力制约监督各项制度措施与其他方面的各项工作举措在制度制定取向上相互配合，在实施过程中相互促进、在制度效果上相得益彰。

4. 尝试引入平衡理论。加强境外微观权力制约监督，构建境外微观权力监察制度，要处理好权力制约监督与权力有效行使的关系，不能为了制约监督而制约监督，严重影响权力运行效率，大幅增加权力运行成本，甚至严重停滞权力的正常运行。这是一对矛盾，也是一项很重要的关系，它关系到境外微观权力制约监督制度体系的运行效果，是境外微观权力监察制度能否全面推进、深入落实的关键所在，必须认真对待，深入分析，妥善处理。加强境外微观权力制约监督，要处理好权力运行中的各种关系，比如权力行使与权力监督的关系，权力制约与权力监督的关系，内部制约与外部制约的关系，事前控制、事中控制与事后监督的关系等，如何把握度，既要防止力度不够，也要防止过犹不及。罗豪才教授提出的平衡论有利于解决这一问题。平衡论挣脱了传统行政法理论的研究模式，博采众长，吸收各种理论的合理部分，又抛弃不适合当下中国法治实践部分，是对传统"管理论"、传统"控权论"的批判和继承、扬弃和发展，是对行政法价值理性思考的结果，是对行政法功能全面、完整认识的结果。[1] 应该说，平衡论在中国有赖以存在的哲学基础、经济基础、政治基础、思想观念基础和法律文化基础，符合中国政治和社会现实需要。以权力制约监督为主体的境外微观权力监察制度最主要的功能和作用是控制权力，防止权力滥用和权力腐败，但它不只是制约监督权力主体的工具，更应该是保障权力正常运行、促进权力高效运行的重要制度支撑，如何把握控制与保障、防止与促进的关系就需要平衡论的指导。因此，在本书撰写过程中，笔者尝试引入行政法的平衡理论，指导处理境外微观权力制约监督与平稳高效运行的关系、构建境外微观权力监察制度的重要思想和理论，同时做好其他方面各种关系的平衡工作。

二、研究现状述评

(一) 现有文献总体情况

通过长时间对境外微观权力控制和监管方面的跟踪研究，查阅大量专著、学位论文、学术期刊和其他研究资料，深入相关单位和机构展开调研，与境外微观权力主体及其工作人员进行大量访谈交流，到目前为止，在境外微观权力控制和监管方面还没有专门著作，甚至没有专门科研论文和学位论文，可以说这方面的专门研究成果基本是空白。相关研究文献和研究材料只能从权力制约监督、海外利益保护、国家治理研究等方面研究成果中去寻找、筛选和提炼。较之境外微观权力控制和监管的实践和中国特色监察理论整体创新来看，境外微观权力本身和境外微观权力监察制度的学理探究明显滞后，境外微观权力监察实践发展缺乏坚实的理论支撑。总体上看，境外微观权

---

〔1〕 湛中乐：《现代行政过程论——法治理念、原则与制度》，北京大学出版社 2005 年版，第 58 页。

力研究尚处于起步阶段，境外微观权力监察制度的很多方面还是空白，高层次专门研究人员少、高水平研究成果短缺、研究广度高度深度不足，距离形成成熟的境外微观权力监察理论体系还有很长的路要走，明显无法满足境外微观权力控制和监管的需要，明显不适应当前全面从严治党向基层延伸、向纵深推进、向境外拓展的现实需要。学术研究肩负着探究规律之理、分析问题之源、论证措施之用、输送理论养分的重任，理论贫血容易造成实践体虚，构建完善的境外微观权力监察制度的前提是形成科学完善的境外微观权力监察理论体系。在完善中国特色社会主义制度，推进国家治理体系和治理能力现代化的大背景下，在"一带一路"倡议顺利推行，境外微观权力主体及其掌握控制的权力、资源急剧增加的大趋势下，在全面从严治党加强反腐败斗争，加强对所有行使公权力的公职人员的制约监督，实现国家监察的全覆盖大前提下，对境外微观权力监察理论的需求越发突出，加强境外微观权力本身和境外微观权力监察理论研究，推动形成境外微观权力监察理论体系已成为当务之急。

　　1. 在权力制约监督方面。权力制约监督，研究的是对政治权力的制约和监督。应该说，改革开放之后，我国理论界和实务界对政治权力的制约和监督就展开了广泛而深入的研究，其主要原因是腐败问题和反腐败斗争任务摆在了党和人民的面前，中国共产党人面临着夺取反腐败斗争胜利的历史任务，党风廉政建设处在重大危急时刻。在体制内，党先后恢复建立了纪律检查委员会，在政府内部恢复建立了监察部门。理论界陆续组建了成立政治学和公共管理学的学术科研机构，应该说，三十多年来有关政治权力制约和监督的研究成果不断涌现，主要专著成果有中共中央党校刘春教授著作《权力的答卷——当代中国反腐败论》和《权力的陷阱与制约——西方国家政治腐败透视》、北京大学李景鹏教授著作《权力政治学》、北京大学吴丕教授著作《政治监督学》、浙江大学陈国权教授著作《权力制约监督论》、苏州大学金太军教授著作《政治文明建设与权力监督机制研究》、中共中央党校林喆教授著作《权力腐败与权力制约》、华中师范大学龙光付教授著作《中外监督制度比较》，中国人民大学杨光斌教授在著作《当代中国政治制度导论》中有专门一章论述监督制度，复旦大学林尚立教授在著作《当代中国政治基础与发展》中有专门一章论述权力监督，南开大学朱光磊教授在著作《当代中国政府过程》中有专门章节论述政府过程中的监督体系。政治权力制约和监督方面的研究论文和学位论文数量繁多，不胜枚举，但总体研究水平和理论深度与这些著名专家学者的著作还存在较大差距。

改革开放以来，国内政治学者纷纷把研究重点放在了权力本身、权力制约监督方面，可以说取得了丰硕的研究成果。这些研究成果一方面把权力制约监督理论阐释得比较清晰，将西方理论界传统的研究成果和最新的研究成果都介绍到国内，呈现到国内读者面前，代表专著是中共中央党校刘春教授的《权力的陷阱与制约——西方国家政治腐败透视》；另一方面结合中国实际，认真分析研究中国的权力制约监督面临的诸多问题和挑战，提出在中国加强权力制约监督的对策和建议，代表专著是浙江大学陈国权教授的《权力制约监督论》。

在肯定成绩的同时，我们也清楚地看到，虽然国内理论界对权力制约监督的研究取得了一些进展，为中国政治实践提供了很多有益的理论成果，但就其内容而言，还存在很多问题和不足，有的方面研究还不够深入，有的领域还没有覆盖到。比如，更多地关注国家层面的权力制约监督，强调对宏观权力主体的制约监督，忽视对微观权力主体的制约监督；过多地强调对权力行使的监督，却忽视对权力行使的制约；过多地关注对权力滥用和权力腐败的事后惩治，缺乏更多有效的对权力滥用和权力腐败的事前和事中控制，尤其是事前控制。中国特色社会主义建设进入新时代后，在"一带一路"倡议深入推行的大背景下，中国正在经历从"中国之中国"到"世界之中国"的转变。"走出去"是中国在世界范围内所处地位成功实现转变并最终实现中华民族伟大复兴的必然选择。境外微观权力制约监督研究，还没有引起理论界的足够重视，在知名学者大部分专著中还未见有相关论述。试问，"走出去"战略下海外利益迅速拓展，我国出现大量掌握巨大资源的境外微观权力主体，面临着激烈的商业竞争和多种传统、非传统安全威胁，如何控制和监管这些境外微观权力，促使境外微观权力主体合法合理行使权力，既能保证中国的海外利益得到充分的保护，又能消除境外微观权力主体的权力滥用和权力腐败隐患，还能保证境外微观权力运行效率，控制运行成本。这是理论界必须要解决的问题，要引起我们高度重视，必须立即投身于相关研究中去。

2. 在境外微观权力研究方面。这方面的研究成果主要关注点在于如何拓展我国的海外利益，如何对我国海外利益进行保护，如何进行国际关系方面的合作等。研究的主要着力点在海外利益的拓展，境外机构的有效组建和高效运行，海外利益保护工作制度和工作机制的建立和完善方面。理论界主要是从国际关系学、经济学、管理学方面对境外微观权力主体进行研究，主要是国际关系学者、经济学者和管理学者在从事相关的研究工作。这些研究成果虽然没有直接关注境外微观权力制约监督和境外微观权力监察制度，但是详细述及了境外微观权力主体面临的风险和挑战，以及境外微观权力的运行制度和机制，对有针对性地加强境外微观权力制约监督和境外微观权力监察制度研究提供很好的研究基础和研究素材，是获取宝贵研究资料的重要方面。这方面的研究成果主要有西安交通大学刘静教授著作《中国海外利益保护——海外风险类别与保护手段》，对外经济贸易大学李志永教授著作《"走出去"与中国海外利益保护机制研究》，大连海军舰艇学院宋云霞教授著作《军队维护国家海外利益法律保障研究》，原解放军炮兵防空兵学院张军教授著作《美军海外基地研究》，于军、程春华等学者合著的《中国的海外利益》，云南省社会科学院中国（昆明）南亚东南亚研究院印度研究所宋海啸研究员著作《中国海外利益风险分析——基于中国"走出去"战略的全球视角》等。

3. 在国家治理体系和治理能力现代化研究方面。这方面研究成果主要是从宏观上去论述现代国家治理的本质，论证法治是提高国家治理能力的关键，研究分析现阶段国家治理的薄弱环节和关键领域，最终提出推动国家治理体系和治理能力现代化的意见建议。这些意见建议对境外微观权力制约监督和境外微观权力监察制度研究具有重大借鉴意义，这些研究成果都高度关注对权力的控制和监管，认为制度化是权力控制和监管的关键，全面深化改革要加强制度化建设。主要专著成果有北京大学俞可平教授的《走向善治——国家治理现代化的中国方案》、复旦大学林尚立教授的《当代中国政治》、中国人民大学王利明教授的《法治：良法与善治》等。但是，这些研究成果的不足和短板也是显而易见的：这些研究大多局限于"法治视野"，不能从国家战略高度来研究制度化途径解决权力的控制和监管问题；这些研究仍然是较为零散而缺乏系统全面的战略应对，更少有从全面从严治党、全面深化改革、全面依法治国、海外利益保护、"一带一路"倡议等多个理论和实践角度共同推行的深入研究。

（二）现有文献主要特点

从总体上看，现有文献既有对权力制约监督的研究成果，也有对海外利益保护和国家治理能力的研究成果；既有理论界对权力制约监督等问题的研究成果，也有实务界对权力制约监督等问题的思考；既有对权力制约监督思想的研究成果，也有对权力监察制度建设的研究成果；既有政治学和法学专著，还有大量的学位论文和科研论文。这些文献从不同角度、不同方面涉及了境外微观权力制约监督研究，有的还提出许多关于当代中国权力制约监督的思考和建议，为以后深入研究做了大量的基础性工作，提供了丰富的研究素材和较好的研究条件。这些文献中既有全面研究权力制约监督的专著和学位论文，研究比较全面，占有资料详实，基本涵盖了从西方权力制约监督理论、中国古代监督思想和制度到当代中国权力制约监督实践的各个方面，也有从单独一个角度切入权力制约监督展开深入研究的学术论文，紧紧抓住权力制约监督中的一个或几个理论和实践问题，探寻问题解决之道。虽然这些文献研究出发点不同，研究方法各异，研究结论甚至相悖，但是都能从中发现大量可供借鉴之处，对本书的撰写发挥重要作用。

通过深入地学习和分析，笔者认为必须要清醒看到现有研究成果的问题和不足，避免在本书内容撰写过程中出现类似问题，并且重点去弥补这些不足。通过长时间对这些研究成果的阅读和分析，本书认为当前我国政治学理论界和实务界对境外微观权力制约监督的研究还存在以下问题和不足：

1. 研究系统化有所欠缺。现有研究成果没有把权力与制约监督、制约与监督、基本制度与配套制度措施、理论与实践作为一个整体，统一结合起来把握。很多研究成果没有系统研究权力运行存在的风险和问题，提出的意见建议没有形成系统完备的制度体系和方案体系，而是只注重一个方面或一个重点，没有发挥研究系统化的优势形成整体合力。

2. 研究方法比较单一。权力制约监督方面的研究专著或论文研究方法还比较单一，以比较历史方法、法律文本分析方法为主。综合运用各种研究方法对权力制约监督进行研究和分析的成熟研究成果较少。更为重要的是，研究方法基本为静态研究方法，研究关系或过程的动态分析方法特别是权力分析方法，还没有引进来。

3. 研究重点不够突出。在关于权力、政治权力、权力监督、权力制约研究中，大多数的研究成果没有突出研究重点。权力运行的风险隐患和控制监管的薄弱环节大多没有找到并作全面准确分析，产生风险隐患的主要原因没有找到并进行深入剖析研究，解决问题的关键举措没有抓住并做重点研究分析。

4. 研究针对性不够强。现有研究成果以宏观理论研究为主体，主要是关于宏观政治权力方面的研究成果，聚焦微观权力的研究成果较少，而聚焦境外微观权力的研究成果更是少之又少。现有研究成果总体感觉研究针对性不强，无法解决一定历史时期特殊领域的权力制约监督问题，构建境外微观权力监察制度、加强境外微观权力的控制和监管更是没有适合的理论成果可以借鉴。

5. 研究时代感不够强。本书的主要关注点是当前和今后的微观权力制约监督问题，由于时间的局限性，现有文献主要是在过去历史背景下对权力制约监督问题进行研究。因此，许多研究成果和理论观点与时代背景存在冲突和时差，对境外微观权力制约监督研究和监察制度构建工作的指导作用和意义有限。

在肯定现有研究成果的巨大价值和重要作用的同时，分析现有研究成果的特点，指出现有研究成果的缺陷和不足，主要目的是找准研究工作的重点和发力点，避免再次进入类似的误区，出现同样的错误，更好地弥补研究的空白和薄弱环节。本书充分考虑到理论界和实务界研究所处的特殊时代和肩负的特有研究任务，对先行者的辛勤努力付出和取得的丰硕成果始终充满敬意和感激之情。

（三）主要文献简要介绍

1. 中共中央党校刘春教授的专著《权力的答卷——当代中国反腐败论》。刘春教授是研究权力腐败问题和权力制约监督的先驱，是该领域的领军人，20 世纪 90 年代出版的《权力的答卷——当代中国反腐败论》和《权力的陷阱与制约——西方国家政治腐败透视》是其代表作。从本书的关系密切程度角度，在此着重介绍《权力的答卷——当代中国反腐败论》。刘春教授在文中的以下论述值得我们深入学习和思考：一是我国权力腐败面临严峻挑战和考验的原因。特别要指出的是，由于我国拥有一支庞大的公有财产经营管理队伍，在其他绝大多数国家是难以见到的现象，决定了我国在权力监控范围的广泛性，此因素与其他因素相互作用，决定了我国权力运行面临着严峻的考验和挑战。二是我国腐败现象的实质是公共权力的异变，其危害性是极其严重的。我国是人民当家作主的社会主义国家，特殊的国家性质决定了公共权力就是人民权力性质的改变，权力滥用的直接后果就是社会经济利益的分配面向人民大众和社会的原则受到严重威胁，坚决开展反腐败斗争是一项极为重大的政治任务。[1] 三是高度关注国有企业日益严重的腐败现象。我

---

〔1〕 刘春：《权力的答卷——当代中国反腐败论》，中共中央党校出版社 1998年版，第 11 页。

国的国有企业不是一般意义的企业，是公共财产的运营部门，其财产在根本上归国家和全民所有，这就使得国有企业在性质上具有公共性的特点。[1] 国有企业的腐败问题有人事安排上的任人唯亲，行贿受贿，贪污挪用公款，转移、侵占和损害国有资产等多种表现形式。因此，国有企业更应该成为反腐败斗争的重要战线。四是权力制约监督不力是腐败现象的重要原因。权力过分集中，缺乏有效制约，主要表现在个别人权力过大，权力行使的随意性过强，而制约和约束相对较弱，因而形成权力失控的风险。[2] 权力过分集中导致权力决策和权力执行的关系无法得到妥善处理，导致权力执行产生较大的余地，产生失控的风险。缺乏有力而活跃的权力监督机制是腐败现象的重要原因，我国权力监督不力的表现主要有：对权力行使者的监督不力，对权力行为过程的监督不力，对权力行为后果的监督不力。五是积极防范是惩治腐败现象的治本之举。对腐败的积极防范指的是主动地对腐败行为的发生和扩散采取预防性的控制措施和抑制手段，在客观上和主观上都建立起反腐防线，从而减少和控制腐败行为的发生。积极防范是一种事前行动，与惩罚措施相比，更具有积极性和建设性。[3] 积极防范的方式可以改善权力环境，调动全社会的积极性形成反腐败的强大合力，帮助打击和惩罚手段发挥预期效果。六是建立严密和完善的权力监控和制约机制。书中指出反腐败工作的最重要一环是根据

---

[1] 刘春：《权力的答卷——当代中国反腐败论》，中共中央党校出版社1998年版，第41页。

[2] 刘春：《权力的答卷——当代中国反腐败论》，中共中央党校出版社1998年版，第92页。

[3] 刘春：《权力的答卷——当代中国反腐败论》，中共中央党校出版社1998年版，第98页。

市场经济和民主政治的发展要求，建立起具有针对性的、切实可行的权力监督和制约的机制，把反腐败的原则变为在具体程序中行之有效的实际手段，把反腐败的总体要求具体化为对每一个权力行为的积极约束。重点加强对"一把手"权力的监控，加强对人事权力行为的制约，加强和完善对财产经营和管理权力的监督，加强和健全对执法权力的监督制约。[1]

由此可见，早在 20 世纪 90 年代，刘春教授就高度关注国有企业的腐败现象，深入分析研究这些腐败现象的成因，提出了大量深刻且富有操作性的意见建议，对权力制约监督制度倾注大量心血，对构建强有力的权力监管体系发挥了重要作用。进入新时代，大量国有企业走向境外，产生大量境外微观权力和权力主体，面对出现的新情况、新问题，原有的权力监管体系势必要进行调整，对境外微观权力制约监督研究要进一步深化和加强。本书充分吸收和借鉴了刘春教授的学术观点和优秀成果，将权力制约监督理论应用于境外微观权力监察制度构建工作中，加强境外微观权力的控制和监管。

2. 北京大学吴丕教授、袁刚教授、孙广夏博士著作《政治监督学》。这本专著实际上是北京大学政治学与行政学专业的教材，是一本研究对公共权力监督的专著。从教材编写的角度，作者对监督和监察的基本内涵、制度的形成、要素和分类、运行方式进行了深入研究；运用历史研究方法，对中国古代监察制度、近代中国宪政改革和监察制度、当代中国改革开放前的监督与监察制度作了全面介绍；运用比较研究方法，对苏联党政监督体制、西方发达国家的监督和监察制度、现代监督与监

---

〔1〕　刘春：《权力的答卷——当代中国反腐败论》，中共中央党校出版社 1998 年版，第 273~289 页。

察机关、我国当前的监督和监察体制作了详细介绍。在此基础上，深入开展理论研究和问题研究，其研究重点和亮点，以及对本书撰写启发最多的在以下几个方面：一是关于权力的特性。作者在分析各种权力的定义后，得出了自己关于权力的界定，就是由国家机关或政府机关的官员们掌握的决策权与执行权。在引用西方学者观点介绍权力的十大要素之后，重点分析权力的十一个特性。与本书撰写密切相关的有两重性、自利性、交换性和隐蔽性。通过对权力的要素和特性进行深入分析和研究，得出权力具有易于腐化的特点，从而得出权力的第十二大特性——腐蚀性。公职人员掌握着公共权力和大量资源的分配权，再加上人性的缺点，权力腐败现象的出现就是必然的。[1] 从而得出对权力进行监督和制约是必须大力推进的结论。关于这一部分的论述相当有力，非常精彩，在本书主体部分会做进一步介绍和分析。二是关于腐败的分析。作者认为，违法违纪或违背公认的道德准则，利用公共权力或社会上的优势，不正当地满足私欲的行为或胡作非为就是腐败。其中利用公共权力产生的腐败是权力腐败或政府腐败，利用社会优势产生的腐败是非权力腐败或社会腐败。政府腐败是研究腐败的主要内容和反腐败的重点对象。这是因为政府腐败是利用公共权力，利用公共资源，容易发生严重后果，也容易引起社会普遍的不满。[2] 腐败是全社会关注的重大问题，也是理论界各学科普遍关注的一种政治社会现象，作者分别介绍了政治学、法学、经济学、社

---

〔1〕 吴丕、袁刚、孙广夏：《政治监督学》，北京大学出版社 2007 年版，第 41 页。

〔2〕 吴丕、袁刚、孙广夏：《政治监督学》，北京大学出版社 2007 年版，第 265 页。

会学各学科以及文化的角度研究腐败的基本情况[1]。三是关于西方监督理论。作者首先简要介绍了主权论与人权论的基本分歧、权力本位思想、权利本位思想。接下来重点介绍了治理与善治理论、多元主义与多头政制、政治腐败与政治发展、积极自由和消极自由、科层制与官僚病等。其中作者分析了治理与统治的四点区别，指出善治是使公共利益最大化的政治管理过程，善治的基本要素有合法性、透明性、责任性、法治、回应性和有效性。[2]关于多元主义主要介绍了其提出和发展的以社会制约权力的社会制衡理论。由多元民主论开始，"以社会制约权力"与"以权力制约权力"和"以权利制约权力"一起共同构成当今法治国家权力制衡的三大基石。[3]关于科层制和官僚病，作者指出韦伯在认识到科层制具有公正、科学、高效率的优点后，也看到科层制中存在着权力被滥用，会产生违法行为、低效率等官僚主义的通病。[4]作者经过大量介绍和分析后，得出以下结论：当代西方政治学中的监督理论对政府持极其激烈的抨击态度，这是近代西方思想家批判精神的继承和发扬；当代西方政治学中的监督理论对政治权力滥用的研究中，注重采用经济理性主义的科学方法，使政治研究透射出凝重的经济定量分析色彩；当代西方政治学中的监督理论不仅运用经济学的方法来研究权力滥用和监督问题，使政治理论获得经济学的意

---

〔1〕　吴丕、袁刚、孙广夏：《政治监督学》，北京大学出版社 2007 年版，第 265~267 页。

〔2〕　吴丕、袁刚、孙广夏：《政治监督学》，北京大学出版社 2007 年版，第 162 页。

〔3〕　刘军宁：《市场逻辑与国家观念》，生活·读书·新知三联书店 1995 年版，第 148 页。

〔4〕　吴丕、袁刚、孙广夏：《政治监督学》，北京大学出版社 2007 年版，第 174 页。

义，而且还从社会文化、人的心理等层面来分析政治权力滥用的原因和相应的诊治措施。[1] 四是关于权力监督与监察的原则。作者在对权力进行分析和研究后，得出对权力进行监督与监察的原则，主要有：权力的绝对专制会绝对地导致腐败；对任何掌权者都必须进行严格的监督；利用权力给自己规定特权，是掌权者的一个通病；权力运行的公开和透明，是监督的必要条件；同等权力的相互制约才能起到监督的效果；仅有权力系统内部监督是不够的，必须加强外部监督；小政府与大社会的模式，是限制权力的一种思考；监督要落到实处。[2] 这些原则对本书研究提出境外微观权力制约监督的原则和制度，谋划设计境外微观权力监察制度方案提供了重要启发，发挥了重要作用。五是关于反腐败工作的建议。作者提出要建立起对单位主要领导干部权力制约的有效机制；消除部门保护、地方保护等反腐败的体制性障碍；切实消除腐败有益论的影响；切实消除非正式制度的影响，铲除隐藏的办事规则；更好地发挥人大的监督作用；更好地发挥监察机关的监督作用；更好地发挥人民群众的监督作用；更好地加强反腐败的国际合作。[3] 这些意见建议中，加强反腐败的国际合作，对境外微观权力监察工作将发挥重要作用，境外腐败案件线索的发现、查处和办理必须得到相关国际组织和国家地区政府的支持和帮助，本书撰写过程中将着重研究分析。

---

〔1〕 吴丕、袁刚、孙广夏：《政治监督学》，北京大学出版社 2007 年版，第
174~175 页。

〔2〕 吴丕、袁刚、孙广夏：《政治监督学》，北京大学出版社 2007 年版，第
43~45 页。

〔3〕 吴丕、袁刚、孙广夏：《政治监督学》，北京大学出版社 2007 年版，第
279~285 页。

3. 西安交通大学刘静教授的著作《中国海外利益保护——海外风险类别与保护手段》。海外利益保护工作，既是崛起中的大国面临的重要课题，又是不可推卸的地区治理、全球治理责任。作者归纳了当前中国面临的主要境外风险，分别为经济风险，政治风险，公民、侨民人身安全风险，文化风险，地区、全球安全风险，并介绍了政府预防和应对各类风险的主要手段。在此需要着重介绍的是，在应对政治风险方面，作者提出"软干预"的保护手段。自 1999 年以来，中国政府一直鼓励国有企业"走出去"。最初的投资大多集中于全球一些贫穷且制度不透明国家的能源项目上。虽然我国目前对外直接投资存量突破一万亿美元，但是投资地域依然高度集中，存在着境外投资面临的政治风险预估不足的问题。政治风险有多种，其中宏观政治风险着重介绍腐败风险，是指东道国法律制度的不完善而导致的政府官员的不作为或贪污腐败，从而造成外国公司寻租成本上升所带来的损失。[1] 面对这些风险和挑战，作者认为可以尝试通过软干预的方式，充分利用软实力资源，以更具有进取性的积极态度做好风险挑战的预防和应对工作。作者还重点介绍了我国采取积极而主动的姿态在非洲参与处理苏丹达尔富尔危机。作者的介绍和对中石油等国有大型企业工作人员的访谈结合到一起，就是利用软实力保护海外利益的一个完整案例，从中可以窥探境外微观权力在海外利益保护工作中的运行轨迹，从而有助于深入分析和研究境外微观权力运行中的问题，对境外微观权力制约监督和监察制度构建提出相关意见建议，尤其是对隐蔽性境外微观权力和境外微观特权的控制和监管提出建

---

〔1〕　刘静：《中国海外利益保护——海外风险类别与保护手段》，中国社会科学出版社 2016 年版，第 101 页。

设性意见。

三、研究方法

进行学术研究，研究方法至关重要，对于研究境外微观权力制约监督、构建境外微观权力监察制度这一崭新课题，研究方法就更为重要了。如前文所述，本书选择的是一个全新的内容为研究对象，没有相似度比较高的研究成果可以借鉴。对研究方法的把握完全是从研究过程中摸索总结出来的。从根本上说，辩证唯物主义和历史唯物主义是学术研究的基本指导思想和方法原则。具体到境外微观权力制约监督和监察制度构建，这是一个历史问题，现阶段境外微观权力制约监督和监察制度构建是相对于过去而言的，其发展轨迹具有历史性；而它又是一个现实问题，境外微观权力运行中存在很多问题和薄弱环节，权力滥用和权力腐败的威胁广泛存在，已经给政治和经济社会生活带来严重危害。这些问题、环节、威胁和危害都是现实的，而境外微观权力监察制度理论基础还十分薄弱，具体实践中仍存在许多问题亟须解决。关于境外微观权力运行，有许多现实案例可供研究，也有许多案件研究成果可以借鉴。因此，本文主要采用了权力分析研究方法、比较历史研究方法、比较制度分析方法、案例研究方法、实证研究方法、法权分析研究方法、法律与政策文本分析方法。

（一）权力分析研究方法

本书是关于权力现象的研究，研究对象是政治权力占据主体的政治性权力，所以本书运用多种研究方法的目的是深入研究制约和监督政治权力的方法和路径，从而找出解决权力滥用或异化甚至是解决腐败问题的根本方法。本书中，权力分析研究方法可以帮助我们动态地了解和掌握权力主体和权力客体之间的相互关系，是运用最为普遍和有效的研究方法。认真分析研究关于权力的各种概念界定，权威观点认为权力就是指事物之间相互作用的力量，由此推断所谓的政治权力，也就指在政治领域中权力主体和权力客体相互作用的力量。权力分析研究方法来源于这样一次假设：任何事物的相互作用都有一个共同的特点，那就是作用的不平衡性。有时可能会出现平衡状态，但是这只是暂时的现象，不平衡状态是经常性状态，暂时的平衡状态会过渡到不平衡状态。两个事物相互作用的事物之间便产生了一种支配与被支配的关系。这种认识在一定条件下可以转化为一种分析方法：分析在这种格局中哪一方是处于主导地位的，哪一方是处于被支配地位的；分析这种格局形成的环境、条件和原因；分析这种支配与被支配的具体行为方式；分析当一定的环境和条件发生变化之后，对格局可能产生的影响。权力实际上反映的是各种实体（群体或个体）之间相互影响、相互作用、相互制约的状况，并强调这种影响、作用、制约的方向性、不平衡性和实际的结果。运用权力这一概念工具去研究和分析政治现象，应该成为在中观和微观层次上的基本分析工具。权力主体的结构对权力运行产生的影响十分巨大，权力主体的结构有内部结构和外部结构之分。复合的权力主体内部的结构可以分为各种层次，其中每一层的因子本身又可以相对地形成一定的权力主体，并且具有一定结构。权力主体内部的功能主要是提供政治意志的协调机制，保证其内部的诸因子的意志通过这种协调机制而构成一种合力，从而使意志出现不同程度的集中，使权力主体得以保持其质的规定性。根据权力主体结构的不同，可以将其分为若干模式，权力主体结构的模式是多种多样的，比较常见的有阶梯式结构、宝塔式结构、放射型结构、对垒型结构等，这在本书中会详细述及。

（二）比较历史研究方法

从事权力研究，必须有历史深度，必须体现历史纵深，必须充分借鉴历史经验。而研究境外微观权力制约监督问题，构建境外微观权力监察制度，就必须要研究境外微观权力制约监督的历史变迁，研究境外微观权力监察的制度变迁，研究境外微观权力主体关系演变，研究境外微观权力的发展变化轨迹。境外微观权力制约监督基本制度和配套制度措施不是与生俱来的，制度建立后也不是一成不变的，而是随着境外微观权力关系的发展变化而不断调整的。通过比较历史研究，理清境外微观权力关系形成、变化过程和制约监督制度的演变过程，分析各种制度运行中的利弊得失，并紧密结合境外微观权力制约监督的现行运行机制，研究提出境外微观权力制约监督和监察制度构建的基本方向。

（三）比较制度分析方法

理论和实践都已充分证明，制度建设是加强权力制约监督的行之有效的办法。在本书撰写过程中，笔者将国内微观权力和境外微观权力进行了深入比较分析，进行横向比较研究；将境外微观权力与十八大之前的境外微观权力进行了深入比较分析，进行纵向比较研究。同时笔者十分关注制度的实际运行过程，通过收集和分析大量实证材料，对权力制约监督制度进行分析和比较，从中选择对境外微观权力制约监督有益的内容，自觉摒弃不适合境外微观权力制约监督的内容。这些横向和纵向分析研究有助于更深入地认识境外微观权力的特点和运行的薄弱环节，对构建境外微观权力监察制度提出更有针对性、实效性和操作性的意见建议。

（四）案例研究方法

研究境外微观权力控制和监管的漏洞和薄弱环节，肯定要研究具体案例；研究境外微观权力滥用和权力腐败问题也会涉及许多已经发生的实际案件，并且会对这些案件进行深入分析研究。因此，本书中会大量采用案例研究方法。透过一个个生动活泼的案例和事例，可以发现境外微观权力运行的基本轨迹，可以研究境外微观权力关系中各权力要素之间相互作用的基本方式，进而发现境外微观权力运行中存在的问题，以及产生问题的原因。运用案例研究方法有助于分析研究境外微观权力运行中存在的问题，发现境外微观权力控制和监管的薄弱环节，从而有针对性地提出境外微观权力监察制度构建和其他加强境外微观权力控制监管的意见建议。

（五）实证研究方法

权力现象和权力行为是普遍存在的，境外微观权力同样是普遍存在的，而且权力制约监督和国家监察制度同样普遍存在于现实政治经济社会生活之中。虽然境外微观权力在国内工作中不是随时随地能够触及，但是在国内还是能够直接或间接受到境外微观权力影响，而且经常可以接触境外微观权力主体及其组成人员。既然从事的是实证研究，实践中有研究需求，同样实践会提供大量的研究素材，这是研究工作的丰富土壤。本书撰写过程中，笔者通过深入中央国家机关、国有大型企业和其他有关单位进行走访调研，与这些单位的境外工作人员进行座谈交流，拿到大量真实的第一手资料，对深入了解境外微观权力运行情况、分析研究境外微观权力运行的问题隐患和薄弱环节、研究提出境外微观权力监察制度构建建议发挥了重要作用。通过实证研究，从各个不同的视角，站在不同的立场，来分析境外微观权力运行中的各种因素，从而把这个复杂运行体系的各个环节和现行制度体系的利弊得失分析清楚、研究透彻。通过了解境外微观权力主体及其工作人员的所感所想所为，深刻认识境外微观权力控制和监管面临的主要问题、努力方向和基本方法，对提出切实可行的意见建议、谋划构建完善的境外微观权力监察制度方案发挥重要作用。

（六）法权分析研究方法

法权分析研究方法是宪法学学者提出的研究方法，主要是指以法权为核心范畴，由它分解出基本范畴，再进一步分解或派生出普通范畴，从而精确地再现和统一阐释全部法律现象的方法。境外微观权力监察制度研究在现行宪法和《监察法》基本框架下，立足于推进国家监察体制改革和完善国家监察制度体系，以境外微观权力各项制度设定的权力为核心，以进一步分解或派生出的其他权力和权力行为为对象，展开深入分析研究。从而更为直观地得出境外微观权力运行面临的风险和挑战，分析这些风险和挑战产生的原因，得出现行境外微观权力控制监管方法、手段和制度的成因、功能作用和存在的问题，为加强境外微观权力制约监督和构建境外微观权力监察制度提供意见建议。

（七）法律与政策文本分析方法

习近平总书记指出，全面推进依法治国，必须努力形成国家法律法规和党内法规制度相辅相成、相互促进、相互保障的格局。国家监察和权力制约监督相关的党纪党规和法律法规是本书研究的重要基础。在研究过程中，不仅涉及大量法律法规，还涉及大量党纪党规，而且党纪党规可能还更为重要，主要包括《中国共产党章程》《中国共产党纪律处分条例》《关于新形势下处理党内政治生活的若干准则》等。涉及的法律法规主要有《中华人民共和国宪法》《监察法》《中华人民共和国行政复议法》《中华人民共和国行政诉讼法》《中华人民共和国国家赔偿法》等。通过对国家监察和权力制约监督相关的党纪党规和法律法规文本进行分析研究，可以反映出境外微观权力监察工作面临的任务、可运用的手段、可采用的方式和境外微观权力制约监督开展的基本情况等。反过来，通过对境外微观权力监察工作和境外微观权力制约监督的深入研究分析，可以提出对国家监察和权力制约监督相关的党纪党规和法律法规文本的修改完善意见建议，从而达到构建境外微观权力监察制度，有效控制和监管境外微观权力的目的。

四、研究框架

本书正文部分由绪论、研究主体和结语共九章组成。在此着重介绍正文部分研究主体的七章内容：

（一）境外微观权力基础研究

境外微观权力监察制度研究首先要开展境外微观权力基础研究，确定研究对象，界定研究范围，深刻阐释境外微观权力的内涵和外延，在此基础上认真分析研究对象的基本特点，深刻掌握研究对象运行的基本规律。本章通过对权力、政治权力、公共权力的分析和研究，以及对境外、微观的具体界定来明确本书的主要研究对象和基本研究范围。作为问题研究，深入阐释境外微观权力和深刻剖析境外微观权力特征为下一步研究工作聚焦权力、突出重点、精准发力奠定坚实基础。

（二）境外微观权力运行风险研究

在对境外微观权力进行深入研究和分析基础上，本章重点分析境外微观权力运行中的具体案例，着重回答以下问题：境外微观权力运行中的风险到底有多大，权力滥用和权力腐败的可能性到底有多大，境外微观权力运行具体风险在哪里，产生的具体原因是什么。坚持问题导向，强化问题意识，聚焦解决问题，本章内容指出和界定了境外微观权力运行中的风险和挑战，从而顺利找到研究所要解决的主要问题，并且深入分析研究问题产生的各种原因，为下一步提出解决问题整体方案创造有利条件。本章通过对权力要素和特性进行分析，指出权力本身的运行风险；通过对境外微观权力的分析研究，指出境外微观权力配置、运行中的具体风险；通过对境外微观权力主体的分析研究，指出境外微观权力主体及其工作人员在选派和监管方面存在的风险和隐患。最终将问题研究引入到境外微观权力的控制和监管工作中，引入到境外微观权力腐败的防范和治理工作中，为境外微观权力制约监督基本制度构建和配套制度措施完善奠定坚实基础。

（三）境外微观权力制约监督基础研究

权力制约监督理论长时间被理论界列为研究重点，内容较为丰富，体系较为成熟，但是在一些方面仍然存在学术分歧，在具体实践中仍然存在一些问题和弊端。本章的任务主要是在简要介绍权力制约监督理论的基础上，重点界定对境外微观权力制度研究作用重大的理论部分，提出本书对权力制约监督理论的认识和理解，为权力制约监督理论与境外微观权力控制和监管工作的有机结合奠定坚实的基础。本章首先对权力制约监督的概念进行界定，对权力制约监督的历史变迁进行介绍，在此基础上深入论述加强权力制约监督的重要意义和加强境外微观权力制约监督的必要性。创新研究方法，运用将权力制约与权力监督进行比较和结合的方式，深入阐释权力制约监督的基本内涵。

（四）平衡理论引入研究

加强境外微观权力制约监督和构建境外微观权力监察制度的最大风险是降低境外微观权力运行效率，提高境外微观权力运行成本。境外微观权力监察制度有效构建之后，境外微观权力运行实现有效制约监督之后，如果牺牲了境外微观权力运行效率，提高了境外微观权力运行成本，阻碍了境外微观权力主体正常业务工作开展，妨碍了我国海外利益的拓展，最终可能导致丧失重大发展机遇的历史败笔。对这种隐患和风险必须高度重视，提前谋划解决。除此之外，如何处理境外微观权力主体与相对人之间的关系，如何处理境外微观权力各个主体之间的关系，如何处理境外微观权力制约与权力监督的关系等等，都需要先进的适应境外微观权力特点和运行实际的理论指导。因此，加强境外微观权力制约监督，研究提出境外微观权力制约监督基本制度和配套制度措施，构建境外微观权力监察制度都需要以先进理论为指导。行政法围绕着行政权展开基本理论研究，先后产生管理论、控权论和平衡论等重要理论，现在在我国行政法学界占据主导地位的是平衡论思想，其理论价值对境外微观权力制约监督研究和境外微观权力监察制度构建意义重大。在此，将行政法的平衡思想引入本书研究，用于指导境外微观权力制约监督工作和境外微观权力监察制度构建工作。本章关于行政法平衡理论的介绍和软法、统一公法学等发展趋势的研究有力解决了境外微观权力制约监督和监察制度构建的方法论基础问题。

（五）境外微观权力制约监督基本制度构建研究

在前文深入分析研究的基础上，提出境外微观权力制约监督制度建设的实施方案，将境外微观权力制约监督制度分为基本制度和配套制度措施。在对制度、制度建设和境外微观权力运行制度进行研究分析的基础上，提出境外微观权力制约监督的基本制度，主要包括：境外微观权力量化制度，境外微观权力责任管理制度，境外微观权力运行公开制度，境外微观权力内部制约监督制度，对境外微观特权的制约监督制度，对境外微观权力主体主要负责人的制约监督制度。围绕要具体解决的境外微观权力运行中的具体风险和挑战，对每一项基本制度进行深入谋划和认真设计，提出完善的具体制度设计和政策措施，从而最终形成完整实施方案。

（六）境外微观权力制约监督配套制度措施研究

仅仅依靠境外微观权力制约监督的各项基本制度，是无法控制和监管境外微观权力的，更谈不上良好驾驭境外微观权力。配套制度措施的不完善会导致境外微观权力制约监督制度执行力大幅度下降，导致制度执行的宽松软问题滋生，从而产生权力滥用甚至严重的权力腐败行为。各项基本制度制定和执行的过于严格和周密又容易导致权力运行效率降低、权力运行成本过高，相关配套制度措施如果不能及时跟进，甚至可能导致境外微观权力主体丧失工作的积极性和主动性，将对"一带一路"倡议的深入推行和海外利益的拓展产生重大危害，影响中国特色社会主义建设和中华民族伟大复兴的历史进程。因此必须在建立完善的境外微观权力制约监督体系的同时，建立健全配套制度措施，二者相互结合、相互补充、相得益彰，最终形成系统完备、合理有序、运行高效的境外微观权力制约监督制度和配套制度措施体系，达到最优政治效果、经济效果、社会效果和国际效果。在此基础上，本章重点研究了境外微观权力主体工作人员选派制度，境外微观权力主体工作人员管理保障制度，境外微观权力事项管理制度和境外微观权力制约监督配套措施等。

（七）境外微观权力监察制度立法完善研究

深化国家监察体制改革，是以习近平同志为核心的党中央作出的事关全局的重大政治体制改革，是强化党和国家自我监

督的重大决策部署。[1] 国家监察体制改革是建立中国特色国家
监察制度的创制之举，中国特色国家监察制度体现了中华民族
传统制度文化，是对中国历史监察制度和监察文化的深入学习
借鉴，也是对当代权力制约监督的一次成功探索。以习近平总
书记为核心的党中央深刻认识到，要充分运用法治思维和法治
方式引领推动保障国家监察体制改革的导向，于是十三届全国
人大一次会议表决通过《监察法》这一对国家监察工作起统领
性和基础性作用的法律。初步形成了以《监察法》为统领，以
其他法律法规为补充的国家监察法治体系。《监察法》总结了党
的十八大以来反腐败工作的经验，巩固了国家监察体制改革的
成果，构建起具有中国特色的国家监察体系，开启了法治反腐
的新阶段。[2]《监察法》是中华人民共和国历史上第一部规范
监察法治的法律，也是世界上前所未有的一部富有中国特色的
独创的新法律。《监察法》全面规定了监察工作的原则、体制、
机制和程序，赋予监察委员会职责权限和调查手段，用留置取
代"两规"措施，体现了全面深化改革和全面依法治国、全面
从严治党的有机统一。《监察法》构建了党统一领导的国家监察
体制，有效解决了监察覆盖面过窄、反腐败力量分散、纪法衔
接不畅等问题，有利于健全党领导反腐败工作的体制机制。[3]
《监察法》对所有行使公权力的公职人员监察全覆盖，从立法的
高度明确了监察对象，将监督"狭义政府"转变为监督"广义
政府"，实现了党内监督与国家监察的无缝隙对接，做到了监察

---

〔1〕　吴建雄主编：《读懂监察法》，人民出版社2018年版，第1页。
〔2〕　马怀德主编：《中华人民共和国监察法理解与适用》，中国法制出版社
2018年版，第1页。
〔3〕　马怀德主编：《中华人民共和国监察法理解与适用》，中国法制出版社
2018年版，第3页。

全覆盖。[1]

　　具体到境外微观权力的控制和监管工作，国家监察体制改革中没有作出专门设计谋划，《监察法》中也没有专门章节和条款述及。但是，这并不意味着没有针对境外微观权力的监察制度，《监察法》对所有行使公权力的公职人员的监察全覆盖应当包括境外微观权力主体及其工作人员。只是在国家监察体制改革推进和《监察法》制定过程中，没有把境外微观权力作为专门对象进行研究规范。国家监察体制改革和国家监察法治建设将不断深化发展，在今后的工作中要进一步健全完善针对境外微观权力的监察制度，运用修改完善《监察法》和其他党纪党规、法律规范的方式，加强对境外微观权力的制度监督，加强对境外微观权力的控制和监管。本章在前面深入研究的基础上，从着力实现国家监察的全覆盖、落实境外微观权力的国家监察责任、全面落实监察工作方针、扩大反腐败国际合作等四个方面有针对性地尝试提出修改完善《监察法》和其他党纪党规、法律法规的立法建议，以及国家监察体制改革不断深化发展的意见建议，为进一步健全完善境外微观权力监察制度贡献力量。

---

　　[1] 马怀德主编：《中华人民共和国监察法理解与适用》，中国法制出版社2018年版，第4页。

第二章　境外微观权力基础研究

一、聚焦权力

境外微观权力监察制度研究首先要确定研究对象，界定研究范围，深刻阐释境外微观权力的内涵和外延。作为问题研究，阐释境外微观权力必须要聚焦权力，突出重点，精准发力。前文已经讲到，本书主要是以境外微观权力制约监督来构建监察制度的，而境外微观权力制约监督是权力制约监督的重要内容。研究境外微观权力，首先必须深入研究权力本身，确定权力的内涵，界定权力的范围，研究权力的特性，分析权力的弊端，弄清楚权力与制约监督的关系，阐释为什么要对权力进行制约监督，如何才能更好地对权力进行制约监督，最终研究提出境外微观权力制约监督的基本制度和配套制度措施。

关于权力，要从历史谈起；研究权力，要有历史深度。时间无始无终、绵延不绝，历史绝对不仅仅是时间的延续。有学者认为，历史是后人的作品，因而总是可以被人为地割裂或者连接，历史是后人用绳子串起来的若干篇章，而串起无数竹板、纸张的那根绳子就是权力。[1] 从这个角度，历史就是围绕权力

---

〔1〕　曲新久：《刑事政策的权力分析》，中国政法大学出版社 2002 年版，文前第 5 页。

展开的一系列篇章的合集，是关于权力的各种作品的汇集。关于权力的经典论述不胜枚举，它是政治学、法学、历史学、经济学、管理学等众多人文社会学科学者共同关注的重要问题，在这方面形成了大量重要的研究成果。权力的概念和内涵超越了学科界限，成为多学科共同关注的核心问题。人类纷繁复杂的各种社会现象，五彩缤纷，形态万千，拨开层层迷雾，探寻其本质和内在规律，用法学学者的语言就是"剥茧抽丝、敲骨吸髓"的分析研究，最终的归宿点就是权力和权力控制的经济资源。因此，政治、法律、历史研究必须聚焦权力，透过权力的视角，运用权力的工具，从权力的角度分析，将权力作为各项研究的切入点，将权力研究方法作为解决各种复杂社会问题的金钥匙。本书研究同样聚焦境外微观权力，不局限于某一学科，不只使用一种研究方法，提出的问题解决方案也是统筹考虑、综合施策，同样要运用权力工具，切入权力视角，使用权力方法，强调研究的历史深度。

具体到本书研究内容，境外微观权力制约监督和境外微观权力监察制度的表述方式在理论界还没有形成公论，容易引起争议和质疑，必须要对这种表述方式中的每一项内容进行研究界定。其中最关键的是聚焦权力，对权力进行界定和分析。本文研究的权力包括政府权力在内的政治权力，政府权力是政治权力的重要组成部分。但是本书的研究内容又不局限于政治权力，也包括含有政治因素的非政治权力（在此把超出政治的部分称为非政治权力），研究内容可以定义为政治性权力，也可以用公共权力来表述。

二、界定权力

权力是人类社会普遍存在的社会现象，在现代国家发挥着越来越重要的作用。西方国家和中国历史上对权力有多种认识和理解，分别从不同角度，站在不同立场，运用不同方法对权力进行解释和研究。这些解释和研究对当下研究包括政治权力在内的公共权力提供了重要的参考和借鉴。

在英文中权力一词是 power，其含义是"力量"、"驱使的能力"或"使有力量"，同时具有"强国"或"强权"的含义。英文中另外一个词 authority，其含义是权威、权势、权力，还有官方、当局、学术权威的含义，主要是权力主体因为其职务、地位或具有的专业知识而获得的合法权力，以命令其他人服从。国外理论界关于权力各种各样的定义，都或多或少地受到马克斯·韦伯的影响。马克斯·韦伯认为权力是在一定社会关系里哪怕是遇到反对也能贯彻自己意志的任何机会，不管这种机会是建立在什么基础之上。[1] 国外的其他学者的定义大都在马克斯·韦伯关于权力的定义的基础上发展而来，帕金斯认为权力是一种集体组织系统中各单位履行有约束的义务的普遍化能力；福柯则认为权力是各种力量关系的集合。这些是西方国家对权力的普遍观点和定义，对国内理论界具有重要借鉴意义。

在中国古代，"权"的含义来源于度量器具，其本意是秤锤。称量要公平，所以权力一词在中文中有主持公平之意。[2]这里的权力就不是普遍意义的概念，这是与其职务和地位密切相关的一种力量。甚至有学者认为，在中国的传统观念中，权

---

〔1〕 "权力"，载 http：//baike. baidu. com/view/87198. htm 〔2013. January 18th〕，最后访问时间：2020 年 9 月 10 日。

〔2〕 吴丕、袁刚、孙广厦：《政治监督学》，北京大学出版社 2007 年版，第 28 页。

力是属于君主的，是不可转移的。[1] 在当代中国，对于权力的定义也是错综复杂的。《中国大百科全书·政治学》关于权力的定义为："在当代社会科学的领域中，权力一般被认为是人际关系中的特定的影响力，是根据自己的目的去影响他人行为的能力。在社会生活中，凡是依靠一定的力量使他人的行为符合自己的目的的现象，都是权力现象。"[2] 这实际上是当代中国关于权力的最广泛定义，它把凡是社会上能够对他人产生影响的力量都定义为权力，这里的权力其实就是影响力，这其实是广义的权力。但是，本书所研究的权力是狭义的权力，需要进一步界定和缩小权力的范围。

（一）关于政治权力

相对于广义的权力，狭义的权力就是包括政治权力在内的公共权力。政治权力是公共权力的主体，也是本书研究的重点。国内学者有许多关于政治权力的定义。政治权力同样有广义和狭义之分，有的定义对政治权力的范围作了扩大解释，甚至泛指所有的权力，将政治权力定义为政治影响力。狭义的权力仅仅指的是政治强制力。关于政治与政治权力的理解与运用有很多优秀的研究成果，从历史上看，政治与权力相伴而生，二者关系之密切以至于在一定程度和意义上讲权力即"政治权力"。从现实社会看，政治本质上是一种权力，是权力的形成、分享和运用的过程。[3] 政治权力在权力体系中占据主体，发挥主导

---

[1] 吴丕、袁刚、孙广厦：《政治监督学》，北京大学出版社 2007 年版，第 28 页。

[2] 《中国大百科全书·政治学》，中国大百科全书出版社 1992 年版，第 498 页。

[3] 金太军、张劲松、沈承诚：《政治文明建设与权力监督机制研究》，人民出版社 2010 年版，第 1 页。

性作用，在政治性权力中更是占据主体地位。毋庸置疑，政治权力是人类社会一切权力之中最重要的权力，是最有影响力的权力，垄断了社会上的大部分重要权力。在这里，我们首先对政治权力的基本含义进行分析研究。

《中国大百科全书·政治学》对政治权力的定义为："政治权力是一种政治力量，它的主体主要是国家，权力有一定的政治目的，它是政治主体对一定政治客体的制约能力和力量。它体现在政治主体为实现某种利益或原则的实际政治过程之中。"[1] 中国人民大学杨光斌教授认为，政治权力就是在政治关系中，权力主体依靠一定的政治强制力，为实现某种利益而作用于权力客体的一种政治力量。[2] 北京大学李景鹏教授认为政治权力，就是指某一政治主体依靠一定的政治力量，为实现某种利益或原则而在实际政治过程中体现出的对一定政治客体的制约能力。[3] 北京大学吴丕教授从政治监督学的角度，将政治权力简单地看作是：由国家机关或政府机关的官员们掌握的决策权和执行权。[4]

综上所述，政治权力是用来描述政治主体之间相互影响和相互作用的状态和情况的范畴，在一定程度上指的是国家权力，是在一定地域范围内，由一部分人掌握的，能够影响全体公民的能力或力量，这是一种宏观权力。政治权力就是某一政治主体依靠一定的政治力量和资源，为实现某种利益或原则而在实

〔1〕 《中国大百科全书·政治学》，中国大百科全书出版社 1992 年版，第 498 页。

〔2〕 杨光斌：《政治学导论》，中国人民大学出版社 2007 年版，第 38 页。

〔3〕 李景鹏：《权力政治学》，北京大学出版社 2008 年版，第 23 页。

〔4〕 吴丕、袁刚、孙广厦：《政治监督学》，北京大学出版社 2007 年版，第 32 页。

际政治过程中体现出的对一定政治客体的制约能力。[1] 具体看，由于政治权力十分庞大，其权力主体和权力客体同样十分庞大，具体到权力主体必须要区分不同层次、不同系统，形成复杂的体系，政治权力名义上由国家行使，实际上是由一个个具体的组织和个人来具体执行的，从而政治权力由宏观权力演变为微观权力。政治权力的作用过程，实际上是某种博弈和较量的过程，结果是经过博弈和较量之后的动态平衡状态。

政治权力的主要因素有权力主体、权力客体、目的性、强制力、权力作用的方式等。根据政治权力运行的方式，可以将政治权力分为强制性权力、功利性权力、操纵性权力、人格型权力和合法性权力等；从权力性质上看，政治权力是可以分为决策权和执行权。国外学者将政治权力提炼为基础、手段、程度、分量、广延、权力代价、服从代价、违抗代价、获利和合法性等十种因素。通过上述对政治权力的深入研究，可以轻而易举对公共权力进行界定，那就是那些要素中与政治权力中的要素重合的权力，只要权力主体、权力客体、目的性、强制力和权力作用的方式有一种与政治权力重合，那么这项权力就属于公共权力的范畴。

通过对政治权力要素和特性的深入分析和研究，国内外学者得出以下基本论断：政治权力给人类带来了巨大的福祉和丰硕的利益，所以文明社会必然地选择权力；但政治权力又是一匹桀骜不驯的野马，给政治文明乃至人类社会带来巨大的威胁和创伤。如何征服和驾驭政治权力这匹桀骜不驯的野马是政治学理论界面临的重大课题，也是最大难题。历史的责任已经摆

---

[1] 吴丕、袁刚、孙广厦：《政治监督学》，北京大学出版社2007年版，第28页。

在了我们面前：如何有效地制约和监督权力，加强对权力的控制和监管，既要严格控制其发展方向和作用范围，又要保证其合理高效有序的运行，满足政治经济社会发展的需要。

对政治权力实现有效地制约监督，要从政治权力本身寻找切入点和着力点，深入考察政治权力和权力主体的关系：一是政治权力与权力主体之间相互作用。政治权力的覆盖范围，取决于权力主体在其外部的层次和地位；政治权力的强度取决于其权力的大小，权力的大小与权力主体内部结构状况密切相关，比如组织的严密程度、目标的明确程度、成员的自身状况等。权力主体内部结构的状况，还决定着政治权力作用的持久程度和政治权力关系的稳定程度；政治权力运行的状况又反过来增加或减弱权力主体及其内部结构。二是权力主体的可分性和政治权力的层次性。通过分析和考察，我们可以得出以下结论：复杂的权力主体内部是可以进行区分的，权力主体在区分的过程中，权力本身也随之进行区分，分开的权力主体之间又变成了主体和客体的相互作用关系。权力主体内部的区分为政治权力的渗透和运行从不同层次上提供空间，从而形成政治权力在空间上的层次性。三是权力主体的能动地位和政治权力地位的作用方向的互相转换过程。权力主体都具有能动性，有的虽然处于其他权力主体的客体地位，但是由于自身积极发挥能动性，还可以发挥反作用，在一定条件下反客为主成为权力主体，导致权力关系的作用方向发生逆转。比如，下级机关在上级机关的领导下开展工作，下级机关处于权力客体的被动地位，但是下级机关积极能动的对上级机关进行监督，这种情况下下级机关反客为主成为权力监督关系的权力主体。

上述分析和研究，为实现权力制约监督提供了可能性，同时为权力制约监督制度的构建提供了诸多切入点和着力点。政治权力是引导理论界具体地、深入地研究政治理论、政治现象、政治过程的关键，更是加强公共权力制约监督的主要切入点和着力点。离开对政治权力的分析和研究，就无法实现对政治理论、政治现象、政治过程动态的、立体的研究。加强境外微观权力制约监督，实现对境外微观政治权力的制约监督是关键；构建境外微观权力监察制度，境外微观政治权力的监察是重点和难点。

（二）关于公共权力

本书的关注点不是广义的权力，不是社会中普遍存在的人与人之间的影响力，同样也不能仅仅限于政治权力，国有企业大量的驻外机构的权力必须要纳入研究范围，事业单位驻外机构的权力同样要纳入研究范围。因此，对权力的研究限定在政治性权力或者说公共权力这个范围内，而且在研究范围内要突出研究重点。如何来确定研究范围呢？可以通过明确研究对象特征的方式来明确研究范围，本书认为关注的公共权力应该具备以下基本特点：一是具有鲜明的政治性。有学者根据权力发挥作用的领域，将权力划分为经济权力、政治权力和社会权力。这种划分具有重要的理论价值和实践意义，在现实生活中，经济权力、政治权力和社会权力是相互交织、相互作用和相互转换的，无法完全区分，更不能割裂开进行研究。但是，政治是人类社会的重要方面，而且是其区别于非人类社会的主要标志之一。政治的发展既是人类社会发展的重要组成部分，也是人类文明演进的强大动力。因此，本书所讲的权力是指在政治过程中产生运行的权力或者是政治活动中密切相关的权力，它包括单纯的政治权力，也包括具有政治性或者政治因素的经济权力和社会权力，但需要把单纯的经济权力或社会权力排除在外。这就是说国有企业的境外机构由于其控制的资源是国有的，因此其境外机构的权力具有一定的政治性，其拓展海外利益的行为并不是单纯的经济行为；而民营企业的境外机构掌握的权力属于单纯的经济权力，需要将其排除在研究范围之外。二是具有一定的强制性。作为影响力的权力，并不具有绝对意义的强制力，也就是说权力客体对权力主体发挥的影响，可以有多种选择，而权力主体对权力客体无可奈何。权力主体的这种影响力最终无法实质性侵害权力客体的利益，没有滥用和异化的风险，不需要进行大范围强有力的控制和监管，不需要制约和监督的全面覆盖，因此不是本书关注的对象。本书所关注的权力，其权力主体在权力客体反对的情况下仍然具有实现自身意志的能力，具有一定的强制性。具有强制性的权力，权力主体可以让权力客体做其本来不愿意做的事情。权力主体这样做的方式是暴力和制裁，有时候是隐藏在社会道德观念或公序良俗背后的暴力和制裁。这样，在人类社会中就产生了支配与服从的不平等关系，这就为权力滥用和权力腐败提供了大量机会，对这种权力必须要加强控制和监管，对这种权力的制约和监督值得深入研究和思考。三是不局限于政治权力的范围。广义的政府权力是指中央和地方全部立法、行政、司法机关所享有的权力。狭义的政府权力仅指中央和地方的行政机关所享有的权力，即国家行政机关的管理。本书中的权力不仅包括狭义的政治权力，这也是研究的重点，还包括广义的政治权力。在此基础上，中国共产党的各级委员会、职能部门及其领导干部所掌握的权力也是重要研究对象，更是研究的重点和难点。各级工会、青年和妇女联合会等社会团体及其领导干部所掌握的权力也是重要研究对象。国有企业和公立学校医院等事业单位及其领导干部所掌握的权力也是重要研究对象。村民委员会、居委会等基层群众性自治组织的微观权力主体所掌握的权力也是重要研究对象。

在这里需要着重指出的是，不具有政治性、不占有公共资产的权力主体，比如民营企业、民营医院的经营者和管理者所掌握的权力不属于本书的研究对象。举例来讲，对民营企业的高级管理人员违反法律规定，滥用管理职权，为自身谋取不正当利益，损害民营企业利益的行为，本书不进行研究，对民营企业的高级管理人员所拥有的权力不做研究。如何制约监督民营企业高级管理人员的权力，这是民营企业的股东们的重要任务，也是管理学界的重要课题，其违法犯罪行为理应受到处理和制裁，这同样是刑法学和行政法学界的重要任务。当然，如果民营企业高级管理人员的权力滥用行为严重危及国家利益或公共利益，对他们权力的制约监督，政治学界就必须高度关注，重点加强研究。

三、研究的其他限定

（一）限定在新时代

习近平总书记在中国共产党第十九届全国代表大会上向全世界庄严宣告，经过长期努力，中国特色社会主义进入了新时代，这是我国发展的新的历史方位。党的十八大以来，国内外形势变化和我国各项事业发展给中国共产党人提出了一个重大时代课题，即必须从理论和实践上系统回答要坚持和发展什么样的中国特色社会主义。围绕这个重大时代课题，以习近平同志为代表的中国共产党人进行了艰辛理论探索，取得重大理论创新成果，形成了习近平新时代中国特色社会主义思想。从这个意义上讲，习近平总书记讲的新时代和习近平新时代中国特色社会主义思想的起始点应该是2012年召开的党的十八大。

中国特色社会主义进入新时代后，我国社会主要矛盾已经转化为人民日益增长的美好生活需要和不平衡不充分的发展之间的矛盾。在新时代，人民群众不仅对物质文化生活提出了更高要求，而且在民主、法治、公平、正义、安全、环境等方面的要求日益增长。[1] 民主、法治、公平、正义是人民群众对美好生活需要的应有之义，包括各项政治权力在内的公共权力的安全稳定高效运行也是应有之义。研究境外微观权力制约监督问题，构建境外微观权力监察制度，加强对境外微观权力的控制和监管，是政治理论建设的重大课题。

中国境外微观权力的发展历史，可以一直追溯到 1949 年中华人民共和国成立，如果再往前推甚至可以到国内革命战争时期。在革命和战争年代，党在香港、澳门和其他国家和地区派驻有机构和人员，有的是公开派驻的，但更多的是秘密派遣的，还有为革命工作发挥掩护作用的机构和人员。但是中华人民共和国成立之前的境外微观权力总体上数量较少，控制的资源有限，而且党的干部的思想觉悟较高，对境外微观权力严格实施制约监督、构建境外微观权力监察制度的必要性并不突出。中华人民共和国成立之后，尤其是改革开放后，境外微观权力有了突飞猛进的发展，总量越来越大，种类日益繁多，层次更加分明，权力主体地位越来越高，掌握的资源越来越多，运行中面临的风险和挑战越来越严峻，权力运行中发生的问题也越来越大。面临境外微观权力新的发展态势，就必须对境外微观权力严格实施制约监督，构建境外微观权力监察制度，加强对境外微观权力的控制和监管。境外微观权力的历史研究是很重要的，但是由于本书篇幅有限，笔者研究时间精力有限，只能突

---

〔1〕　习近平:《决胜全面建成小康社会　夺取新时代中国特色社会主义伟大胜利——在中国共产党第十九次全国代表大会上的报告》，2017 年 10 月 18 日。

出研究重点，把研究范围限定在 2012 年党的十八大之后的境外微观权力。研究范围限定在新时代，并不意味着对境外微观权力的历史变迁，尤其是存在的问题不予关注，其依然可以成为研究分析境外微观权力的重要研究素材。

（二）限定在境外

本书关于权力的研究范围限定在境外。根据《中华人民共和国出境入境管理法》，这里的境外是指中国大陆之外的所有国家和地区，我国香港、澳门和台湾地区也包括在内。其实香港和澳门地区是我国境外微观权力最为集中地区之一，有大量政府机关的驻外机构和国有企业在香港和澳门地区开展工作。由于香港和澳门地区发展起步早、起点高、发展快，加上距离内地近，许多境外微观权力制约监督理论和制度实践首先在香港和澳门进行，应该说探索出了一条较好的境外微观权力控制和监管道路，其中许多有益的做法和经验值得在其他国家和地区推广。当然香港和澳门地区微观权力运行也存在一些问题和漏洞，发生了一些权力腐败案件，有的还相当严重，比如华润集团的宋林案件，值得深入总结和反思。

将境内微观权力制约监督排除在本书的研究范围之外，主要原因有以下三点：一是境内微观权力制约监督体系已经基本建立，基本纳入国家监察范围，正处于不断健全完善过程中。虽然不能保证完全做到全面覆盖，完善运行，但是相对于境外微观权力，制约监督体系和国家监察制度总体更为规范，更为完善，更为有效。二是境内微观权力制约监督和国家监察制度研究成果已经比较丰富，研究水平较高，提出的制度构建方案较为成熟，能够为完善国家监察制度提供有力的理论支撑。三是境内微观权力控制和监管难度相对较低。境内微观权力运行机制比较清楚，运行规律已经基本掌握，控制和监管的方法手段相对较多，监察制度构建相对容易，因此相对于境外微观权力，其制约监督的难度、研究提出方案的难度和制度构建的难度较低。

相对于境内微观权力，境外微观权力存在以下特点：境外微观权力主体所处地区在境外，境外微观权力行使的主要对象在境外，境外微观权力主体所掌控的资源和利益主要在境外。虽然境外微观权力主体主要受党纪党规和国内法律法规调整，但一些情况下对于有的境外微观权力党规党纪和国内的法律法规却无法调整，存在例外情况；境外微观权力运行要受到所在国家或地区法律的调整，要严格遵守当地的法律规定和遵守适应当地的风俗习惯，比如在某些发展中国家，支付小费在服务行业甚至行政机关是普遍存在的，境外微观权力主体在工作中不可避免地要涉及支付小费等类似问题。因此境外微观权力主体的部分行为特别是占有和支配各类资源的行为，可能存在不符合国内法律规定情况的，更是不能为国内民众所接受的。境外微观权力的这些特点使其控制和监管难度增大，各种因素交织使情况更为复杂。

（三）限定在微观

微观权力是相对于宏观权力而言的，是具体化的权力。将研究对象限定在微观权力主要是由于本书研究的目的在于解决微观制度层面的权力的控制和监管问题，是从制度规范层面来探讨境外微观权力制约监督的基本路径，因此研究对象就是一个又一个具体的境外微观权力。相对应，宏观层面的境外权力比如外交领域、国防领域的境外权力不在本书的研究范围之内。境外宏观权力主要作用对象是国家行为、外交行为和军事行为等，境外宏观权力和权力行为对象是排除在本书研究范围之外的。为什么要将国家行为、外交行为和军事行为排除在外呢？

原因是显而易见的，行使这些权力是国家意志的体现，权力行为作出是非常审慎的，发生权力滥用和权力腐败的可能性较低，对这些权力进行控制和监管的必要性不大。如果出现境外宏观权力滥用和权力腐败，那就是政治制度意义上的权力滥用和权力腐败，而不是本书研究的制度规范意义上的腐败。宏观权力的政治制度意义上的腐败是只有清王朝和南京国民政府这样的政权才有的，与处于中国特色社会主义建设和努力实现中华民族伟大复兴的中国梦时期的当代中国是毫无关联的。

四、研究对象的基本特征

经过前面的分析和研究，将本书研究对象聚焦在境外微观权力。微观权力是微观权力主体之间相互作用、相互影响的力量，相对于宏观权力，是具体的、细节的，有丰富的自身特点，值得进行深入研究。那么相对于权力、政治权力、政治性权力或公共权力，境外微观权力有什么基本特点；相对于国内微观权力、境外宏观权力和历史上的境外微观权力，当下和今后的境外微观权力有什么基本特点。回答这些问题对于加强境外微观权力制约监督，构建境外微观权力监察制度，加强境外微观权力控制和监管有重要意义。经过深入分析和研究，境外微观权力主要有以下特点：

（一）广泛性

权力无所不在，弥散性的微观权力已经浸入社会生活的各个方面。境外微观权力同样是广泛且普遍存在的。从空间上说，只要有境外政府机构、境外企业和其他事业单位，只要有其工作人员，就有境外微观权力；只要有海外利益，无论利益是国有的还是民营的，是经济利益还是人身利益，就有境外微观权力行使的对象。从时间上说，境外微观权力运行的过程持续存在于权力存在的整个时期，而且不会间断。

（二）多样性

境外微观权力是具体而微的，可以存在于最细小的地方，是最小单位的细节，而且在不同时期呈现出不同的表现形式，具有多样性的特点。可以依据不同标准，对境外微观权力进行分类。从权力主体性质上划分，可以分为境外微观行政权力、境外微观经济权力和其他境外微观权力；从权力性质上划分，可以分为境外微观决策权、境外微观执行权和境外微观监督权；从运行范围划分，可以分为境外微观内部权力和境外微观外部权力。

（三）集中性

境外微观权力由于其来源方式、运行范围、主体数量的原因，呈现出集中性的特点。境外微观权力的集中性主要体现在：决策权力的垄断性，权力行使的绝对性和制约监督的单一性。决策权力往往被极少数权力主体占有，集中于单一权力主体，主要原因是境外微观权力处于境外，决策主体相对于国内较为单一，往往由单一权力主体占有，国内的权力主体由于远离权力客体，不了解相关情况，无法正常参与决策。决策之后，境外微观权力主体行使权力过程中，受到的制约监督相对较少，在某些领域甚至没有制约监督，呈现出绝对性的特点。很多境外微观权力的制约监督主体较为单一、制约监督方式较为单一、制约监督的效果相当一般。

（四）隐蔽性

境外微观权力相对于国内的行政权力、司法权力等等，具有隐蔽性的特点。从我国国家机关驻外机构的权力来分析，在国家机关驻外机构中由于外事工作和其他专项工作的需要，本身需要严格遵守保密纪律和要求，权力运行的行为不便于向社会和公众公开，甚至在驻外机构内部也要实行严格的分割保密，不能出现互相参考借鉴的现象。在这种情况下，我国国家机关驻外机构的微观权力不可能对外公布权力清单、公布工作人员信息，公布权力运行程序等，这些境外微观权力就具有隐蔽性。对这些境外微观权力，制约监督的许多方法和手段无法正常发挥作用，对其控制和监管难度会进一步加大。国有企业的驻外机构同样面临类似问题，国有企业的驻外机构面临激烈的经济竞争压力，许多生产经营行为要严格保密，比如企业并购行为不可能大张旗鼓地展开，以免出现并购难度加大、并购成本增加的情况，因此许多微观权力运行是在不公开透明的情况下进行的，这些微观权力同样具有隐蔽性。境外微观权力的隐蔽性很大一部分原因是处于保密工作的需要，但是境外微观权力主体常常以保密工作为理由，出于自利性和垄断性的目的，采取"暗箱操作"的办法行使权力。正是权力的隐蔽性给了境外微观权力主体为所欲为、滥用权力的空间和自由，造成权力滥用和权力腐败。境外微观权力的隐蔽性使得对境外微观权力的制约监督尤其是监督变得非常困难，从而给境外微观权力监察制度构建提出新的更高的要求。

第三章　境外微观权力
运行风险研究

一、权力运行风险研究的重要意义

习近平总书记 2013 年在中国共产党第十八届中央纪律检查委员会第二次全体会议上指出："要加强对权力运行的制约和监督，把权力关进制度的笼子里，形成不敢腐的惩戒机制、不能腐的防范机制、不易腐的保障机制。"把权力关进制度的笼子里，是总书记对权力与制度关系的形象概括，也是回归权力本质的必然要求。党的权力是人民赋予的，行使权力必须为人民服务、对人民负责并自觉接受人民监督，为政清廉才能取信于民，秉公用权才能赢得人心。要彻底弄清"把权力关进制度的笼子里"这一命题，必须要回答"为什么关"和"怎么关"这两个问题。"为什么关"就是要回答权力运行中的风险和挑战是什么，具体到本书内容就是境外微观权力运行的风险和挑战是什么，这些风险和挑战会带来什么样的严重危害。对"怎么关"的问题习近平总书记已经给出明确答案，就是加强对权力运行的制约和监督，把权力关进制度的笼子里，本书需要做的就是深刻理解和认识权力运行的风险和挑战，针对境外微观权力的特定对象和境外微观权力运行的风险挑战，加强对境外微观权力的制约监督，有效构建境外微观权力监察制度体系。

从理论上看，习近平总书记对权力本身有深刻的认识和理解，2015 年在省部级主要领导干部学习贯彻十八届四中全会精神全面推进依法治国专题研讨班开班式上强调："权力是一把双刃剑，在法治轨道上行使可以造福人民，在法律之外行使则必然祸害国家和人民。把权力关进制度的笼子里，就是要依法设定权力、规范权力、制约权力、监督权力。"习近平总书记强调指出，任何人都没有法律之外的绝对权力，任何人行使权力都必须为人民服务、对人民负责并自觉接受人民监督。那么权力运行的风险和挑战是什么呢，只有把权力运行的风险和挑战研究清楚，才能有的放矢地加强权力运行的制约和监督，才能有效解决权力滥用和权力腐败的历史性难题。本书主要内容是研究加强境外微观权力的制约监督，构建境外微观权力监察制度，研究取得成功的一个重要前提就是找准境外微观权力运行中的风险和挑战。

更为重要的是，权力现象与腐败现象密切相关，腐败通常被称为是权力腐败，腐败行为其实就是为了谋取私利而对权力的滥用，或者是追求权力的非正当使用。关于权力与腐败最经典的表述是英国历史学家阿克顿于 1887 年致克莱顿主教的信中的一句话：权力易于腐败，绝对的权力绝对腐败。法国思想家孟德斯鸠在《论法的精神》中进一步指出："任何有权力的人，都易滥用权力，这是万古不易的一条经验。有权力的人们使用权力一直到遇有边界的地方为止。"阿克顿和孟德斯鸠对权力的深刻分析和批判性评价，在很大程度上揭示了权力运行的基本规律和权力腐败发生的基本规律。但是权力运行的风险和挑战究竟是什么，权力运行中是如何产生权力滥用和权力腐败的，这是摆在后人面前的重要课题。

　　从实践中看，准确查找权力运行风险是做好权力制约监督工作的前提和基础。以 2018 年北京市出台的《北京市纪委监委机关监督工作办法》（以下简称《工作办法》）为例，出台的《工作办法》进一步强化对北京市党的组织、党员和公职人员的监督，加强对其掌握权力运行的制约监督，是一项非常重要、针对性强，并且切实管用的规章制度，在实践中较好地发挥了作用，起到了规范权力运行的良好作用。《工作办法》详细规定了监督工作方式，并对相关程序进行规范。监督工作方式被形象地抽象为"9+1"，主要是指谈话函询、参加民主生活会述责述廉会议、专项检查、参加巡视巡察、监督巡视巡察整改、督促履行主体责任、参与线索处置、专题调研、信息化监督等 9 种监督方式和信访舆情研判 1 种监督方式。在新形势下，地方党委和纪委细化权力制约监督工作方案，加强对权力的制约监督工作，这是建立在对权力运行风险的深刻认识和准确把握的基础上的。在对权力运行风险准确把握的基础上，加强权力制约监督，突出工作重点，讲究方式方法，北京市的一系列卓有成效的做法就是例证，为加强境外微观权力制约监督工作提供了良好借鉴。

　　那么境外微观权力运行具体风险在哪里，境外微观权力运行中的风险到底有多大，境外微观权力滥用和权力腐败的可能性到底有多大，产生的具体原因是什么，这是研究境外微观权力制约监督的重要前提，是本章要完成的主要任务。

二、权力本身的运行风险

　　研究境外微观权力运行风险，前提是把权力本身的运行风险研究清楚，在此基础上分析境外微观权力运行风险的特点和规律，哪些因素会扩大境外微观权力的运行风险，哪些因素会导致境外微观权力产生新的风险点，从而有针对性地寻找解决方案。权力作为一种社会现象，有许多要素组成，权力运行中有许多特点、特征和特性。通过对权力要素和权力特点、特征和特性的分析和研究，最终来分析和研究权力本身的运行风险。换一种表述方式，就是从权力运行风险和加强权力控制监管的角度对权力本身进行深入分析和研究。

根据马克思主义的阶级观点，"权力这个概念指的是一个阶级实现其特殊客观利益的能力"。[1] 国家产生之后，通过行使社会管理权并由社会认可，成为最为强大的公共权力。国家同时代表一定阶级的利益，作为政治权力或公共权力，本身也有特殊的利益。恩格斯说："官吏既然掌握着公共权力和征税权，他们就作为社会机关凌驾于社会之上。"[2] 这种情况下，官员自身形成了一种特权阶层。官员凌驾于社会之上的现象从侧面证明了加强对微观权力制约监督的必要性和重要性。在这种情况下权力就由三部分组成：政治权力、公共权力、权力主体自身权力。

前文已经讲到，本文的研究内容主要是对政治权力的制约监督，政府权力是政治权力的重要组成部分。但是本文的研究内容又不局限于政府权力和政治权力，也包括含有政治因素的非政治性权力（在此把超出政治的部分称为非政治性权力），研究内容可以定义为政治性权力或公共权力。政治性权力除了政治权力外，还包括以国家为背景的事业单位和国有企业的驻外机构及其工作人员享有的权力，行使这些权力虽然不属于行政

---

〔1〕〔希〕尼科思·波朗查斯：《政治权力与社会阶级》，叶林等译，中国社会科学出版社1982年版，第110页。

〔2〕〔德〕恩格斯："家庭、私有制和国家的起源"，载《马克思恩格斯选集》（第四卷），人民出版社1995年版，第172页。

行为或国家行为的范畴，但由于其支配的是国家利益或者是国有资源，因此对其加强控制和监管是境外微观权力制约监督的重要内容。对政治权力特性和运行风险的研究对研究政治性权力有重要借鉴意义。在本章研究中，将其统一用政治性权力加以表述。

（一）政治性权力要素

根据乔纳森·哈斯的观点，权力要素共有九项，分别为：基础、手段、程度、分量、广延、权力代价、服从代价、违抗代价、获利。韦伯认为，权力还要有合法性要素，要使权力客体做到因为相信，所以服从。在这些要素里面，着重介绍与境外微观权力制约监督密切相关的要素：一是基础。这是指政治性权力可以控制的资源，比如国有企业境外机构的银行账户可以控制的资金数量。二是手段。这是指政治性权力主体为改变权力客体的行为方式而对权力基础的实际利用即行使权力的手段，比如国有企业的境外机构在境外选拔招募工作人员的行为。三是程度。这是政治性权力主体的意志得以贯彻执行的多和少的差异度，程度高会带来权力运行效率高、运行成本低，程度低则权力运行效率降低、成本增加。但是程度并不是越高越好，权力程度与权力客体对权力主体的制约监督是密切相关的，权力程度的底线是权力能正常运行，高线则是权力客体能够对权力主体有效制约监督。四是合法性。这是指政治性权力主体享有的权力受到权力客体的承认和遵从，从而使权力主体行使权力的行为成为合法的。境外微观权力主体的权力无论是内部权力还是外部权力，其合法性均不存在严重问题。但是合法性还包括合理性要求，如果境外微观权力运行不合理，就无法得到权力客体的尊重和承认，其合法性就会受到质疑，这实际上给境外微观权力主体提出了更高、更严格的要求。这种情况是由境外微观权力的特殊性质决定的，在此以国有企业驻外机构为例，如果驻外机构处置境外资产的行为仅仅符合所在国家的法律，但是却无法给经营行为带来实质性利益，导致驻外机构的巨额亏损，只能说明行使权力行为是不合理的，那么国有企业在境外设立驻外机构的目的就没有达到，如果做不到行使权力的合理性，实现国有资产的增值，那么国有企业在境外设立驻外机构必要性就存在疑问了。

（二）政治性权力特性

政治权力有其特性，也就是属性，指其特有的性质或特点。根据前面的分析，政治性权力特性完全可以参考借鉴政治权力特性。国外学者将政治权力特性综合为以下方面：服务性、消费性、强制性、支配性、整合性、两重性、垄断性、等级性、自立性、交换性、隐蔽性。以加强境外微观权力制约监督为出发点，重点对政治性权力的以下特性进行研究分析：

1. 服务性。这是指政治性权力具有为公众服务的功能，即对公共事务进行管理的功能。管理即服务，孙中山对政治的解释是"管理众人的事"，其实就是说为众人服务。马克思主义在强调政治权力阶级性的同时，也不否认政治权力的公共事务管理职能。

2. 消费性。政治性权力有主体和客体，政治性权力在两者之间运行。政治性权力主体和政治性权力客体之间有明确的利益关系，政治性权力客体必须向政治性权力主体付出经济代价，供政治性权力主体使用。这些经济代价，有一部分用于公共事务，还有一部分用于政治性权力主体的日常开支。在专制统治下的阶级社会，统治阶级经常采取强征暴敛的手段，获取被统治阶级的大量财富，并且大量挥霍浪费这些财富。在民主社会，政治性权力客体采取税收的方式向政治性权力主体付出经济代价，由此政治性权力客体获取监督政治性权力主体行使权力的权利，也就是说纳税人有权对政府机构行使权力进行监督。从经济学的角度看，民众与政府之间在一定程度上是一种雇佣关系，政府使用公款为公众服务，但必须对使用情况有所交代，必须合理使用。正因为民众纳税养活官员，所以政府的任何官员都必须尊重民众，接受民众的监督，而不是在民众面前作威作福，颐指气使。[1]

3. 交换性。由于政治性权力本身同金钱、荣誉、地位一样成为一种社会资源，从而具有价值性。政治性权力的交换性产生于权力的价值性。权力的价值性是指权力用于交换的可能和交换的多少。由于权力的价值性，使得权力成为一种几乎可以交换万物的东西。权力由于领域、层次、部门等的不同，会产生不同的交换价值，有些部门和位置就成为交换价值较大的"肥缺"，政治就是复杂的交换过程存在的市场。确实存在境外微观权力主体及其工作人员就是冲着"肥缺"去的，这就为加强境外微观权力制约监督提供了更为充分的理由。

4. 自利性。利益是人类赖以生存的需要，司马迁说："天下熙熙，皆为利来；天下攘攘，皆为利往。"马克思更是深刻指出"人们奋斗所争取的一切，都与他们的利益相关"，"政治权利不过是用来实现经济利益的手段"。政治性权力的自利性是显而易见的，具体来说包含以下内容：①权力主体很容易成为一个有自身特殊利益的集团或阶层。②权力主体由于控制着大量的资源，很容易把自身变成特权者。③权力主体内部很容易分割成一个又一个小的利益集团，运用自身权力为小的利益集团谋取

---

〔1〕　吴丕、袁刚、孙广厦：《政治监督学》，北京大学出版社 2007 年版，第 36 页。

私利。④由于权力主体的自利性，权力主体内部很容易出现大量腐败分子，产生大量腐败行为。⑤由于权力的自利性，权力天然地具有反制约监督的特征。而且在制约监督关系中，被制约监督的权力主体经常处于优势地位，处于优势地位的权力主体由于反制约监督的能力较强更使其处于优势地位。这同样告诉我们一个结论，同等的权力之间制约监督才能起到较好作用，这就要给制约监督权力更多的资源、更高的地位、更有利的条件，从而有效对抗被制约监督的权力。

5. 两重性。根据政治性权力以上特性，归结出来政治性权力的根本特性：两重性。两重性主要是从权力的后果来看的，权力可以造福人类社会，也可能给人类社会带来巨大的灾难，这就是权力的正副效应。权力的正效应是指权力的运用符合权力主体和权力客体的共同愿望，形成一个相对稳定的平衡状态，在这种情况下，权力的强制性和支配性发挥作用，就营造出良好的权力运行环境，推动经济发展和社会进步。权力的负效应是指权力主体违背权力客体意愿，或者违背客观规律，从而导致权力运行的不畅，给经济和社会带来退步甚至是灾难。

通过以上关于政治性权力特性的分析和研究可以看出，政治性权力有易于腐败的特点，就是权力的腐蚀性。正如马克思主义经典著作对政治权力的精辟界定，这是源于马克思主义阶级观点的定义。在马克思主义经典著作中，权力这个概念指的是一个阶级实现其特殊客观利益的能力。[1] 马克思主义认为，国家是阶级社会的产物，而政治权力是与国家相联系的一种现象。在马克思主义经典著作中，这里的政治权力被称为公共权

---

[1] [希] 尼科思·波朗查斯：《政治权力与社会阶级》，叶林等译，中国社会科学出版社 1982 年版，第 110 页。

力，从公共权力产生来看，它是社会发展到一定阶段才出现的。原始社会解体后，由于利益的分化形成了相互冲突、不可调和的利益群体，整个社会陷入不可解决的自我矛盾之中，为了摆脱这种局面，消除各利益群体的尖锐对立，使他们不至于在无谓的斗争中毁灭，这就需要一种表现上凌驾于社会之上的力量来缓冲冲突，将冲突保持在一定范围内，这种力量就是国家。[1] 国家具有两种权力：一是执行社会管理权并由社会所认可，成为占据社会主导地位的公共权力；二是代表着阶级利益，行使对其他阶级的统治权力。统治阶级的代表在运用国家这一工具行使这两种权力的过程中，形成了相对固化的阶层，产生了自身的特殊利益。正如恩格斯所说："官吏既然掌握着公共权力和征税权，他们就作为社会机关而凌驾于社会之上。"[2] 在这种情况之下的政治权力或公共权力不仅仅为某一阶级的利益服务，可能还为某一阶层的利益提供特殊的服务，这一阶层就是政治性权力行使者本身。为某一阶层服务的目的可能会凌驾于为社会利益服务之上。权力主体掌握着政治性权力和大量资源的控制权，加上其工作人员人性的弱点，权力滥用和权力腐败就层出不穷，这就是为什么要对政治性权力和政治性权力的行使者进行制约和监督的根本原因。

三、境外微观权力运行风险的具体表现

通过深入查阅相关研究资料和广泛的调研走访，笔者发现境外微观权力运行过程中存在着大量的风险和挑战：比如境外微观权力主体自身素质不高、法治意识不强，针对境外机构和

---

〔1〕 吴丕、袁刚、孙广厦：《政治监督学》，北京大学出版社 2007 年版，第 31 页。

〔2〕 《马克思恩格斯选集》（第四卷），人民出版社 1995 年版，第 172 页。

人员吃拿卡要的权力寻租现象依然存在；境外微观权力配置不规范、不合理、不科学，存在分权不够、权力过分集中的问题；境外微观权力运行不重视程序、违反程序的问题较为普遍；境外微观权力主体不作为现象日益凸显；境外微观权力主体寻租、贪赃枉法甚至充当利益集团代理人的问题时有发生；等等。这些风险和挑战在一些案例中体现得较为明显，笔者首先对这些案例做简要介绍。

境外微观权力滥用和权力腐败案件中发生较早也较为典型的是中国银行纽约分行王雪冰案。王雪冰在中国银行纽约分行任行长期间，为了谋取个人私利，多次进行违规操作，金额高达几十亿美元。案件发现颇具戏剧性，起因是中国银行纽约分行的违规操作遇到了美国严格的银行监管制度，美国银行业监管机构1999年起开始对中国银行纽约分行进行调查，最终导致王雪冰2002年腐败行为败露。美国银行业监管机构发现中国银行纽约分行涉及银行业违规操作问题，主要是欺骗性贷款和欺骗性信用问题，并最终认定这些问题确实存在，这些问题与时任中国银行纽约分行行长的王雪冰相关。美国银行业监管机构对中国银行纽约分行罚款1000万美元，对中国银行总行罚款1000万美元。中国银行纽约分行于2002年最终被美国政府处以2000万美元的罚款，导致曾任中国银行纽约分行行长的王雪冰东窗事发。但是案件的查处过程是一波三折，困难重重。王雪冰的贪腐行为给国家和企业造成了难以挽回的巨额损失。国外的监管机构的调查和媒体的相关报道引起了国内纪检监察机关和司法机关的高度重视，立即开展对王雪冰的审查，最终认定王雪冰构成受贿罪，判处了有期徒刑。

事后很多学者研究分析王雪冰腐败案件的具体原因，有的学者认为最为重要的原因就是派往境外工作的干部，对境外法律法规不熟悉，依旧按照国内的规则开展工作，继续国内的业务，沿用国内的管理模式和工作方式，在严格的国际化监管面前，大量问题很快就暴露出来，这还是发生在国际化程度最高的中国银行，其他中国企业面临的风险和挑战将更为重大。这种认识和理解实际上是想说明王雪冰在国内就存在大量的腐败行为，但是国内的法治环境纵容了他的腐败行为，当他被派往境外，权力越来越大，继续采取在国内的方式滥用权力，最终产生严重的权力滥用和腐败，给国家和企业造成严重的损失。这种认识和理解是明显的避重就轻、以偏概全，没有找准案件发生的根源和关键，因此就无法做到对症下药。这些学者的观点一度占据了重要地位，干扰和迷惑了针对境外微观权力的控制和监管工作，从而导致境外微观权力滥用和权力腐败现象层出不穷，产生的危害越来越严重。

接下来2004年发生了震惊境内外的中国航油陈久霖案件。陈久霖案发前是中国航油（新加坡）公司的执行董事和总裁，因为从事石油衍生品交易（实际上就是石油期货和期权交易），导致中国航油总计亏损达5.5亿美元。陈久霖自身不了解石油市场和石油交易，却成为石油方面专家，控制着大量的石油资源，而且还是一个特别自负、权力欲望特别强、对其权力控制监管又特别弱的一个所谓"专家"。陈久霖案发的主要原因有以下几点：一是陈久霖在中国航油（新加坡）公司内部大权独揽。上级单位曾经向中国航油（新加坡）公司派出党委书记和财务经理，陈久霖两次换掉财务经理，进而自行雇佣财务经理，并且最终架空公司党委书记，从而在公司内部享有不受制约监督的绝对权力。二是陈久霖违反规定行使权力，上级单位没有加以控制和监管，公司内部没有受到制约和监督。陈久霖在没有得到批准的情况下擅自扩大公司的经营范围，从事国家严令禁止的期货和期权交易，上级单位却浑然不知，更是无从控制和监管，公司内部连党委书记都不知情，制约和监督无从谈起。原因还是由于中国航油（新加坡）公司的筹资权、投资权、人事权全部被陈久霖牢牢控制和掌握，对其权力的制约和监督无法进行。三是陈久霖本身并不具有专业知识，却被委以重任，行使重大权力。一个不懂石油行业和石油交易的干部却被派往境外掌握重大权力，这属于干部管理工作的严重失职，境外微观权力主体的选派制度值得深入反思和研究。四是陈久霖不向上级单位报告行使权力情况，更不报告行使权力造成重大损失情况，有相关规章制度却不严格执行，权力滥用和权力腐败造成的损失越来越大。在陈久霖案件中，其贪婪的本性被无限放大，没有制约监督的陈久霖上演了从"航油大王"到"期货狂徒"的人生悲剧。但更为严重的是造成中国航油（新加坡）公司破产清算的严重后果，给国有资产、国有企业、海外利益和国家形象造成难以估量和难以挽回的损失。

让国人感到痛心的是，王雪冰案件和陈久霖案件都不是最后，境外微观权力滥用和权力腐败的案件仍然在发生，国有企业在境外的高管们在重复着往日的错误。2018 年 12 月 27 日中午，路透社从新加坡发来消息，中石化暂停了中国国际石油化工联合有限公司总经理陈波和党委书记詹麒的交易业务。中国国际石油化工联合有限公司的境外高管们严重违反国家有关禁止性交易规定，从事投机期权和期货交易，将国有企业送上赌台，有可能进一步送上断头台。从王雪冰到陈久霖，再到陈波和詹麒，历史一次又一次上演，悲剧和闹剧一次又一次重复。这要求我们必须要深入分析境外微观权力滥用和权力腐败的原因和症结，找准境外微观权力运行的风险和挑战。通过深入分析和研究，境外微观权力运行的风险主要表现在以下方面。

（一）境外微观权力配置方面

境外微观权力存在配置不科学，权力过分集中等问题。从权力配置看，境外微观权力的问题很多，但是主要的问题是权力过于集中，缺乏分权和分权后的制约监督。过于集中的表现有以下几个方面：一是决策权、执行权与监督权过于集中。这是从权力性质的角度切入的，主要是指决策权与执行权分离不够，决策权、执行权与监督权分离不够。最为极端的情况是决策权、执行权、制约监督权混合在一起由同一权力主体甚至同一人行使，这种情况下，权力主体负责决策，决策之后执行，决策和执行的过程由自己进行制约监督，实际上也就没有制约监督。二是权力主体内部成员权力过于集中。这是从权力主体内部角度切入的，主要是指在境外微观权力主体内部，工作人员的权力过于集中，可以表现为权力集中在某一部门，权力集中于某一区域，权力集中于某一层级，但更多的表现是权力集中于微观权力主体的主要负责人，也就是一把手。境外微观权力主体的权力集中于主要负责人的具体特点有：一把手牢牢掌握所在境外微观权力主体的决策权、执行权和制约监督权，集权程度相当高，把集体负责制变成了个人负责制，把党的集体领导演变为个人领导，不仅在重大事项决策、重大项目安排、大额资金使用、工作人员提拔使用上拥有至高无上的权力，有的一把手还不贯彻民主集中制，各种权力一把抓，大权独揽，小权不放，独断专行，想管多少管多少，想管多深管多深；有的一把手甚至不顾组织原则和层级设置，设立临时机构，临时指派人员，对人财物集中的工作一竿子捅到底。

境外微观权力存在制度不清晰，界定模糊问题，量化问题和公开问题更是无从谈起。境外微观权力一方面来自法律和规章制度的授予，这是合法的显性权力；另一方面来自于非制度性的安排，实际上存在非正式的隐性权力。境外微观权力主体内部人权、事权、财权范围界定模糊，常常出现用人一句话、决策一言堂、财政一人定、权力一把抓现象，把专门的制约监督机构和人员都当成了摆设。

境外微观权力相关制度制定不科学、不具体、不配套，内容设置空泛。一些制度内容设置流于形式，缺乏时效性和实用性；制度制定重点不突出，针对问题不明确；号召性语言多，刚性语言少，约束力低，执行的随意性大，留给权力主体的自由裁量空间过大。

（二）境外微观权力主体方面

1. 境外微观权力主体存在权力观教育乏力，思想观念错位问题。早在改革开放初期，邓小平同志就深刻指出国际交往中的官僚主义问题，他在 1980 年中共中央政治局扩大会议上指出："官僚主义现象是我们党和国家政治生活中广泛存在的一个大问题。它的主要表现和危害是：高高在上，滥用权力，脱离实际、脱离群众，好摆门面，好说空话，思想僵化，墨守陈规，机构臃肿、人浮于事，办事拖拉，不讲效率，不负责任，不守信用，公文旅行，互相推诿，以致官气十足，动辄训人，打击报复，压制民主、欺上瞒下，专横跋扈，徇私行贿，贪赃枉法，等等。这无论在我们的内部事务中，或是国际交往中，都已达到令人无法容忍的地步。"[1] 国际交往中的官僚主义表现，主要是从事外交工作的人员工作中的表现，境外微观权力主体中的外交工作人员是其重要组成部分。甚至在邓小平同志深刻指

---

〔1〕 邓小平："党和国家领导制度的改革"，载中共中央党校教务部编：《十一届三中全会以来党和国家重要文献选编》，中共中央党校出版社 2008 年版，第 58 页。

出这些问题后，在境外微观权力主体中的官僚主义现象仍然没有减轻。1989年，时任中华医学会副秘书长在美国做访问学者，夜间收到爱人的电话通知："你马上和旧金山领事馆联系，想一切办法尽快赶回来。外交部可能已经通知他们帮助你了。"副秘书长顾不上再追问什么，当即拨通中国驻旧金山领事馆的电话，找总领事。接电话的人嗓音倦怠，极不耐烦地说："现在已是星期五晚上10点多钟了，你知道吗？都下班了！"副秘书长解释说："我是中华医学会的副秘书长，是受组织的委派赴美学习的。我家里出事儿了，希望能得到帮助，尽快回国。""自己想办法吧。如果每个回国的人都找我们帮忙，那领事馆就别干事了。"对方冷冷地答道。副秘书长陷入绝望的无助状态，这时是邻居、修女和私人朋友在帮助和安慰她。第二天，当回国的机票安排好时，副秘书长又收到了驻旧金山领事馆的电话："听说你需要帮忙，我们能为你做点儿什么？"他解释说，"对不起，昨天我们那位同志不了解情况，当时你也没提你的背景。"副秘书长本已平静的心，顿时像打翻了五味瓶，不知是酸甜还是苦辣。副秘书长强捺着性子，对着话筒没好气地慢慢答道："有这个必要吗？难道我们在国外的中国人，非得有背景才能得到自己政府的帮助？"在这个案例中，驻旧金山领事馆的工作人员存在严重的官僚主义，不关心中国公民的疾苦，人民公仆意识差，再发展下去可能就是严重的权力滥用和权力腐败。

2. 容易受到资本主义腐朽思想的渗透和不良社会生活文化影响。资本主义国家的形式主义、拜金主义、享乐主义、个人主义思想渗透严重，容易导致个人私欲膨胀，把权力商品化。境外微观权力主体长期在境外工作，工作接触对象比较复杂，有些国家和地区腐败行为比较严重，有些国家人情文化、关系文化、后门文化、腐败生活化等不良社会生活文化盛行，因此境外微观权力主体容易受到不良思想和行为影响，从而进一步加大权力滥用和权力腐败的风险。这方面的事例不胜枚举，惨痛的教训值得我们深入研究和思考。

（三）境外微观权力运行方面

境外微观权力存在权力运行不公开、不透明等问题，主要表现在：境外微观权力的授予过程不公开、不透明；权力行使规则制度不公开、不透明；权力行使过程不公开、不透明；权力运行的结果不公开、不透明。其中一个重要表现就是境外微观权力主体基本上没有建立权力清单制度，没有权力控制和管理的资源范围清单，权力的量化就无从谈起了。更为严重的是就算建立了权力清单，明确了权力的边界，权力清单也无法向社会和公众公开，造成外界由于不知情、不了解对这些公共权力的制约监督很难甚至是形同虚设；有的权力清单在内部也无公开的必要，因为有的境外微观权力主体内部人员很少，甚至几个人就是一个项目组。部分境外微观权力主体在某些领域存在暗箱操作行为，有的境外微观权力主体为了规避所在国家和地区的法律，或者是由于所在国家和地区的法律不健全，采取一些不正常的操作方式开展工作，造成权力运行的风险极大。在调研过程中，一名国有企业在境外机构的财务人员讲到自己控制着国有企业境外机构的账户，自己一个人就可以支配账户的资金，数额大到数以亿计；还有一名国有企业在境外机构的工作人员介绍，由于当地法律原因，境外机构将工作用的房屋产权登记在其个人名下，房屋价值十分巨大，根据所在国家法律，个人拥有名下房屋的所有处置权。境外微观权力运行中的这些风险和隐患，都是寄希望于境外微观权力主体工作人员的良好政治素质，能够经受权力和金钱的诱惑，但是这其实在考验境外微观权力主体工作人员的政治素质，一旦境外微观权力主体工作人员没有经受住考验，经济损失将会非常巨大，工作人员将会犯严重错误，产生的后果将会非常严重。

有的境外微观权力主体工作性质特殊，比如从事安保方面的特殊工作或者其他规避所在国家和地区法律的工作。在调研过程中，一名国有企业在境外机构的员工介绍，其所在国家政局不稳定、社会治安很差，国有企业特别批准了一定数额的资金，以现金和黄金的形式存放于境外机构驻地，员工外出工作时随身携带，便于及时使用帮助渡过难关。在一些收取小费成为惯例的国家和地区，国有企业的通常做法是为在这些国家工作的员工特别批准一定数额的现金，由员工自行支配。围绕这些特殊工作和特殊任务，或者面对特殊工作对象、处于特殊环境，境外微观权力发生一定形式的变化，境外微观权力主体控制资源的范围更大，使用资源的方式更难监管，从而给权力运行带来更大的风险，为权力滥用和权力腐败提供了温床。

（四）其他影响境外微观权力风险的因素

由于上述原因，造成境外微观权力运行中存在大量的风险和挑战，权力制约监督难度很大，存在严重的权力控制和监管不力问题，出现了以下困境：上级监督制约太远，鞭长莫及流于形式；同级制约监督太软，怕提意见伤了和气；外部制约监督太难，不了解情况无从谈起。更为严重的是，以下两个重要因素进一步放大了这些风险和隐患，加重了风险和隐患造成的损失：

1. 境外微观权力主体尤其是国有企业的境外分支机构属于权力集中、资金密集、资源丰富的部门，而这些境外微观权力主体的工作人员所在岗位属于权力集中、资金密集、资源丰富的岗位。随着"一带一路"倡议的深入推行，我国步入了深度开放、积极参与、主动引领的新开放时代，全球 140 多个国家和 80 多个国际组织积极支持和参与"一带一路"建设，联合国大会、联合国安理会等重要会议纳入相关内容。[1] 截至 2017年，我国企业在"一带一路"沿线国家的投资累计超过 500 亿美元，在未来还将有大幅度增加，在五年内向沿线国家投资1500 亿美元。国有企业在对"一带一路"沿线国家的投资中占有较大比重，国有企业的境外机构纷纷设立，掌握着大量的经济资源。因此，从总体上看，境外微观权力主体掌握的资源是巨大的，境外微观权力主体的权力滥用和权力腐败行为产生的危害和影响是巨大的，造成的损失是巨大的，并且政治损失后果是非常严重的，会对国家形象造成严重损害，必须要加强对境外微观权力主体尤其是重点部门及其工作人员权力的制约和监督。

2. 境外微观权力滥用和权力腐败行为相对于国内，发现难度大，取证难度大、查处难度大、挽回损失难度大。寻找境外微观权力滥用和权力腐败的案例，发现数量很少，尤其是党的十八大后相对于国内腐败案件，境外微观权力腐败案件所占比例极低。如果按照党的十八大之后打虎的数量和比例，境外微观权力主体的工作人员应该有相当一批腐败案件还没有发现，这只能说是全面从严治党还没有完全覆盖到境外微观权力和驻外机构。

那么为什么境外微观权力腐败案件还那么少呢，这主要是因为境外微观权力滥用和权力腐败发现比较困难，所以境外微观权力滥用和权力腐败被发现查处的比例极低，其实改革开放四十年来，境外微观权力主体因权力滥用被查处的数量一直较

---

[1] 高虎城："积极推进'一带一路'国际合作"，载本书编写组编著：《党的十九大报告辅导读本》，人民出版社 2017 年版，第 408 页。

少，与国内打虎、拍蝇的数量相比是微不足道的。更深层次的原因在于境外微观权力的隐蔽性太强，从而导致境外微观权力滥用和权力腐败行为发现太难，境外微观权力滥用和权力腐败行为查处难度太大。这不是境外反腐倡廉宣传教育工作多么出色，更不是境外微观权力运行没有风险和隐患，而是境外微观权力滥用和权力腐败的风险太低了，很多权力滥用和权力腐败行为没有被及时发现。这些困难让境外微观权力主体的腐败成本低，境外微观权力主体的侥幸心理就更为严重，发现权力控制和监管的漏洞和薄弱环节后，经常以身试法，而且越来越明目张胆。因此，在境外微观权力滥用和权力腐败行为发现难、取证难、查处难、挽回损失难的情况下，更要加强境外微观权力制约监督，加强对权力的控制和监管，防止出现权力滥用和权力腐败。

四、境外微观权力腐败

（一）腐败界定

境外微观权力制约监督研究和制度构建要坚持问题导向，围绕研究目的开展。权力制约监督的目的是强化权力控制和监管，防止权力运行的风险隐患发展演变为权力滥用和权力腐败，产生实实在在的危害，要聚焦境外微观权力腐败治理这一重大课题，也是亟待攻克的难题，这是本书的关注点和着力点。开展深入研究的前提是要回答以下问题：什么是权力滥用和权力腐败？权力运行中的风险和挑战是如何发展演变为严重的权力滥用和权力腐败行为的？如何从权力滥用和权力腐败的问题着手，来研究加强权力制约和监督问题？解答这些问题是本节内容的主要任务。

从词义上讲，腐败是指事物处于腐烂、败坏和变质的状态。

把腐败一词运用到政治生活中，主要是形容权力的败坏。[1] 腐败是权力运行中的一种状态，是权力滥用导致的结果，是权力滥用产生的最严重的问题，是权力运行出现问题的最严重表现。刘春教授在对权力和腐败深入研究的基础上，根据权力腐败主体、对象、范围的不同，将腐败划分为两种相互关联的组成部分，政治价值意义上的腐败和行为规范意义上的腐败。经过认真学习领会和借鉴吸收，本书从境外微观权力制约监督的研究内容出发，将权力腐败划分为以下两个组成部分：一是政治制度层面的腐败。政治制度层面的腐败是指政治权力体系形成和运行基础不具有政治上的合法性。[2] 主要是指古代那些以不正当手段建立，为个人或者极少数人的利益而剥夺和压榨绝对多数人利益的政权，政权建立的目的就是成为某一个人或者某一些人谋取私利的工具，政权的价值目标与社会多数成员的利益存在严重冲突。古代的君主专制政权就是典型的政权腐败，是政治价值意义上的腐败，孟德斯鸠将其总的目的概括为"君主的欢乐"。政治制度层面的腐败当然也包括现代社会的专制国家的腐败，这种腐败是宏观层面的腐败，国家、执政党的宏观权力主体行使权力本身就具有腐败性质，政治制度层面的腐败不是本书关注的主要内容，更不是本书研究的重点。二是行为规范意义上的腐败。这是本书研究的重点，它是指具体权力行为与特定行为规则的冲突，是掌握公权力的人员，在本书中就是境外微观权力主体违反法律或制度规定，采取主动行为或者消极不作为的方式，运用手中的权力追求和谋取私人利益，主要

---

〔1〕 刘春：《权力的陷阱与制约——西方国家政治腐败透视》，中共中央党校出版社 1998 年版，第 8 页。

〔2〕 刘春：《权力的陷阱与制约——西方国家政治腐败透视》，中共中央党校出版社 1998 年版，第 8 页。

是指微观权力个体的行为腐败。

政治制度层面的腐败会诱发和导致具体权力行为腐败的发生和泛滥，这在古代基本上是一个普遍发展规律，就是黄炎培先生提出的"其兴也勃焉，其亡也忽焉"的历史周期律。另一方面，行为规范意义上的腐败会在一定历史条件下演变为政治制度层面上的腐败，微观权力主体的权力如果不加以有效控制和监管，会越来越严重，甚至会危及政权的根本，发展成为政治价值意义上的腐败。党的十八大之后，习近平总书记一系列加强党风廉政建设和反腐败工作的举措，打虎、猎狐、拍蝇，及时阻止了越来越严重的腐败行为的蔓延，及时阻止了党内腐败现象从个体行为、局部问题向整体行为、全局性问题的演变，阻止了从行为规范意义上的腐败向政治价值意义上的腐败发展的趋势。同样，如果境外微观权力领域的权力不加以有效控制和监管，权力腐败行为会产生并越来越严重，海外利益成为腐败分子觊觎的目标，驻外机构成为腐败分子谋取个人私利的工具，走出去战略和"一带一路"倡议的合法性基础就会严重动摇。这些观点没有夸大其词和危言耸听，有些干部认为国内腐败治理越来越有成效，腐败机会基本丧失，处心积虑地前往境外进行腐败谋取个人私利。在调研中发现，有的干部为了解决经济困难向组织和单位提出到境外工作，动机本身就有问题，如果境外微观权力制约监督制度不完善，这些干部到境外后很有可能就铤而走险，在获得合法利益的同时去谋取非法利益。

（二）境外微观权力运行风险向权力腐败的演变

权力腐败和境外微观权力运行中的风险已经界定清楚，这些风险只是权力滥用和权力腐败的可能性。权力运行中的风险是如何发展演变为切实存在的权力滥用和权力腐败行为，从而产生现实的危害，值得深入研究分析。其发展演变的路径是从权力运行风险—官僚主义—失职渎职—权力滥用—权力腐败。权力运行风险是客观存在的，官僚主义在政治性权力行使过程中是不可避免的客观存在，这是在可以容忍的普通问题范畴内的。但是控制和监管不力就会发展为权力滥用，最终就是严重的权力腐败行为。

传统政治学认为，官僚主义在行使政治性权力或者公权力的部门和人员身上是不可避免的，在政治学语境下这是一个中性词，官僚主义的存在是一个普通问题，甚至在一定程度上一定范围内是可以理解和容忍的。但是官僚主义的确是走向权力腐败和权力滥用的一个必经阶段，只要有权力腐败和权力滥用，就证明官僚主义依然存在。前面案例中中华医学会副秘书长在国外遇到的驻旧金山领事馆的工作人员存在典型的官僚主义问题。并且这些外交官身上的官僚主义已经比较严重，对待中华医学会的副秘书长都是漠视不理的工作态度，那么普通的留学生、境外务工人员会遇到什么样的对待就可想而知了。我们从王雪冰案例中，也能清楚地看到王雪冰身上的官僚主义问题十分严重，其在美国过着喝红酒、抽雪茄、打高尔夫球的奢侈生活。官僚主义严重就会出现失职和渎职现象，失职和渎职现象严重就会产生权力滥用，权力滥用再往严重发展就是权力腐败。王雪冰案件其实就诠释了境外微观权力运行的风险，逐步发展到官僚主义，到失职渎职，到权力滥用，再到权力腐败的过程。

（三）境外微观权力腐败的特殊危害性

上述境外微观权力运行风险如果不加以有效控制和监管，如果境外微观权力制约监督制度不够健全有力，将产生巨大危害。习近平总书记指出，"老虎""苍蝇"一起打，有的群众说"老虎"离得太远，但"苍蝇"每天扑面，这就告诉我们，必须着力解决发生在群众身边的腐败问题，认真解决损害群众利益的各类问题，切实维护人民群众的合法权益。境外微观权力运行的巨大风险和存在问题处理不当，就会产生大量滥用权力、腐化堕落的"苍蝇"，这些"苍蝇"天天围绕我国在境外的公民和机构，会对人民群众的利益产生重大危害。更为严重的是，会极大损害党和政府的形象，甚至会被西方国家和媒体抓住把柄，加以利用，肆意炒作，抹黑我党和国家的形象、社会主义制度，造成重大损失。正如江泽民同志早在 20 世纪 90 年代就指出的："贪污腐化、行贿受贿，必然为敌对势力推行和平演变战略打开缺口。"[1]

由中美贸易战引发的中美之间的全面战略博弈，特别是美国对华为公司等高科技企业的攻击和打压，要求我们必须从战略层面，从大国博弈和海外利益保护的高度来应对境外微观权力的滥用和腐败行为，来加强境外微观权力的控制和监管。美国特别擅长运用《反海外腐败法》等法律，大肆行使域外管辖权，运用国家秘密力量，寻找经济竞争对手的腐败行为，从而打压经济上的竞争对手。法国阿尔斯通高管弗雷德里克·皮耶鲁齐在其所著的《美国陷阱》一书中写道："我的故事向大家昭示，美国是如何滥用法律和道德，将他们作为经济武器，向法国甚至欧洲发起一场秘密战的。"[2] 法国对外安全总局前情报总监、经济情报前高级负责人、法国经济情报研究院院长阿兰·朱耶在该书后记中写道："经历过法国巴黎银行一案、道达尔一案的新闻，这场发生在阿尔斯通与美国司法部之间的纠纷，引发了新闻界的广泛评论与质疑。法国国民议会和参议院组成

---

〔1〕 江泽民:《论党的建设》，人民出版社、中央文献出版社 2001 年版，第 179 页。

〔2〕 ［法］弗雷德里克·皮耶鲁齐、马修·阿伦:《美国陷阱》，法意译，中信出版集团出版社 2019 年版，第 360 页。

了由议员参加的调查委员会，试图查明法国是怎样将'工业明珠'拱手让给美国的。读过这本书后，法国国有企业和私有企业的管理者便能掌握相关知识，真正理解美国为了赢得胜利、实现本国目标所能采取的方法与手段。事实上，通过颁布一系列法案，美国已经逐步拓宽了反腐败的斗争范围和斗争内容。美国凭借自己的情报机构，发动了战争机器，可以起诉任何不遵守美国单方面法规的人。的确，依靠美国国家安全局的窃听技术，美国作为'世界警察'，行动更加方便！"[1] 法国等欧洲国家早已认清美国利用欧洲国家跨国公司的腐败行为，滥用其法律和道德，将其作为经济武器，打击经济上的竞争对手。西方国家之间尚且如此，美国等西方国家对我国的境外微观权力主体及其工作人员的权力滥用和权力腐败行为肯定会倾注更多的精力。

2015 年，习近平总书记与中央党校县委书记研修班学员座谈时，提醒掌握着权力的县委书记："各种诱惑、算计都冲着你来，各种讨好、捧杀都对着你去，往往会成为'围猎'的对象"，"在这样的环境下工作，如果没有对党忠诚作政治上的'定海神针'，就很可能在各种考验面前败下阵来"。[2] 境外微观权力主体工作人员的工作环境与县委书记有相似之处，除了面对各种诱惑、讨好，还可能面对西方国家的"算计"。腐败治理是系统工程，需要统筹协调、综合施策、标本兼治，增强腐败治理工作的系统性和实效性。针对境外微观权力运行中的风险和挑战，要构建境外微观权力制约监督基本制度和配套制度

〔1〕 [法]弗雷德里克·皮耶鲁济、马修·阿伦：《美国陷阱》，法意译，中信出版集团出版社 2019 年版，第 340 页。

〔2〕 新华社总编室编：《治国理政新实践——习近平总书记重要活动通讯选》（一），新华出版社 2019 年版，第 516 页。

措施，完善境外微观权力监察制度立法，推动权力在阳光下运行，使阳光成为最好的防腐剂；加强制度设计，优化权力结构，把境外微观权力关进制度的笼子里；强化程序设计，加强过程管理，将制约监督理念和原则体现在权力运行的全过程和各方面；注重结果追究，强化执纪问责，将制约监督的成果发展成权力控制和监管的合力。必须充分认识到，紧紧依靠制约监督基本制度是无法有效应对境外微观权力运行中的风险和挑战的，还要围绕境外微观权力主体工作人员和微观权力事项，逐步健全完善配套制度措施。在境外微观权力制约监督配套制度措施方面，要完善境外微观权力主体工作人员选派制度、境外微观权力主体工作人员管理保障制度、境外微观权力事项管理制度等。其中一项重要内容就是习近平总书记对县委书记强调的确保对党忠诚作为政治上的"定海神针"的理想信念教育制度。

　　针对境外微观权力腐败的特殊危害性，面对西方国家的"算计"，从维护国家海外利益的角度，从加强国家监察工作的高度，境外微观权力主体工作人员，除了对党忠诚，还要做到忠诚于祖国。在当代中国，祖国的命运和党的命运、社会主义的命运密不可分，忠诚于党同忠诚于国家内在一体，忠诚于国家就是忠诚于社会主义中国。忠诚于国家就要坚定不移地捍卫国家核心利益，在个人利益和国家利益的选择面前，毫不犹豫地站在国家利益的立场上、牺牲自己、服从大局。[1] 境外微观权力主体工作人员可能不是党员，但是作为非党员的国家工作人员或者是代表国家行使公权力的工作人员，在行使境外微观权力的过程中，一定要做到对国家忠诚，把维护国家利益，保

　　〔1〕 王京清："建设忠诚干净担当的高素质干部队伍"，载任仲文编：《加强党的政治建设——学习读本》，人民日报出版社 2019 年版，第 148 页。

护国家海外利益作出工作的着力点和出发点。对国家的忠诚教育要予以制度化，成为境外微观权力主体工作人员理想信念教育制度的重要组成部分。

综上所述，境外微观权力运行面临巨大的风险和挑战，我们党要有效应对重大挑战、抵御重大风险、克服重大阻力、解决重大矛盾，必须要打赢境外微观权力制约监督制度构建这场攻坚战，完善境外微观权力监察制度立法，这是在海外利益拓展过程中具有许多新的特点的伟大斗争，任何贪图享受、消极懈怠、回避矛盾的思想和行为都是错误的。

第四章　境外微观权力制约
监督基础研究

一、权力制约监督理论基础

（一）权力制约监督的概念界定

权力制约监督是法治国家的基本要求和主要特征，也是实现依法治国的关键环节，权力制约监督是通过制度约束确保权力的规范行使，防止权力的滥用。[1] 在我国的政治实践和政治理论研究工作中，大多重视权力监督而相对忽视权力制约，更没有把权力制约与权力监督统筹起来，更不用提把权力制约放到更为重要的位置上。正如陈国权教授所说："监督与制约是有区别的，尽管两种制度都是以控权为目的，但监督往往以事权的集中为前提，与效率导向的体制相适应；而制约以事权的分离为前提，强调程序和过程的合理性。"[2] 在现代国家，由于权力运行效率的要求和政治知识、政治技术、经济状况等现实条件的限制，权力的行使是以委托代理的方式运行。在这种情况下，权力所有者不可能直接地经常地行使属于自己的权力，直接管理国家和社会公共事务，而是委托一小部分人代为行使。

---

[1]　陈国权：《权力制约监督论》，浙江大学出版社 2013 年版，第 1 页。
[2]　陈国权：《权力制约监督论》，浙江大学出版社 2013 年版，第 1 页。

由于权力所有者与行使者的分离，要使权力行使者不敢或不能违背权力主体的意志去行使权力，就需要对权力行使者进行制约和监督，从而保证权力行使按照权力主体的意志或者作为意志体现的法律和制度来运作，从而实现政治民主化。这是从权力行使者与权力所有者分离的角度来探讨权力制约监督产生的起源，实际上权力制约监督产生之后，随着政治实践和政治理论的发展，又发生了重大改变，权力制约监督理论和实践越来越丰富和完善，生动而具体。

权力监督就是指权力所有者对权力行使者的控制，以保障权力运行和行使符合权力所有者的委托意图。权力监督从逻辑上意味着权力行使者拥有完整的权力，拥有完整事权，只有在违背权力所有者委托意图时，才会受到限制和制止。权力制约是将权力分割成多个组成部门，分别授予不同权力行使者，并且使权力行使者之间形成相互钳制的关系，防止任何一方造成权力滥用和权力腐败。权力制约有效的情况下，任何一个权力行使者都不可能独自行使权力，必须要在与其他权力行使者的协商和妥协中才能实现。权力监督背景下事权处于高度集中的状态，一定程度上提高了权力运行效率，但却留给权力行使者较大的自由裁量空间，权力滥用和权力腐败一旦发生，容易造成无法估量的损失。权力制约会造成权力运行效率的下降，提升权力监管的成本，必须将制约的程度限制在一定范围之内，否则容易对权力本身造成毁灭性伤害。

通过对权力监督和权力制约进行深入研究，可以看出仅仅采取一种方式是无法实现对权力的合理控制和监管的，必须在加强权力监督的同时，合理设计权力制约的制度机制，形成良好的权力制约监督态势，从而有效的控制和监管权力，预防权力滥用和权力腐败，又保证较高的权力运行效率，有效控制权力行使成本。而且在权力制约监督的制度设计中，权力制约要优先于权力监督。

（二）权力制约监督的历史变迁

权力制约监督的历史十分悠久，历代思想家关于权力制约监督提出了许多新的观点，促进了权力制约监督理论的逐步发展和完善。关于权力制约监督历史变迁的研究成果较多，已经比较成熟，总体上看可以分为国内和国外两个部分。由于本书内容篇幅有限，就不分开介绍权力制约监督的历史变迁了，而是从总体上介绍其发展脉络。一是原始社会的权力制约监督。从原始社会开始，就存在了人类早期的民主制度和对公共权力的制约监督。由于原始社会没有文献资料，对于其社会组织和管理机制，只能通过人类学家对一些残存的原始部落的观察来推测当时的情形。原始社会的人群是以血缘关系为纽带结成的共同体，这就是通常讲的氏族公社。氏族的最高管理机关是由全体成年人组成的氏族议事会。氏族内部的一切事务都要在氏族议事会讨论，每一位成员都有平等的表决权。氏族首领也就是酋长是由氏族议事会选举产生的。随着生产水平的提高，两个和多个部落逐渐形成联合体，即部落联盟。部落联盟的酋长同样由选举产生，主要依靠个人威望来维持权力。在原始社会末期，随着生产水平的进一步提高，剩余产品进一步增加，部落间的掠夺性战争日益频繁，出现了军事民主制和酋邦两种新的制度。军事民主制是摩尔根在《古代社会》中首先提出的一种学说。军事民主制下的部落组织的管理机关有人民大会、酋长议事会和军事首领。其中人民大会由酋长议事会负责召集，讨论军事联盟的各种事务，每个人都有发言权。在这里产生了人类最早的权力制约机制。酋长议事会对部落酋长或军事首领的权力进行有效的制约，在重大决策上每个酋长都享有同意权，没有哪个酋长拥有权力单独作出重大决策。二是国家产生之后的权力制约监督。我国早在秦朝就有监督官员的出现，并且以后权力制约监督制度逐步完善，古希腊古罗马早就有民主制和共和制存在，权力制约监督制度已经产生。我国奴隶制社会和封建社会的权力制约监督，从本质上讲是专制统治时期的权力制约监督，实行的也是专制的权力制约监督，主要是从君主专制的角度出发建立权力制约监督制度，是对层层官吏的制约监督，君主的权力基本上处于不受制约监督的状态。官吏对君主的批评和建议基本上流于形式，主要是维护君主形象，维持其专制统治，没有发挥实质作用。虽然权力制约监督制度仍有许多可供借鉴之处，但是从根本上讲没有形成有效的权力制约监督体系。在西方，古希腊的民主政治的发展促进了权力制约监督体系的建立，尤其是在雅典建立了早期的民主政体，实现了由君主制向民众广泛参与政治的民主制的过渡。在意识形态上平等思想、权力在民、群众参与和集体观念逐渐占据主流，在这种情况下，每个人对于权力都有制约监督的权利。古罗马实行的共和制，实际上是兼有君主制、贵族制和民主制的各种混合因素，实行的是等级平等。在古罗马，由于兼有君主制、贵族制和民主制等各种混合因素，贵族和平民各自掌握部分权力，二者之间互相制约监督，达到动态均衡的状态。罗马的王位被两名执政官取代，为了防止权力过度集中，执政官一年一任，而且两位执政官权力相同；组建元老院作为长久存在的机构，行使重要国家权力；建立公民大会，选举执政官、决定战争与和平等重大事项，但其决定要经过元老院批准后才能生效。执政官、元老院和公民大会分别代表君主制、贵族制和民主制，从而建立了完善的权力制约监督体系。古罗马的权力制约监督制度对西方国家权力制约监督制度的发展产生了重大影响，是值得深入研究的。在西方中世纪漫长的君主专制时期，一直没有形成绝对的专制，实际上民主因素一直在缓慢增长，权力制约监督制度不断完善，在英国等国家逐步形成了国王和贵族权力互相制约监督的局面。早期的议会成为国王和贵族权力斗争的场所，议会逐步成为对国王进行制约监督的机构，后来地位越来越高，逐步发展成为最高权力机构和立法机构，从而发展成为现代议会。

（三）加强权力制约监督的重要意义

改革开放以来，随着社会主义市场经济体制的逐步建立和日益完善，权力过于集中的问题和缺陷逐渐暴露出来，权力滥用和权力腐败现象层出不穷，对国家和社会产生的危害越来越严重，权力控制和监管的难题日益凸显出来，成为我们党面临的尚未解决而又必须解决的重大课题。在当前，控制权力和加强权力制约监督具有深刻的时代背景。从政治上看，权力制约监督体制不健全给权力滥用和权力腐败滋生蔓延提供了可乘之机，日益严重的权力腐败严重损害了人民群众的利益，损害了党的领导基础，侵蚀着党的领导权威。作为一个长期领导中国特色社会主义建设的执政党，能否加强对权力的控制和监管，健全完善权力制约监督体系，确保权力始终为人民谋利益，直接关系党的形象和威信，直接关系党的事业的兴衰成败。从经济上看，权力制约监督体系的不健全、不完善导致市场经济发展过程中出现了大量权力寻租行为，桀骜不驯的权力任意干预经济的发展，干扰市场经济的正常运行，因此为保护和促进市场经济健康发展，实现国民经济有序运行，需要加快建设权力制约监督体系。从社会上看，权力制约监督体系的不健全不完善会让权力任意侵害人民群众的合法权益，破坏来之不易的安定团结局面，积累社会不稳定因素。人民群众无法有效制约监督权力，必然导致自身权利处于随时可能遭受侵害的状态。要实现社会和谐稳定，必须加快建设权力制约监督体系。由此可见，加强权力制约监督的理论和实践意义十分重大，是建设社会主义民主政治、完善社会主义市场经济体制、实现社会和谐稳定的客观需要，构建完善的权力制约监督制度体系将有力推动中国特色社会主义现代化建设。

（四）加强境外微观权力制约监督的必要性

权力不论大小，只要不受制约和监督，都可能被滥用。没有制约监督的权力必然导致腐败，这是一条铁律，境外微观权力也不会是例外。加强境外微观权力制约监督是全面从严治党的内在要求，是全面依法治国的迫切需要。习近平总书记在党的十九大报告中指出，全面从严治党永远在路上，我们党面临的执政环境是复杂的，影响党的先进性、弱化党的纯洁性的因素也是复杂的，党内存在的思想不纯、组织不纯、作风不纯等突出问题尚未得到根本解决。建设中国特色社会主义法治体系，要以规范和约束权力为重点，构建党统一指挥、全面覆盖、权威高效的监督体系，把党内监督同国家机关监督、民主监督、司法监督、群众监督、舆论监督贯通起来，增强监督合力，强化监督责任，提高监督实效，做到有权必有责、有责要担当、失责必追究。加强微观权力制约监督的重大意义可以从理论和实践两个层面来阐述。一是加强微观权力制约监督具有重大理论价值。这是纪检监察理论完善发展的需要，也是权力制约监督理论完善发展的需要，也是海外利益保护理论完善发展的需要，更是为"走出去"战略和"一带一路"倡议提供强大理论支撑的迫切需要。二是加强境外微观权力制约监督具有重大现实意义。这是全面从严治党的迫切需要，全面从严治党绝不能遗漏境外微观权力；这是全面依法治国的需要，建设中国特色法治体系必须覆盖境外微观权力；这是推进国家治理体系和治理能力现代化的迫切需要，不能有效驾驭境外微观权力，国家治理体系和治理能力的现代化就无法全面实现；这是海外利益保护的迫切需要，境外微观权力滥用和腐败的巨大危害告诉我们，境外微观权力制约监督制度和配套制度措施如果不能有效构建，海外利益面临的最大的威胁和敌人就可能是"内鬼"；这是推行"一带一路"倡议的需要，境外微观权力制约监督制度必须与"一带一路"倡议同步推行；这是提高文化软实力的需要，境外微观权力滥用和腐败已经成为西方敌对国家诟病社会主义制度和中国发展模式的重要理由，严重影响我国文化软实力的提升。

二、权力制约监督的基本内涵

权力制约监督概念界定清楚之后，并不意味着对权力制约监督本身的研究可以停止了。对权力制约监督还需要进行深入的研究和梳理，研究其权力配置、权力结构、权力运行以及权力作用的方式。只有完成这些研究任务，在境外微观权力制约监督制度构建中，才能确定：何时用制约，何时用监督；何地用制约，何地用监督；制约和监督占据的权重；制约和监督如何相互配合从而达到权力控制和监管的最佳效果。在此运用权力制约与权力监督比较和结合的方式，深入阐释权力制约监督的基本内涵。

（一）权力制约与权力监督比较研究

传统的权力制约是与权力监督放在一起考量的，需要二者有机结合，互为补充。通过比较研究的方式，来深入分析二者的基本内涵和相互关系，有助于深入了解二者的优势和特点，便于在制度构建工作中综合使用。权力制约和权力监督是控制和监管权力的两种方式，二者经常被结合起来使用，共同发挥控制和监管权力的作用。但是二者是两种不同的制度，在权力配置、权力运行以及权力主体的责任等方面存在较大差异，主要有以下几个方面：

1. 权力配置方式的差异。权力制约与权力监督都是基于权力的分化。权力的专业化分工是经济社会发展的必然产物，是生产分工在政治和社会领域的具体反映，是有效控制和监管权力与提高权力运行效率的必然要求。随着国家职能的扩张和权力主体的多元，权力的分工越来越精细，权力的配置也越来越复杂。权力制约是过程性分权，是一项完整的权力分解为两个或多个环节，分别交由不同的权力主体行使，互相分离，彼此制衡。权力监督是功能性分权，是将一项权力完整地赋予一个权力主体，然后通过其他主体或者权力授予者对其进行监督。在这种情况下，权力制约与权力监督在权力主体间关系安排以及遵循的价值目标上均存在明显差异。在权力制约制度下，权力被分解并由不同的权力主体分别行使，各个权力主体之间地位是平等的，形成相互约束关系；在权力监督制度下，主要表现为上下级权力主体之间的监督和横向上被单独分立出来的监督，在这种情况下权力主体和监督主体的地位是不平等的，监督主体可以对权力主体的权力滥用和权力腐败行为进行纠正和惩罚。

2. 功能价值取向不同。权力制约是基于分权产生，从本质上讲是一种力量博弈，在权力配置和权力运行上更多考虑不同权力主体的统筹兼顾，而对权力运行的效率和成本考虑不多。权力监督运行的前提和基础是权力正常高效的运行，在此基础上注重权力的控制和监管，在权力控制和监管工作中更多考虑如何有效发挥专业分工的优势。价值取向的不同对权力制约监督制度的构建产生重要影响，如果一定历史时期对于某项境外微观权力，需要提高权力运行效率，降低权力运行成本，那么权力监督制度发挥作用就要加大；如果对权力运行效率的需求并不迫切，关键是控制和监管权力，防止权力滥用和权力腐败，那么权力制约制度发挥作用就要加大。

3. 权力运行机制不同。权力监督与权力制约制度下的权力运行机制不同，而且针对两者差异的研究在政治学研究中占有重要地位，甚至有学者认为权力制约监督合理性和权力制约监督有效性是现代政治学的核心命题，"当政治学家们声言探寻科学合理的权力运行机制时，实际上他们所思考的是如何把公共权力置于有效的监督之下，或者使政治权力在精心设计出来的政治体制之中受到难以回避的制约。"[1] 这种论断是否完全正确还值得深入研究，但是毋庸置疑的是，权力制约监督的合理性和有效性是政治学的重要研究课题，而采取权力制约还是权力监督本身对权力运行产生重大影响，二者实际上是两种不同的权力运行机制。对于某一项权力，权力制约不仅将权力控制和监管机制放置于权力内部，使权力在内部进行分立并彼此约束，而外部权力依然要对该项权力进行约束，没有外部权力的配合和同意，该项权力是无法正常运行的。权力监督截然相反，它其实是一种外部控制，通过外部对权力主体的行为进行控制和监管，进而对权力主体的权力滥用行为和权力腐败行为进行判断和追究，就算专门设置于权力主体内部的监督机构和监督人员，仍然没有改变权力主体可以单独行使权力的地位。

4. 对程序的关注点不同。传统的权力制约强调通过制度化的程序和规则对权力的行使设置边界，并划定权力主体之间的

---

[1] 张康之："评政治学的权力制约思路"，载《中国人民大学学报》2000年第2期。

权力分工和职责分配，其首要原则是对正当程序的遵循。在这种前提下，一方面权力制约强调权力主体依据法定的程序行使权力，另一方面权力相对人依据法定的程序对权力主体进行制约。两种制约方式互相配合，互为补充，共同发挥作用。在传统的权力监督制度中，权力主体与监督权力主体之间不存在具体工作职能的交叉和重叠，监督权力主体是在权力主体之外的，但是又能在一定程度和一定范围内掌握权力主体行使权力的相关情况，所以其前提就是权力主体的行使权力过程和结果要在一定程度和一定范围内公开，相关信息在一定程度和一定范围内披露。因此传统的权力监督中，监督权力主体最为关注的程序问题是权力主体行使权力信息的披露和获取。

5. 发挥作用的手段不同。传统的权力制约在控制和监管权力的方式上主要是采取双向性、内部性、持续性、客观性和及时性，在控制和监管权力的效果上注重防患权力滥用和权力腐败于未然，强调防止在权力主体之间出现单向的、绝对的命令与服从关系。因此又造成了前文多次提及的情况，权力制约有利于化解利益冲突，维护体制和组织稳定，但是可能造成权力运行效率的降低和权力运行成本的增加。

6. 防控机制的启动阶段不同。传统的权力制约强调的是对权力滥用和权力腐败的预防，权力主体之间存在相互牵制约束关系，共同为可能发生的权力运行结果负责，因此对权力滥用和权力腐败的防控在权力运行过程中就已开始。传统的权力监督则强调的是对权力滥用和权力腐败的惩戒，监督权力主体不能也不会直接干涉正常的权力运行过程，监督权力主体和监督权在权力运行过程中处于蛰伏状态，当权力滥用或权力腐败行为发生后甚至是权力滥用或权力腐败行为造成损害结果后，监督权力主体才启动监督程序，监督权正常开始发挥作用。

7. 追究责任的形式不同。有权必有责，问责是权力控制和监管链条的重要组成部分，无论是权力制约还是权力监督最终的落脚点就在权力主体的责任承担上，权力制约监督制度运行的结果就是对权力滥用和权力腐败行为的问责。权力制约和权力监督追究责任的范围是不同的，权力制约把主要关注点集中于是否有权力滥用和权力腐败行为，如果有则进行问责，如果没有则不进行问责。权力监督不仅仅关注是否有权力滥用和权力腐败行为，对权力运行的效率和权力行使的合理性同样关注，不仅进行合法性审查，而且进行合理性审查。承担责任的主体也不相同，权力制约制度中由于各个权力主体都需要参与权力完整实现的过程，因而权力滥用和权力腐败行为一经发现就需要各个权力主体共同承担责任；权力监督制度中，监督权力主体和权力主体之间职责划分是明确的，监督权力主体的责任在于能够及时、准确发现并纠正权力主体的不合法行为和不合理行为，只要尽到监督义务，就可以对权力滥用和权力腐败行为免责，而权力主体要承担权力滥用、权力腐败以及不合理行使权力行为的责任。而且追究责任的手段不同，权力制约作为一种内在的力量，主要是通过权力运行的制度化、规范化、程序化来限制和约束权力主体的行为；权力监督作为一种外在的力量，主要是通过对权力运行进行监察和督促实现对权力主体的监控，但必要时可以直接针对权力主体采取强制性的措施。[1]

（二）权力制约与权力监督有机结合

根据前文论述，权力制约和权力监督都有各自的特点和功能价值，也都有各自的局限性。权力制约的局限性有：会降低权力运行的效率，对权力运行的合理性关注不够，面对专业化

〔1〕　陈国权：《权力制约监督论》，浙江大学出版社2013年版，第33页。

的权力往往缺少有效的手段，面对过于强势的权力主体没有有效的手段，对于权力滥用和腐败主体工作人员的惩罚力度不够。权力监督的局限性有：对权力运行过程控制不足，发现时往往权力滥用和权力腐败的行为已经出现甚至损害结果已经产生；对于隐蔽性较强的权力，权力监督所需要的信息明显不足，严重影响权力监督效果；对于过远的监督权力主体与权力主体，权力监督效果明显不足，常被"将在外，君命有所不受"所左右；权力监督始终存在"谁来监督监督者"的问题，对监督权力主体的监督往往只能通过设立另一个监督主体来实施，从而导致权力监督不断膨胀的循环；在纵向的权力监督关系中，上级对下级负责，上级对直接下级有绝对的权威，但是如果有多个权力关系相互叠加，那么上级对下级的权力监督责任则不够清晰，从而导致上级对下级的权力监督不能做到有力，也给下级逃避上级监督留下了操作空间，就会产生下级在多个上级之间搞投机问题。

我国现行的权力制约监督理论和实践，存在着"重监督、轻制约"的现象。在横向权力结构上，权力向一把手集中；在纵向权力结构上，权力向上级权力主体集中。理论和实践中的"重监督、轻制约"的现象在一定程度上放大了权力监督的固有缺陷，而且削弱了权力制约制度的功能作用发挥。这方面的主要表现有：在权力配置上，由于没有权力结构意义上的上下级权力分配，监督权成为上级权力在下级权力结构中的延伸，上下级分权与横向分权的不同步，导致监督权与其他权力主体间的均衡难以实现，这种方式导致监督权力主体的监督权过大，级别越高的监督权力主体，权力越难以控制。构建境外微观权力制约监督基本制度和配套制度措施，在具体权力配置过程中，一定要防止监督权力主体借用监督权，在境外搞权力滥用和权力腐败，要重点防止监督权力主体将自身权力滥用和权力腐败行为延伸至境外微观权力主体，从而造成权力滥用和权力腐败的蔓延和加重。在权力运行中，权力监督制度对权力的控制和监管措施更多的是针对权力主体本身而不是权力本身，同时权力监督的执行较多依靠监督权力主体而非制度运行，这使得权力监督的方式较多采取明察暗访、信访办理、专项行动等非制度化的方式，监督权力主体在这些工作中的主观意志和自由裁量权发挥较大作用，权力监督的可选择性产生了权力监督的可规避性，存在严重权力滥用和权力腐败的权力主体往往主动作为，寻求监督权力主体的支持和帮助。从问责的结果来看，"重监督、轻制约"的现象使得问责力度明显不足。下级权力主体对上级权力主体的监督明显缺失，在问责方面基本就处于缺失状态；同级监督权力主体对权力主体尤其是其主要负责人的问责同样十分艰难，基本处于无法问责的状态；权力监督的对象主要是针对执行权，在执行层面进行监督，而决策权常常游离于权力监督之外，决策权名义上是贯彻民主集中制，由集体研究决定，但实际上往往成为主要负责人行使权力的方式。

综上所述，由于权力运行目的的复杂性，权力运行方式的多样性，权力运行领域的多层性，权力主体关系的多重性，以及权力制约和权力监督本身的局限性，在任何权力运行的制度设计中，针对任何一项权力，对于每一个权力主体，仅仅依靠权力制约或权力监督是无法达到既有效防止权力滥用和权力腐败，又保证权力运行效率和质量、控制权力运行成本、权力行使合法合理的综合效果的。

在权力运行机制构建过程中，为了既加强权力控制和监管，又保证权力运行的一定效率，需要权力制约与权力监督两种制度相互结合，相互补充，共同发挥作用。对于权力制约制度，由于在结构层面被分立为多项权力，为不同权力主体所享有，在权力运行层面相互牵制，因此需要建立协调机构进行整合协调，以克服权力之间互相牵制带来的权力运行效率降低。对于权力监督制度，由于权力在结构层面被分配给同一权力主体行使，因此在具体的权力运行过程中需要通过更多程序性的设置来避免权力过于集中。这种变化是社会发展的必然要求，是社会治理现代化的必然要求，同样是政治理论不断发展的优秀成果。正如陈国权教授指出的："随着社会治理的日益复杂化以及权力分工的日益精细化，权力运行的专业化及其对效率的要求，公共权力运行趋向于封闭，一些具有制约性权力结构传统的国家，也开始在其权力运行领域强化监督逻辑；另一方面，随着不断增加政府公共职能，权力本身也在不断被细分，权力主体日益多元，很多具有集权权力结构传统的国家也日渐重视在权力配置领域的制约逻辑。"[1]

中国共产党人深刻认识到权力制约和权力监督的相互结合、相互补充的关系，在党的十七大上就提出要"建立健全决策权、执行权、监督权既相互制约又相互协调的权力结构和运行机制"；党的十八大上又提出"要确保决策权、执行权、监督权既相互制约又相互协调，确保国家机关按照法定权限和程序行使权力"；党的十九大上重点强调"要加强对权力运行的制约和监督，让人民监督权力，让权力在阳光下运行，把权力关进制度的笼子"。但是，我们要清醒地认识到，党的理论建设取得的成就还没有完全覆盖到迅猛发展的境外微观权力，境外微观权力制约监督制度构建还处于起步阶段。如同中华民族的伟大复兴一样，境外微观权力制约监督制度构建绝不是轻轻松松、敲锣

---

〔1〕 陈国权：《权力制约监督论》，浙江大学出版社2013年版，第35页。

打鼓就能实现的，必须要为此付出更为艰巨、更为艰苦的努力，做好理论准备，赢得实践检验。

三、境外微观权力制约监督基本路径

境外微观权力制约监督要遵循基本路径，依规有序推进，达到最优效果。基本路径有明确目标、确定原则、构建制度、完善体系四个基本步骤。由于构建制度和完善体系将在本书后面部分专门章节论述，在此首先对明确目标和确定原则两个步骤进行研究分析。

（一）明确境外微观权力制约监督的目标

从宏观上看，境外微观权力制约监督的目标是覆盖全部境外微观权力，构建系统完备、合理有序、运行高效的境外微观权力制约监督体系，从而可以全面考察境外微观权力的运行状态，确保境外微观权力规范、合理、高效运行。通过对各种类型的境外微观权力主体的权力行使过程和权力运行结果的真实性、准确性、可靠性和活动效率等进行评价，不仅可以对境外微观权力主体提供全面的决策咨询，还能够为境外微观权力主体提供改进工作的科学依据。通过对境外微观权力的制约监督，可以将境外微观权力系统运行过程中的有关信息输送，反馈到境外微观权力主体，让境外微观权力主体掌握最真实全面的信息，从而为决策提供科学依据，从而对权力运行系统进行可行、有效的调整，从而最大限度地满足社会需求，实现经济发展和政治平稳。历史经验充分证明，有监督制约才有压力，有压力才能有效防止精神懈怠。公共权力的朝气和活力与其说是来自于公职人员的自身素质，不如说是来自于权力监督的压力。[1]

---

〔1〕 金太军、张劲松、沈承诚：《政治文明建设与权力监督机制研究》，人民出版社 2010 年版，第 3 页。

从中观层面看，要实现境外微观权力的决策活动、执行活动、制约监督活动三事分工，严格按照境外微观权力运行过程中的严格分工原则来配置权力结构和体制。实现境外微观权力的决策职能、执行职能、制约监督职能的三职分定，确定境外微观权力主体工作人员的各项职能，并为履行这些职能提供充足的条件和资源。实现境外微观权力的决策责任、执行责任、制约监督责任的三责分置，强调责任是境外微观权力主体行使权力的基础，权力是境外微观权力主体履行责任的工具，引导境外微观权力主体牢固树立责任意识，深刻认识到先有责任后有权力，倒逼境外微观权力主体积极而又规范地行使权力。

微观层面的目标，涉及每一项境外微观权力和每一个境外微观权力主体，需要具体问题具体分析，在此不再进行深入研究分析。

（二）确定境外微观权力制约监督的原则

1. 全面覆盖原则。必须要将所有境外微观权力纳入制约监督体系，做到没有不受制约监督的境外微观权力。要将境外微观权力运行的全过程纳入制约监督体系，不仅要制约监督权力运行结果，还要制约监督权力运行过程。要将所有行使权力的境外微观权力主体都纳入制约监督体系，没有不受制约监督的权力主体。这就是习近平总书记讲的："没有免罪的'丹书铁券'，也没有'铁帽子王'。"

2. 动态调整原则。境外微观权力制约监督的内容和行使方式不是固定不变的，要随着经济社会发展和各方面情况的变化而不断地进行动态调整。尤其是新的权力产生和权力分立，权力之间关系调整，权力运行范围扩大，权力运行程序变化，必须要及时研究分析境外微观权力发生的各种变化，相应采取有效的措施进行应对调整。

3. 比例调整原则。权力滥用和权力腐败现象的扩散方式具有上行下效的特点。在境外微观权力内部，上级的行为对下级的行为起着重要的示范作用，上级的廉洁自律行为对下级是一种无形的约束，而上级的权力滥用和权力腐败行为会对下级产生一种权力滥用和权力腐败的引领。因此上级的权力滥用和权力腐败行为比下级的权力滥用和权力腐败行为拥有更大的扩散性。加之上级掌握的权力比下级掌握的权力大很多，因此上级权力滥用和权力腐败行为比下级权力滥用和权力腐败行为的社会危害性更大。这就对权力制约监督提出了一项重要原则，对权力制约监督的力度应随着权力的加大而增强，这就是比例调整原则。这不是说对下级的权力制约监督力度就削弱了，或者说对权力较小的权力主体的制约监督力度就小了，关键是要考虑到权力制约监督会降低权力运行的效率，会提高权力运行的成本，必须要考虑投入产出比，不能无限度地加强权力制约监督，而是要采用权力大小与制约监督力度相匹配、不断调整的比例调整原则。

4. 制约优先原则。前面已经对权力制约和权力监督进行了深入研究和比较分析，在权力控制和监管工作中，尤其是境外微观权力制约监督工作，权力制约是要优先于权力监督的，能够建立权力制约制度的尽量建立权力制约制度。在权力配置工作中，尽量把境外微观权力细分到最小单位，然后配置给不同权力主体；在权力运行过程中，更多运用程序性设置使更多权力主体参与到决策、执行和监督工作中来。虽然权力制约也会一定程度降低权力运行的效率，但是通过前文分析境外微观权力运行中的风险和挑战，在这些工作中要采取公平优先，兼顾效率的原则。如果因为效率降低，国有企业在境外分支机构的生产经营出现严重问题，就要在二者之间寻找一个合适的平衡点。

5. 有力保障原则。在明确境外微观权力制约监督主体和划定制约监督范围的基础上，要赋予制约监督组织充足的制约监督手段，保障其充分的制约监督条件。比如赋予境外微观权力制约监督主体充分的知情权、上报权和制止权。以王雪冰案为例，王雪冰在中国银行纽约分行工作期间，利用手中的审批大权帮助不法商人获取巨额授信额度，为其欺诈谋利创造条件。中国银行纽约分行的风险管理部门发现了为不法商人巨额授信问题，提出了反对意见，但是最终还是没能阻止王雪冰的权力滥用和权力腐败，最终造成巨大的损失。因此，要更加充分保证中国银行纽约分行风险管理部门的知情权，让其反对意见更加清晰，论证更加有力；要赋予其将发现的权力运行风险直接上报中国银行总行的权力，请求中国银行总行及时介入制止权力滥用和权力腐败行为；最关键的是要赋予其权力和相应的权威，能够制止或者否决其认为存在严重风险和隐患的决策行为，而且能够排除王雪冰的干预和影响。

前面论述已经明确了境外微观权力制约监督的目标，确定了境外微观权力制约监督的原则，下一步的任务就是境外微观权力制约监督基本制度构建和配套制度措施完善了，这部分内容将在下文中单列两章，进行深入的重点研究。

第五章　平衡理论引入研究

一、平衡理论引入必要性和可行性研究

在众多的关于平衡的理论中，行政法领域的平衡理论尤为引人注目。北京大学罗豪才教授开创的现代行政法平衡论在法学界产生了重大影响。现代行政法平衡论的主要内容是：现代行政法是用来平衡行政权力与相对人一方权利、整体利益与个人利益、行政效率与行政民主的法律，其性质是平衡法。[1] 在境外微观权力制约监督研究中，引入行政法的平衡理论，让分属两个不同学科、并行的研究课题有了交集，用行政法的基本理论来指导政治实践，加强对权力运行的规范和监管，引入的原因和引入的必要性必须深入研究，解释清楚。引入平衡论的原因是多方面的，总体上可以分两个层次进行分析：一是宏观层面原因，主要是理论研究的迫切需要和工作实践的迫切需要。这主要是解决境外微观权力制约监督需要理论指导的问题。二是微观层面原因，就是平衡论能够指导境外微观权力制约监督的具体原因。这主要解决为什么选择行政法的平衡论来指导境外微观权力制约监督，谋划构建规范境外微观权力运行的制度

---

〔1〕　江必新："平衡理论、行政法平衡论与中国转型"，载罗豪才等：《行政法平衡理论讲演录》，北京大学出版社 2011 年版，第 22 页。

境外微观权力监察制度研究

机制，处理各种复杂的权力关系。

（一）宏观层面

1. 工作实践的迫切需要。从本质上讲，将行政法的平衡理论引入境外微观权力制约监督中，是推进和加强境外微观权力制约监督工作的迫切需要。加强权力制约监督的最大风险是降低了权力的运行效率，增加了权力的运行成本。如何处理加强权力制约监督与保证权力运行效率、控制权力运行成本在可承受范围之内的关系是权力研究的重大课题。如果境外微观权力制约监督制度构建之后，极大牺牲了境外微观权力运行效率，阻碍了境外微观权力主体权力的正常行使，妨碍了境外微观权力主体拓展海外利益，增加了境外微观权力主体尤其是国有企业的境外分公司的权力运行成本，那么这一制度构建最终可能成为导致我国丧失重要海外利益，甚至丧失重大发展机遇的历史败笔。二者的关系处理不好就会造成两种法律关系和两种价值取向的本末倒置，是为了权力制约监督而制约监督，还是使制约监督与权力本身长期和谐共生，达到动态平衡状态，是权力制约监督研究的重要课题，也是权力制约监督研究的一大难题。在境外微观权力制约监督研究中，必须高度重视，提前谋划解决这一难题。

除此之外，在境外微观权力制约监督工作中，涉及多项权力同时运行、多种权力主体相互作用，权力与权力、权力与权利交织。这些要素之间的关系如何处理，如何调整强与弱、大与小、前与后的关系，努力做到动态平衡，需要进行深入研究和探讨。解决这一多种因素交织叠加的复杂难题，必须以先进的理论为指导，采用合理的研究方法，不能盲目开展研究。解决这一复杂难题，仅依靠权力制约监督理论本身和政治学自身的理论，是远远不够的，必须尝试引入法学、经济学等其他学

· 102 ·

科的理论成果和研究方法。在多方的寻找过程中，原来的行政法学习和研究成果发挥了重要作用，最终选择了行政法的平衡论来指导境外微观权力制约监督研究和实践，重点在基本制度构建和配套制度措施的完善上。引入平衡论用于境外微观权力制约监督研究，确定理论基础，明确理论前提，依照基本规则，在此基础上完成基本制度构建和配套制度措施完善工作。

2. 理论研究的迫切需要。在境外微观权力制约监督研究过程中，发现研究路径有很多岔道，遇到很多困境，如果没有先进理论指导，很容易误入歧途，陷入具体案例，在细节中纠缠，将宝贵的时间和精力投入大量繁琐而没有太大理论实践意义的关系处理中去。境外微观权力制约监督研究，不是权力研究、制约监督研究、海外利益保护研究、国家治理能力研究的简单综合，简单综合的研究是不能提出科学合理的意见建议的，是不可能构建完善的制度体系的，是没有理论含量的，更是无法经受历史和实践检验的。因此，随着研究进程的深入，越来越深刻地感受到处理境外微观权力运行中的各种复杂关系，构建境外微观权力制约监督制度和配套制度，必须有明确的理念、明确的原则、明确的理论。经过多方寻找和论证，行政法的平衡论正是与境外微观权力制约监督研究高度契合的先进理论，将对境外微观权力制约监督基本制度构建和配套制度措施完善提供有力指导。

（二）微观层面

1. 行政法基本理论与权力研究密切相关。引入平衡论的微观层面原因可以理解为运用行政法的平衡论来指导境外微观权力制约监督基本制度构建和配套制度措施完善工作的具体原因，其实就是指出平衡论中的哪些内容与境外微观权力制约监督工作高度契合。中国行政法学界围绕行政权力开展基本理论研究，先后引入管理论和控权论。管理论从更好行使行政权力的角度，认为行政法就是对国家事务进行管理的工具。管理论关注行政主体权力行使，忽视行政相对人的权利，忽视对行政权力的制约监督。控权论从更好地控制和规范行政权力的角度，认为行政法是控制行政权力的法。控权论从自然权力论和权力制约论出发，认为由于行政权的扩张，必须通过行政法来制约行政权，防止其腐败，以保障公民的权利；认为司法审查和行政程序是制约行政权最有效的形式和手段。[1] 中国行政法学界初期，管理论和控权论先后占据主导地位，到 20 世纪 90 年代初期逐步过渡到平衡论。可以说，无论是管理论、控权论，还是平衡论，其理论研究都是围绕行政权力展开的，只是侧重点不同和研究角度不同而已，行政法的基本理论与行政权力密切相关，而境外微观权力制约监督研究只是将行政权力扩展为公共权力，而后就限定在境外、微观的层面。

2. 平衡论的基本内容与权力制约监督理念高度契合。20 世纪 90 年代以来，以北京大学罗豪才教授为代表的学者提出了平衡论，初次提出是 1993 年发表的《现代行政法的理论基础：论行政机关与相对一方的权利义务平衡》。平衡论的提出引起学术界的高度重视，进一步引起学术争鸣，极大促进了行政法学界从根本上对行政法进行整体性思考，拓宽了学术界的研究视野，增强了理论研究深度。平衡论从调整对象角度界定，将行政法定义为调整行政关系和基于行政关系而产生的监督行政关系的法律规范体系。所谓行政关系，是指行政主体作为国家行政职能的承担者在其存在与活动过程中与行政相对方发生的各式各

---

〔1〕 罗豪才编：《行政法学》，中国政法大学出版社 1999 年，第 7 页。

样关系（私法关系除外）。[1] 行政关系其实就是"权力—服从关系"，具有非平衡性。平衡论认为监督行政关系是在行政关系的基础上产生出来的，将监督行政关系放在与行政关系相并列的重要位置。在监督行政关系中，行政主体处于被动的位置，必须要为自己行为的合法性和合理性进行辩护，承担了更多的义务和责任，在这种关系中行政主体与监督主体的地位是不平衡的，这里的监督主体有多种划分，既有监督行政主体，也有权力主体、司法机关、新闻媒体，甚至包括行政相对方在内的公民和社会组织。从行政关系中行政主体对行政相对方的优势地位，这是第一种不平衡，到监督行政关系中，监督主体对行政主体的优势地位，这是第二种不平衡。从第一种不平衡到第二种不平衡，再到平衡的辩证发展，最终达到相互平衡。以罗豪才教授为代表的学者认为，公共利益与公民利益的差别与冲突是现代社会最常见最普遍的一种现象，正确处理利益关系应该是统筹兼顾，不可只顾一头，反映在行政法学上，其利益主体的权利义务关系应该是平衡的。[2] 平衡包括行政关系与监督行政关系不同主体之间的权利义务平衡，包括同一主体自身的权利义务平衡，还包括各种关系之间的平衡。这种平衡包括实体上的平衡，又包括程序上的平衡，并且根据外部环境和内部运行机制的变化进行不断调整，最终达到动态平衡。通过前面对权力制约监督的研究，可以清晰地看出，平衡论的基本内容与权力制约监督理念高度契合。

3. 平衡论与境外微观权力制约监督存在多个重要结合点。平衡论与境外微观权力制约监督之间的结合点很多，可以用理

〔1〕 罗豪才编：《行政法学》，中国政法大学出版社1999年，第7页。
〔2〕 罗豪才编：《行政法学》，中国政法大学出版社1999年版，第9页。

论和实践上的高度契合来形容。在此不做一一描述，在接下来的境外微观权力制约监督制度构建和配套制度措施完善方面会有详细论述和集中体现。在这里着重指出一些重要结合点和关键环节。

（1）用平衡论来指导境外微观行政主体及其工作人员权力制约监督。境外微观权力主体中有一部分是行政主体，主要是国家机关的派出机构及其工作人员。这些机构属于行政主体，机构工作人员主要由公务员组成，属于行政主体的工作人员。境外微观行政主体及其工作人员由外交部系统、中联部系统、商务部系统、公安部系统等多部门组成，主要工作地点在驻外使领馆中，当然也包括其他国家机关设立的大量境外机构，还有一些文化部系统、教育部系统设立的如孔子学院等分支机构，这些分支机构属于法律法规授权的社会组织，也可以纳入广义行政主体的范畴。在行政关系中，可以进一步细分，其中有一类为行政主体相互之间的关系、行政主体与其工作人员的关系。这类行政关系有鲜明的特点，要受到层级的节制，也就是党中央提出的层级负责制，尤其是在上下级关系中，主要是命令与服从的关系，在同级之间的行政关系中，要同时接受共同上级的领导，出现问题分歧要接受共同上级的协调。命令与服务，领导与协调，本身就是权力的运行，包含权力的互相制约和权力主体之间的互相监督。处理境外微观行政主体权力运行中的相互关系，构建权力运行制度、完善权力运行机制，需要平衡论的指导，需要将平衡论从国内延伸到境外，平衡论在境外依然可以发挥其独特的理论价值。

（2）用平衡论来指导境外微观权力安全规范行使与高效合理行使的关系调整。境外微观权力在行使过程中如何做到既能安全规范行使，就是不出现权力滥用和权力腐败，又能最大限度地提高权力运行效率，降低权力运行成本。将二者的关系调整好，就需要掌握好两者之间的平衡。前文述及，平衡论将行政法律关系分为行政法律关系和监督行政法律关系两大类。监督行政法律关系的形成是基于对行政权力控制的需要。行政权力作为国家权力的一种，不管人们的主观意愿如何，总是受到另一种政治实体的限制和约束。[1] 不受制约的权力是不可想象的，也是不存在的。行政权力是更需要制约监督的权力，主要是由于：一是行政权力的重要性。其是国家权力的核心部分。二是行政权力的广泛性。现代行政已不限于简单地执行法律，行政机关兼有立法、司法职能。三是行政权力行使的合理性。行政行为不仅具有是否合法的问题，还存在是否合理的问题。事实上，境外微观权力行使的合理性问题特别突出，因为法律无法穷尽所有情形，必然留有自由裁量权和多种选择权，由于处于境外的种种原因，评价权力合理性的难度很大。四是行政权力的不受控制性。行政权力具有复杂性、经常性的特点，使得其具有不受控制和监督的特点，这也就是许多学者指出的桀骜不驯的行政权力。前文中已分析，境外微观权力运行存在很大风险，很有可能被滥用，也有可能滋生腐败，如何制约监督境外微观权力是理论界和实务界的重大课题。以现在的政治理论水平和制度构建能力，建立健全完善的制度机制体系，确保境外微观权力安全规范行使是可以实现的。这就产生了一个问题：安全规范行使必然会牺牲一部分权力运行效率，提高制度执行成本，这些代价的付出是必须的也是有价值的。但是境外微观权力运行的安全规范行使与高效行使的关系如何处理，效率牺牲和成本提高在多大的限度内是可以接受的，在具体制度

---

〔1〕　罗豪才编：《行政法学》，中国政法大学出版社1999年版，第27~28页。

设计中，要区分不同领域、不同内容、不同时间、不同方式，这就需要引入行政法的平衡论。平衡论已经深入论证，监督行政法律关系是在行政法律关系的基础上产生的，没有行政法律关系也就没有监督行政法律关系。监督行政法律关系和行政法律关系之间可以互相影响。监督行政法律关系的变化可能导致行政法律关系的产生、变更和消灭。行政主体的行为，也可能导致监督行政法律关系的产生、变更和消灭。相对于行政主体而言，监督行政法律关系的非对等性和行政法律关系中的非对等性是倒置的。[1] 由此可见，平衡论对制约监督的认识是深刻的，对制约监督与权力本身之间的关系认识也非常清楚，因此在处理二者关系方面平衡论有独特的理论价值，成功调整确保行政权力安全规范行使与高效行使的关系。平衡论完全可以引入到境外微观权力制约监督研究和实践中，用于调整境外微观权力安全规范行使与高效行使之间的关系。

（3）用平衡论来指导境外微观权力主体与权力相对人的关系调整。境外微观权力主体在运行过程中，从事行使权力的行为，必然要与外界发生权力关系，与权力相对人发生直接联系。境外微观权力主体与权力相对人之间是权力行使的关系，也是权力制约监督的关系。尤其是境外微观行政主体与行政相对人之间的关系处理中，可以用行政相对人的权利来制约行政主体的权力。处理境外微观权力主体与权力相对人的关系，可以充分吸收和借鉴平衡论的思想，实现境外权力主体和权力相对人关系的动态平衡。处理行政主体与行政相对人的关系时，平衡论首先将行政关系上升为行政法律关系，即受到行政法调整，由国家强制力作为保障的行政关系。在此基础上，根据行政法

---

[1] 罗豪才编：《行政法学》，中国政法大学出版社 1999 年版，第 29~30 页。

律关系存在的范围为标准，可以将其分为内部行政法律关系和外部行政法律关系。内部行政法律关系是指行政主体内部上下级之间，发生作用的同级之间以及行政主体与其工作人员之间的行政法律关系。外部行政法律关系是指行政主体与公民、法人或其他组织之间发生的行政法律关系。对于外部行政法律关系中的行政主体和行政相对人，两者的关系具有不对等性。平衡论认为，行政主体一方面要同国家结成权利义务关系，另一方面要同行政相对人结成权利义务关系，几种权利义务关系结合在一起：相对于国家，行政法规范的行政主体的职责，行政主体必须履行，不能自由转让或放弃；而相对于行政相对方，它规定的是职权，因此职权相对应的是行政相对方的义务。行政职权的行使具有不可抗拒的法律效力，相对人必须服从，不可加以否认或抵制，即使认定行政主体行为违法，也只能在事后通过申诉或起诉的方式要求补救。[1]　由此可见，行政主体与行政相对人的权利义务关系具有不对等性。在境外微观权力主体与权力相对人之间，其权力义务关系同样具有不对等性，尤其是境外微观行政主体与行政相对人之间。调整和处理这些关系时，平衡论具有重要理论价值，将发挥其独特的作用。

二、将平衡论作为境外微观权力制约监督的理论基础

　　将行政法的平衡论引入境外微观权力制约监督研究中，原因前文已经说明。引入后是作为一种制度、一种机制存在还是作为境外微观权力制约监督的理论基础，必须要做深入的研究。平衡论是在管理论和控权论基础上，行政法基本理论发展的一个崭新阶段。平衡论是一个博大精深、系统性强、内容广泛的

---

〔1〕　罗豪才编：《行政法学》，中国政法大学出版社1999年版，第23页。

理论体系，其中部分内容对境外微观权力制约监督研究意义重大，对这部分内容有必要做深入的研究和介绍。

（一）境外微观权力制约监督必须有理论基础

行政法是重视理论基础的部门法，关于行政法理论基础的界定比较困难，浙江大学孙笑侠教授认为，行政法的理论基础应该具有以下特点：从理论高度上具有指导力，从理论广度上具有涵盖力，从理论深度上具有渗透力，从理论精度上具有浓缩力。本书研究对这些特点的总结概括十分推崇，应该说行政法的三大基本流派都具备这些特点。从行政法的理论基础发展历程看，做好境外微观权力制约监督研究必须有理论基础。境外微观权力制约监督的理论基础必须有理论高度上的指导力、理论广度上的涵盖力、理论深度上的渗透力、理论精度上的浓缩力。平衡论作为境外微观权力制约监督的理论基础同时具备上述特点。

（二）行政法基本理论的发展历程

行政法的基本理论有三大流派：管理论、控权论和平衡论。前文已有述及，在此再深入探讨。新管理论和新控权论等其他理论暂时归入原有理论范畴。管理论是以权力为视角开展研究工作，认为行政主体与行政相对人之间是一种支配与服从的关系，行政主体的权力优先于行政相对人的权利，行政相对人处于被管理、被支配的弱势地位，两者在法律地位上是不平等的。管理论特别注重维护行政主体的权力以保证行政管理工作的秩序和效率。大陆法系国家和苏联是管理论占主导地位的国家，行政法引入我国之后，管理论一度占据主导地位。现在看来，管理论的基本观点适合当时的法治实践和社会环境，存在和发展有其特定的历史基础和实践基础，在提高行政效率、维护社会秩序和公共利益方面发挥了积极能动的作用。但是随着法治实践和社会环境的深刻变化，尤其是在当前环境下，管理论的基本观点总体上是过时的，容易导致行政权力的滥用，甚至导致行政权力腐败。在境外微观权力制约监督研究和实践中，可以积极吸收、参考和借鉴管理论对行政权力的保护，对行政效率的保障，避免出现境外微观权力无法正常运行和低效率运行的现象。

控权论认为，行政主体权力和行政相对人权利处于相互对立的地位，要高度重视行政相对人的权利，加强对行政相对人权利的保护，同时，行政法就是控制行政权力的法，要加强对行政权力的控制，最终达到保障行政相对人权利和自由的目的。控权论经历了较长时间的发展历程，由最初单纯控制行政主体的权力，防止行政主体权力滥用，逐步发展为强调行政法对行政权力的控制。强调对行政权力的控制并不意味着削弱或减少行政主体的权力，更不意味着不允许行政主体正常行使权力，对行政主体权力的控制是建立在行政主体拥有权力，并且拥有充分行使权力的各种条件的基础上。控权论在英美国家占据主导地位，在我国行政法学界也有相当大的影响，在控制行政权力，防止行政权力滥用和行政权力腐败方面发挥了重要作用。但是必须承认的是，控权论最终没有跳出其理论的局限，随着法治实践和社会环境发展变化，用静止的观点、单纯控权的观点来分析行法是远远不够的，还必须调动行政主体行使权力的积极性，保证行政主体行使权力的效率。新控权论出现后，对原有控权论的观点进行了修正，有些理念和观点与平衡论有相同之处，但是仍未走出控权论基本的研究范围，其理论局限性依然明显。在境外微观权力制约监督研究和实践中，可以充分吸收和借鉴控权论对行政主体权力进行法律控制的思想和观点，尤其是其以权力制约权力、以权利制约权力的思想和观点。

随着时代的进步，传统行政法逐步发展到现代行政法，管理论和控权论等传统理论的弊端日益凸显，行政法学界开始高度重视行政行为的过程性。从本质上说就是要明确行政过程中主体双方或多方之间的关系；从具体上说就是现代行政法中作为核心主体的行政主体和行政相对人之间的法律关系和作为监督主体的国家权力机关、司法机关和行政监督机关与行政主体之间的关系。[1] 行政法的平衡理论，是当代中国行政法学界集体智慧的结晶。研究分析其发展渊源和历史脉络，平衡论可以说既是中国传统文化积累的反映和升华，也是对各国优秀文明成果的吸收和借鉴，更是中国特色社会主义实践的生动写照。平衡论经历二十多年的探索、发展，逐步走向成熟，受到国内外理论界和实务界的广泛关注，产生了广泛的社会影响，具有巨大的理论价值。

（三）平衡论独特的理论魅力和务实的理论风格

在介绍完行政法的三大流派和论证了境外微观权力制约监督研究必须有明确的理论基础后，关键就是解决境外微观权力制约监督研究理论基础的选择问题。平衡论独特的理论魅力和务实的理论风格对境外微观权力制约监督有重要指导意义。

1. 研究视角转化。行政法是围绕行政权力展开基本研究的。从早期产生的管理论、控权论到 20 世纪 90 年代产生的平衡论，从传统行政法理论到平衡论，值得高度关注的是从以权力为中心到以关系为中心的研究视角转变。转变的过程中，行政法的多种理论模式的争鸣进一步促进了行政法理论基础的研究工作。传统行政法，尤其是管理论和控权论都是以行政权力为中心的

---

〔1〕 湛中乐：《现代行政过程论——法治理念、原则与制度》，北京大学出版社 2005 年版，第 11 页。

研究模式，它们以行政权力为视角，达到保证和实现行政相对人权利的目标。传统行政法以权力为视角，确切说是以"行政权"为视角，它是与"公民权"相对应的，在这种情况下"公民权"就成为"行政权"的背景。而平衡论在以权力为视角的基础上，选择以行政权与公民权的关系视角研究行政法，将行政主体与行政相对人看成一个相互联系不可分割的有机整体加以统筹考虑。在境外微观权力制约监督研究和实践中，也要以权力主体权力和制约监督主体权力关系、权力主体权力和权力相对人权利关系为视角，将彼此之间看成一个相互联系不可分割的有机整体加以统筹考虑。

2. 关注运行过程。平衡论开启了行政法学范式转化的大幕，从行政过程视角，动态考察与分析行政权力的配置、运行和接受监督的过程，考察行政权力运行过程中行政主体与行政相对人权利义务关系的发生、发展与变化。平衡论是从行政主体的行政权与行政相对人的公民权关系的视角，从更宏观的高度来分析和研究现代行政过程中的价值追求、应当遵守的规则和应当构建的制度。在境外微观权力制约监督研究和实践中，可以充分吸收和借鉴平衡论对行政过程的关注和运用，从权力主体的权力与制约监督主体的权力关系的视角，从权力主体权力和权力相对人权利关系的视角，来分析和研究境外微观权力运行过程中的价值追求、应当遵守的原则和应当构建的制度。从权力运行过程入手，将可以使境外微观权力运行的研究不局限于某一个点，而是线和链、面和体的考察。

3. 实施积极制约。平衡论主张，现代行政法的机制是由制约机制、激励机制和协商机制组合而成的。[1] 制约机制实际上就是制约监督制度，主要是积极的制约行政权的非理性膨胀、保护行政相对人的合法权益；同时又制约行政相对人滥用权利，维护社会公共秩序。与制约相对应，又激励行政主体积极作为，认真履行工作职责，谋取更大的社会公共利益；激励行政相对人积极实践法定权利，参与行政行为，维护和促进自身合法权益。在境外微观权力制约监督研究和实践中，要全面贯彻积极制约原则，既注重制约监督境外微观权力主体，又注重激励境外微观权力主体积极作为，奋发进取。

4. 达到制度平衡。平衡论要求实现权力、权利、制度、利益、规范、价值六个方面的平衡。在行政主体权力和行政相对人权利之间实现平衡最为重要。对于权力和权利之间的关系而言，行政法规范和调整的社会关系有行政管理关系和监督行政关系。最终的目标是要实现行政管理制度和监督行政制度在总体上的平衡，主要包括以下三方面内容：在利益结构上，兼顾公共利益和个人利益，二者既不对立，也不简单等同；在规范结构上，可以划分为法律、制度和其他规范性文件组合而成的体系；在价值结构上，兼顾秩序与自由、公平与效率的价值，通过制度安排实现价值的均衡。

三、境外微观权力制约监督对平衡论的主要借鉴

1. 平衡论模式下的行政过程是一种新型的沟通—合作—服务模式。平衡论认为，现代行政法应当是一方面要防止行政权力的滥用，在控制消极行政方面，严格要求行政行为有明确的法律授权，严格地适用"无法律即无行政"；另一方面又要求行

---

〔1〕 罗豪才等：《行政法平衡理论演讲实录》，北京大学出版社 2011 年版，第 7 页。

政机关积极行为，并充分调动其积极性，发挥其创造性。行政行为的作出主要符合人民的根本利益，只要对行政相对人的利益有促进和保障作用，就应当激励和鼓励行政主体及其工作人员更加勤勉地工作。[1] 平衡论模式下的行政功能高度关注服务行政与秩序行政共同开展，积极行政和消极行政协调推进，随着社会发展和进步，服务行政和积极行政占据着越来越重要的地位。行政法的目的是既要保证行政权力的安全规范行使、又要保证行政权力的高效行使，更要保证行政相对人的权利和利益不受非法侵犯，积极维护社会公共利益，可以说行政法是多种要素并重，多种价值共同关注。在平衡论模式下，行政主体与行政相对人之间是协调、合作与沟通的方式开展权力运行工作的。在行政权力对社会经济生活干预加深、影响加深的情况下，平衡论注重扩大公民民主权利，要求行政主体更加关注民意、关心民意，赋予行政相对人更多民主参与机会，加强与行政相对人的协商、合作与沟通。

在境外微观权力制约监督研究和实践中，在处理权力主体与权力相对人关系方面可以充分吸收和借鉴平衡论的上述思想观点。在两者之间建立起一种新型的沟通—合作—服务模式，通过多种方式形成利益的共存，彼此之间通过合作、协商实现权力主体行使权力和权力相对人权利受保护的共赢，实现两者利益的最大化，使两者之间处于一种良性互动关系之中，最终实现两者之间权力与权利的动态平衡。

2. 平衡论下的行政主体和行政相对人之间的主体地位是平等的，两者之间是良好法律保障下的服务与被服务、管理与被

---

〔1〕　湛中乐：《现代行政过程论——法治理念、原则与制度》，北京大学出版社 2005 年版，第 63 页。

管理的双重关系。平衡论将行政主体和行政相对人看成平等的法律主体，在立法时公平地配置权力、权利和义务。在必要性、适当性与有效性的前提下，授予行政主体一定的行政职权时，必须要对这些职权施加各种实体和程序上的限制，明确其违背这些限制的责任，以防止行政权力的滥用和行政权力的腐败；同时，充分考虑行政相对人的权利和利益，赋予行政相对人各种实体和程序上的权利，防止其利益受到不法侵害。在平衡论下，行政主体和行政相对人的法律地位是平等的，不存在孰高孰低、孰重孰轻的问题。在此基础上，行政主体和行政相对人的关系既有对立的一面，又有统一的一面，两者的利益最终是一致的，经过努力可以达到两者利益的最大化和最优化。在法律规范结构上，既有针对行政相对人的"假定、行为模式、法律后果"，也有针对行政主体及其工作人员的"假定、行为模式、法律后果"，尤其是在行政不作为中，行政行为本身既是行政权力，也是行政义务，不作为也要承担相应法律后果。行政主体的违法行为给行政相对人的合法权益造成损害的，要进行国家赔偿；就算是行政主体的合法行为给行政相对人的合法权益造成损害的，也要进行国家补偿。

在境外微观权力制约监督工作中，权力主体和权力相对人的关系也应该被设计为服务与被服务、管理与被管理的关系，还应该加上制约监督与被制约监督的关系。权力主体和权力相对人的法律地位是平等的，在制度设计时，要公平地配置权力主体的权力、权力相对人的权利和权力主体的义务。在必要性、适当性与有效性的前提下，授予境外微观权力主体一定的权力时，必须要对这些权力施加各种实体和程序上的限制，明确其违背这些限制的责任，以防止权力滥用和权力腐败；同时，充分考虑权力相对人的权利和利益，赋予权力相对人各种实体和程序上的权利，防止其利益受到不法侵害。境外微观权力主体与权力相对人的法律地位是平等的，两者之间是对立统一的关系，在境外大背景下，两者之间的统一性更强。比如驻外使领馆在办理签证方面与其他国家公民发生的权力义务关系，从根本上讲两者的利益是统一的，如果没有其他国家公民申请办理签证的行为，使领馆办理签证权力存在的必要性都要打上问号。

3. 平衡论对权力运行和权利行使的实体规则控制和程序规则控制并重。法律在对行政主体的权力进行授权时，既注重明确行政权力运行的横向范围和纵向范围，更注重行政权力运行的方式、步骤、时限和顺序等程序规则控制；法律在对行政相对人赋予权利时，既注重明确行政相对人行使权利的横向范围和纵向范围，也注重行政相对人行使权利的方式、步骤、时限和顺序等程序规则控制，防止出现无原则行使权利。平衡论不仅关注目标管理和结果控制，更为关注行政过程控制，做到了实体规则和程序规则并重。

在境外微观权力监督制约研究和实践中，可以充分借鉴吸收平衡论的上述思想。对境外微观权力主体进行授权时，既注重明确权力运行的横向范围和纵向范围，更注重权力运行的方式、步骤、时限和顺序等程序规则控制；在对权力相对人赋予权利时，既注重明确权力相对人行使权利的横向范围和纵向范围，也注重权力相对人行使权利的方式、步骤、时限和顺序等程序规则控制，做到实体规则与程序规则并重。最终达到境外微观权力运行既具有合法性，又具有合理性，其中合理性是指实质合理性。将判断境外微观权力运行的标准由形式上的合法上升为实质上的合理。

4. 平衡论高度重视行政行为的过程控制。在创设阶段对权力运行和权利行使进行实体规则控制和程序规则控制之后，平衡论特别注重对行政过程加强控制，其实质就是对行政权力的运行特别是行政自由裁量权的运用进行控制。平衡论不再将行政相对人看作是行政权力的客体和对象，而是将行政相对人看作是行政行为的参与者和共同作出者。在行政过程控制中强调对行政行为的动态控制，有效弥补静态规则控制的各种不足，将更多的注意力集中在行为的时间、空间方式和行政相对人的有效参与上。行政过程控制强调行政主体的程序性义务的履行和行政相对人程序性权利的行使，本质上是要通过行政程序加强对行政权力的过程控制，加强对行政权力的制约和控制，从而加强对行政相对人权利和自由的保障。行政过程控制的一个重要方式是加强行政主体内部的专门控制，通过一系列的合理化分权加强行政主体内部的制约监督；通过设立专门化的机构做到经常性地制约和监督行政主体及其工作人员的权力行使行为。由于专门化机构对行政权力有比较深入的了解，所以这种专门制约监督方式作用突出，具有独特的理论价值。

在境外微观权力制约监督研究和实践中，应该吸收平衡论的上述思想，加强对权力运行的过程控制，加强对境外微观权力主体行使权力和运用自由裁量权的过程控制。强调对权力行使的动态控制，将更多的注意力集中在行为的时间、空间方式和权力相对人的有效参与上。通过程序性规定加强对权力运行的过程控制，加强对权力主体权力的制约和控制，从而加强对权力相对人权利和自由的保障。在权力主体内部要进行一系列的合理化分权，更好地做到境外微观权力主体内部的制约监督；有条件的要在境外微观权力主体内部建立专门机构，做好经常性地制约监督境外微观权力主体及其工作人员的权力行使行为，有效行使制约监督职权。

以上内容就是境外微观权力制约监督对平衡论的主要借鉴。

应该说每一种权力运行方式和权力控制方式都有其特点和优势，也有其局限和不足。在实践中，不能单独运用某一种方式，要相互交叉、相互结合、相互渗透，不断调整、不断变化、不断创新的灵活运用各种权力运行方式和权力控制方式。综合、动态地运用各种方式，做到事前、事中与事后相结合，静态与动态相结合，强制与自治相结合，内部与外部相结合，形成一种全方位、多层次、系统化的权力运行和控制格局，最终达到综合平衡的目标。

行政法的平衡理论可以从国内延伸到境外，可以从行政主体扩展到所有行使公权力的境外微观权力主体。平衡论将在境外微观权力制约监督研究和实践中发挥其重要的理论价值和实践意义。在以上研究和论证的基础上，简单列出境外微观权力制约监督贯彻落实平衡论的重点，也就是境外微观权力制约监督制度构建和配套制度措施完善的重点：一是境外微观权力主体权力与义务配置之间的平衡，二是对境外微观权力主体制约监督与保护激励之间的平衡，三是境外微观权力与制约监督权力之间的平衡，四是境外微观权力主体与权力相对人之间的平衡，五是境外微观权力安全规范行使与高效合理行使之间的平衡，六是境外微观制约监督权力之间的平衡。

第六章　境外微观权力制约监督
基本制度构建研究

　　加强境外微观权力制约监督的关键环节就是建立健全相关制度，制度具有根本性、长期性、稳定性、连续性，具有普遍、长期的约束力，是加强和改进境外微观权力制约监督的重要保证。邓小平同志曾经指出："我们过去发生的各种错误，固然与某些领导人的思想、作风有关，但是组织制度、工作制度方面的问题更重要。这些方面的制度好可以使坏人无法任意横行，制度不好可以使好人无法充分做好事，甚至会走向反面。即使是毛泽东同志这样伟大的人物，也受到一些不好的制度的严重影响，以至对党对国家对他个人都造成了很大的不幸。我们今天再不健全社会主义制度，人们就会说，为什么资本主义制度所能解决的一些问题，社会主义制度反而不能解决呢？这种比较方法虽然不全面，但是我们不能因此而不加以重视。"[1] 邓小平同志的深刻认识对境外微观权力制约监督制度构建有重要意义，有了好的制度，发挥好制度的约束、激励作用，将有效控制和监管境外微观权力，有效提高境外微观权力运行的效率，有效降低境外微观权力运行的成本。反之，如果无法构建好的

----

　　〔1〕　邓小平：《邓小平文选》（第二卷），人民出版社1994年版，第333页。

制度，或者制度执行不力，就会有人问，为什么其他国家境外的政府机构和企业能够解决权力控制和监管问题，为什么中国政府机构、事业单位和国有企业的驻外机构不行呢？为什么中国政府机构、事业单位和国有企业在国内可以有效解决权力控制和监管问题，为什么到了境外就做不到呢？甚至会问，为什么民营企业的境外机构能够有效控制和监管自身权力，为什么国有企业的境外机构无法做到呢？

习近平总书记一直高度重视制度建设，多次强调：坚持党性原则，关键是立规矩、讲规矩、守规矩；哪些事能做、哪些事不能做，哪些事该这样做、哪些事该那样做，都要规定得明明白白；要提高制度执行力，让制度、纪律成为带电的高压线，使查处违纪违法问题制度化、经常化，使党员、干部心有所畏、言有所戒、行有所止。习近平总书记对反腐倡廉法规制度建设有精辟阐述："反腐倡廉法规制度建设，关键是制约和监督权力。腐败的本质是权力出轨、越轨，许多腐败问题都与权力配置不科学、使用不规范、监督不到位有关。反腐倡廉法规制度建设要围绕授权、用权、制权等环节，合理确定权力归属，划清权力边界，厘清权力清单，明确什么权能用、什么权不能用，强化权力流程控制，压缩自由裁量空间，杜绝各种暗箱操作，把权力运行置于党组织和人民群众监督之下，最大限度减少权力寻租的空间。"[1]党的十九届四中全会作出的《中共中央关于坚持和完善中国特色社会主义制度　推进国家治理体系和治理能力现代化若干重大问题的决定》指出："党和国家监督体系是党在长期执政条件下实现自我净化、自我完善、自我革新、自

---

〔1〕　中共中央文献研究室编：《习近平关于全面从严治党论述摘编》，中央文献出版社 2016 年版，第 189 页。

我提高的重要制度保障。必须健全党统一领导、全面覆盖、权威高效的监督体系，增强监督严肃性、协同性、有效性，形成决策科学、执行坚决、监督有力的权力运行机制，确保党和人民赋予的权力始终用来为人民谋幸福。"[1] 我们必须深刻认识领会习近平总书记关于制度建设的重要论述，牢记习近平总书记关于反腐倡廉法规制度建设的教诲，在境外微观权力控制和监管工作中，紧紧围绕境外微观权力大力加强制度建设。

对于中国这样一个发展变化快、极具复杂性的大国，海外利益形式多样，制度化是加强海外利益保护，规范和控制境外微观权力的必然选择。加强对境外微观权力运行的控制和监管，必须运用制度建设的强大武器，着力解决境外微观权力运行中的问题，建立权责统一、权威高效、决策科学、执行坚决、制约有力、监督到位的境外微观权力制约监督制度体系。在横向上，厘清各类境外微观权力主体以及与之相关的权力主体的职能权限、权力边界、责任范围；在纵向上，根据不同性质的职能和事权，根据权力运行的不同环节，合理配置上下级之间的各类权力。在实体上，实现对境外微观权力设定、分配、调整和管理的制度化、规范化，构建完善的制约监督制度体系；在程序上，明确境外微观权力运行的基本规则、方式和步骤，以程序或过程的制约监督构建完善的制约监督制度体系。在内部，建立健全与权力性质、权力特点、外部环境相适应和匹配的制约监督制度；在外部，建立健全与权力性质、权力特点、内部环境相适应和匹配的制约监督制度。

---

〔1〕《中共中央关于坚持和完善中国特色社会主义制度　推进国家治理体系和治理能力现代化若干重大问题的决定　辅导读本》，人民出版社 2019 年版，第 42 页。

境外微观权力制约监督制度体系由多项相互支持、相互配合的制度有机组合而成，按照制度本身与制约监督的关系，可以将这些制度分为基本制度和配套制度措施。本章主要是研究和论述基本制度，相关配套制度措施将在下一章进行研究和论述。基本制度其实就是境外微观权力制约监督制度本身，在本书中直接使用境外微观权力制约监督制度；配套制度措施则使用境外微观权力制约监督配套制度措施。

在此要着重指出的是，构建基本制度和配套制度措施只是为境外微观权力主体划定了更为清晰、刚性的边界，习近平新时代中国特色社会主义思想也通过一项项制度在具体领域、微观层面得到了强化、细化和规范化。重视制度、推崇制度的同时要有力防止推进制度化带来的影响境外微观权力积极性和自主性、降低境外微观权力运行效率、提高境外微观权力运行成本的种种弊端，以平衡理论为指导，寻找制度与自主、控制与自由、制约与效率、监督与成本之间的动态平衡。

一、境外微观权力制约监督制度的基本分析

（一）制度的基本形式

境外微观权力制约监督制度中的基本制度和配套制度措施的形式包括法律、党内法规、行政法规和其他规范性文件。其中，其他规范性文件是主体。这些规范性文件主要就是指软法，软法指的是在公共治理过程中实际发挥约束力量的规范，但是不是由党和国家制定、自上而下、以强制力保证实施的规范。党的机构、国家机关、国有事业单位和国有企业的一系列规章制度构成了软法的主体。由于现代公共治理强调治理主体的多元化，治理责任向下、向外释放，强调多元主体的角色分担，不同的主体形成的大量软性规则在公共治理中发挥较大作用。

由于公共治理所面临问题的复杂性、多样性、多边性和不确定性，仅仅依靠强调稳定性、一致性、确定性而缺乏弹性的硬法是不够的，必须依靠更有包容性、更加开放、调整更加灵活、更为强调合作的软法。软法更多强调目标导向，实现公共治理的目的，更多强调过程和程序理性。软法在硬法的框架下，形成一个交融共存的混合结构，共同实现权力与权利之间平衡的目标。

（二）统一公法学的理论借鉴

本书将党和国家机关、事业单位和国有企业内的软法放在一起研究，是有理论依据，有前例可循的。著名的行政法学者袁曙宏教授和宋功德教授提出的统一公法学提供了强大的理论支持。袁曙宏教授指出，公法各学科（包括宪法、行政法、刑法、诉讼法、国际公法等典型公法部门和经济法、社会保障法、劳动法、环境法等具有较强公法属性的法律部门）独自发展、相互分离、整个公法学体系出现支离破碎的局面，公法学者的视野越来越局限和束缚于一个单一、孤立的领域之中，各个公法学科之间的对话和交流正在逐渐演化为相互之间的疏远、误解乃至对立。而这种知识状况，不利于当今社会日益重要的、成熟的、越来越整体化的公法的发展。因此，需要在法学和部门公法学之间建立一个中观层次的统一公法学，来研究整体公法规范、共性公法特征和一般公法规律，研究部门公法之间相互交叉、相互借鉴和彼此依存的内容，研究公法与私法之间的相互交融和渗透。[1]

统一公法学所规范的法律规范有一个共同的目的，那就是

---

[1] 沈岿："行政法理论基础回眸——一个整体观的变迁"，载罗豪才等：《行政法平衡理论讲演录》，北京大学出版社 2011 年版，第 101 页。

规范公共权力、保障公民权利，这与境外微观权力制约监督制度的目的不谋而合。统一公法学研究三个基本问题：公权力、公法关系和公法制度。境外微观权力属于公权力的范围，国有企业驻外机构的权力应该纳入公权力的范围进行控制和监管，对国有企业驻外机构的微观权力控制和监管的标准和程序不应低于政府机关的驻外机构。因此，境外微观权力主体之间的相互关系应该由公法进行调整，而不是由调整平等主体之间的民事关系和商事关系的民商法进行调整。境外微观权力制约监督中的分权制度、参与制度、程序制度和责任制度均为公法制度的重要组成部分。

在软法、统一公法学等概念和理论引入境外微观权力制约监督研究工作之后，就将境外微观权力制约监督工作纳入公共治理的范围。公共治理的一些基本理念，应予以高度重视，尽力加以吸收和借鉴。比如鼓励多方的利益相关者共同分担传统的治理角色；推动把治理责任转移给地方、转移给私人；把职能和责任尽力向下、向外推；在公共治理过程中实际发挥约束力量的规范，不是必须由国家制定的、自上而下推动实施的、以强制力保证实施的行为规范。这些理念对境外微观权力制约监督制度构建具有重要指导意义。

（三）制度的基本范畴

必须对境外微观权力制约监督领域中的制度进行界定，分析其渊源形式，有的是法律规定的，有的是党内法规规定的，有的是国家机关、事业单位、国有企业内部的规范性文件。这些形式的规章制度共同组成了境外微观权力制约监督制度体系，共同发挥着公共治理的作用。因此，在公共治理过程中，实际发挥约束力量的规范，并非全部由国家制定、自上而下、以国家强制力作为后盾的规范，而是一个兼有软法和硬法的混合结构。软法是指那些不能运用国家强制力保证实施的法规范。在我国，软法的形态非常丰富，总体来说主要包括四类：第一类是国家立法中的软法规范；第二类是国家机关创制的规范性文件中的软法规范；第三类是政治共同体创制的自律性规范；第四类是社会共同体创制的自治性规范。与硬法相比，软法在主体、程序、表现形式方面具有鲜明的特点：一是制定主体多元；二是形成过程强调开放、互动、合意与协作。

境外微观权力制约监督制度主要采取软法的形式，在制定实行过程中要更多地借鉴吸收软法的特点和优势，允许境外微观权力主体制定各自的规范权力运行的制度；在制定和实行过程中更多强调开放、互动、合意与协作。在此，要重点强调的是，制度的制定主体非常重要，制度要最大限度地由与境外微观权力没有直接关联的主体制定。由境外微观权力主体制定规范自身权力运行的制度，容易造成制度本身的不公平性和不合理性。境外微观权力主体在制定规章制度时，往往过多强调自身的权力，而弱化相应的责任，甚至有些内容有计划地偏离国家大政方针和社会公众利益，期望通过制度形式巩固和拓展本部门的权力及相关既得利益，造成"部门利益合法化"现象，俗称"屁股指挥脑袋"。

针对这一问题，制定主体可以上提一级，由境外微观权力主体的上级单位负责制定制度，可以委托公开的中立的立法部门、政策法制部门制定。对于不得不由境外微观权力主体制定的制度，必须要经过政策法制部门的审核，由上级单位进行审批。上级单位审批和政策法制部门审核过程中，要重点审查境外微观权力主体有没有超出职权创设新的权力，改变权力运行方式，扩大权力行使范围，有没有认真征求和听取境外微观权力各方面的意见建议，有没有充分考虑境外微观权力各方面的利益和诉求。对于不符合条件的制度，一律不得审批通过，防止出现制度制定部门化和利益化，防止出现制度一出台就是恶的制度。在调研过程中，笔者确实发现有的境外微观权力主体对有些权力行使行为把握不准，担心造成权力滥用和权力腐败，于是就采取党委会审批通过相关制度的方式，将这些权力行使行为规范设为制度，从而使制度性的权力滥用和权力腐败行为成为可能。这种情况在境外微观权力主体工作人员谋取自身利益方面较为突出。

境外微观权力制约监督制度从时间序列和动态结构上可分为对权力配置进行制约监督的制度、对权力运行过程进行制约监督的制度、对权力行使后果进行制约监督的制度。对权力配置进行制约监督的制度的制定主体要排除境外微观权力主体，换言之，不允许境外微观权力主体本身制定制度来对权力进行配置，不能自己给自己创设权力，也不能对权力结构进行调整和分配，这些权力应该由其上级单位或其他与境外微观权力无直接关系的主体来行使。对权力运行过程进行制约监督的制度和对权力行使后果进行制约监督的制度也要尽量减少由境外微观权力主体制定的情形。

在制度制定过程中，要充分征求涉及境外微观权力运行的各方面的意见建议，充分考虑各方面的利益和诉求，注意平衡各方面之间的关系。重要制度的制定可以采取公开听证的方式，充分听取立法专家、社会公众的意见建议，获取第一手意见建议的资料。制度在颁布出台之后，应该采取多种方式，利用多种科技平台，认真听取社会公众的意见，充分发挥软法便于调整的优势，根据这些意见建议及时进行修改和调整。

二、境外微观权力量化制度

加强境外微观权力制约监督，有一个前提就是各种权力要实现彼此分离。分离后的权力成为一个个相对独立的权力，要形成权力清单。对于这些相对独立的权力必须要量化，这是研究权力与权力之间关系的基础。境外微观权力若不能计量或在一定程度上进行计量，其制约监督制度的构建是无法实现的。因此，境外微观权力必须在计量或一定程度上计量的基础上，实现计量工作的制度化。

传统的权力定性分析中就包括一定的量的分析，完全离开量的分析的定性分析是没有的。权力所涉及的量既有模糊量也有清晰量，模糊量经过测算是可以转化为清晰量的。但是，必须充分认识到量化的可能性并不意味着量化是轻而易举的，权力运行的复杂性导致量化工作相当困难，境外微观权力的量化由于诸多条件的限制和影响是尤其困难的。

进行量化研究首先要承认事物之间的差异性。如果承认一个事物是变化的，就可以根据其变化的程度或幅度，找出其在不同时间内变化的量的差异。而在同一时期内，事物在空间上的差异或性质上的差异，也可以归结为一定量的差异。[1] 构成权力的多种因素都是处于不断变化之中，因此完全可以根据这些因素在一定时期内变化的状况，找出其量的对应关系。与此相对应，境外微观权力在空间上的差异性也可以找出量的对应关系。通过充分吸收借鉴北京大学李景鹏教授关于政治权力量化研究的成果，本书研究认为境外微观权力所包含的量主要有以下内容：

---

[1]　李景鹏：《权力政治学》，北京大学出版社 2008 年版，第 36 页。

1. 境外微观权力主体的各种量，主要包括境外微观权力主体所能控制的机构数量的多少、人员的多少、经济资源的多少、技术条件和装备设施的优劣、人员素质和结构的优劣、经验的多少、效率的高低、内部凝聚力的高低等。这些内容是境外微观权力量化的主体。

2. 境外微观权力在运行中要经历多少中间层次、中间层次透明度的大小、权力经过中间层次所产生的方向偏离的大小、每一层次自身的组织状况的优劣程度、权力经过每一层次时其透过性和折射性的比率、权力在多层次中能量消耗的多少和比率等。[1]

3. 境外微观权力传导过程中时间上的迟滞程度、权力中断后依靠惯性持续的时间的长短、权力正常运行时所需要的能量不断追加的数量、权力中断后再恢复所需要的能量等。

4. 境外微观权力在中间层次中被吸收的程度、被反射的程度、吸收与消耗和反射的比率、权力运行中的折射率、折射造成的回路所经历的时间的长短、反射所显示的反权力的能量的大小、中间层次的信息反馈效率、各中间层次缓冲反权力的能力（即消耗反射权力的能力）的大小等。[2]

5. 境外微观权力最终被权力客体或权力对象吸收后，权力客体或权力对象对境外微观权力主体意志的接受符合度的大小。

由此可见，境外微观权力的量化研究涉及权力主体、权力运行程序、权力客体等多个方面的众多因素，各种因素交织叠加在一起，是一个非常复杂的局面。但是不管多么复杂，量化的原理是一致的，量化的可能性毋庸置疑是存在的，而且现代

---

〔1〕　李景鹏:《权力政治学》，北京大学出版社 2008 年版，第 37 页。

〔2〕　李景鹏:《权力政治学》，北京大学出版社 2008 年版，第 37 页。

化的计算手段为我们提供了进行准确量化的工具，从而把对权力运行的考察置于科学的计量之上。

在深入分析了境外微观权力量化的必要性和可行性之后，要解决如何对境外微观权力进行量化的问题。面对有多种要素作用的一项境外微观权力，如何具体进行度量，这需要深入分析找出方法，认真研究确保准确。具体步骤和程序如下：

1. 把境外微观权力从总体上分割成最小单位的组成部分，每一部分单独进行计量和分析，从而最大限度的缩小范围，便于着手开展工作。在将每个部分都充分进行量化和分析之后，再进行综合的量化和分析。

2. 对境外微观权力每个最小单位的组成部分进行深入调查研究，厘清每个部分都有哪些因素在发挥实际作用，弄清发挥实际作用的大小，确定发挥实际作用的持续时间，以及每个部分之间的相互关系如何，每个部分占有的地位和比重，相互作用机制如何，为境外微观权力量化奠定坚实基础。

3. 将境外微观权力运行中的许多模糊量转化为清晰量，然后把这些量分为若干层级或再与其他量的比较中研究确定一定的比例关系，实际上就是将各种数据纳入权力运行的公式，最终得出权力运行的最终结果。

现代的计算方法和大数据技术的充分运用为境外微观权力量化研究提供了前提和基础，首先，关于权力运行的各种数据和资料可以得到充分的收集和存储，能够获得大量关于境外微观权力量化的各种有益的数据。其次，由于我们掌握大量的数据和资料，这就为境外微观权力之间的层级和比例计算的准确性提供了可靠保证，完全可以把这些数据转换为权力的层级比例，得出相对完整准确的计算公式。最后，运用电子计算机和代数方程式，将有关权力要素数据录入后，可以准确计算出境外微观权力主体掌握的权力量，使权力量化工作得以完成。

构建境外微观权力量化制度要明确以下内容：一是各项境外微观权力都必须进行量化，没有经过量化的权力不得运行，这就比权力清单化提出了更高更严格的要求。二是境外微观权力的量化主体要由境外微观权力主体的上级单位或中立机构承担，这与权力配置相关制度的制定主体一致。三是要合理确定并充分验证境外微观权力量化的计算公式，确保境外微观权力量化结果准确，这是一项复杂而艰巨的工作任务。四是境外微观权力的量化工作要进行动态调整，要定期开展权力量化工作，特殊时期或遇到特殊任务要加强权力量化工作，如果发现某一权力主体的权力过大或者增长过快，要及时采取措施，加强对其权力的控制和监管。比如，国有企业的驻外机构由于经营需要，其控制的资金数量从1亿美元增长至10亿美元，那么对国有企业驻外机构的权力量化工作就要及时跟进，迅速计算出其控制的资金数量增长后的权力量；针对权力量化的结果，采取其他方面的控制和监管措施，防止权力滥用和权力腐败，实际上就是变更其权力量化计算公式的层级和比例要素，具体做法可以是：提高资金使用的审批权限，上提至上级单位，那么层级扩大为两级，权力量相应减半甚至更低；调整内部资金使用审批制度，由党委会决定、行政负责人审批更改为党委会决定、行政负责人和党委负责人审批，这样就增加了党委负责人的权力量，行政负责人权力量化的比例相应降低，减少了其权力量。

必须要承认，境外微观权力的量化是一项难度很大，技术性很强，变化程度很高的工作，需要长期的深入研究分析，也需要大量受到政治学专业严格训练的工作人员深入境外微观权力主体内部进行摸底和分析，得出一系列合理、准确和完善的计算公式和计算数据，运用现代计算方法和大数据技术将境外微观权力量化制度执行落实到位。

三、境外微观权力责任管理制度

党的十九届四中全会作出的《中共中央关于坚持和完善中国特色社会主义制度 推进国家治理体系和治理能力现代化若干重大问题的决定》指出："完善权力配置和运行制约机制。坚持权责法定，健全分事行权、分岗设权、分级授权、定期轮岗制度，明晰权力边界，规范工作流程，强化权力制约。……坚持权责统一，盯紧权力运行各个环节，完善发现问题、纠正偏差、精准问责有效机制，压减权力设租寻租空间。"[1] 有权必有责，设定权力的同时必须要承担控制和监管权力的重要责任，行使权力的同时必须要对权力滥用和权力腐败负责，授予权力的同时必须同步谋划、同步设计、同步构建对被授予权力的控制和监管制度。要建立健全境外微观权力责任管理制度，形成对境外微观权力进行控制和监管的责任体系，全面覆盖境外微观权力设定、运行、制约、监督过程，全面覆盖各类境外微观权力类型和权力主体。2010 年中共中央印发《关于实行党风廉政建设责任制的规定》，明确了各级党的机关、人大机关、行政机关、政协机关、审判机关、检察机关、人民团体、国有和国有控股企业（含国有和国有控股金融企业）、事业单位的领导班子、领导干部党风廉政建设方面的责任。《关于实行党风廉政建设责任制的规定》基本涵盖了境外微观权力主体及其上级单位或派出单位。因此，在设定或授予境外微观权力的同时，境外微观权力主体的上级单位或派出单位必须履行职责，确保相应

---

[1] 本书编写组：《中共中央关于坚持和完善中国特色社会主义制度 推进国家治理体系和治理能力现代化若干重大问题的决定 辅导读本》，人民出版社 2019 年版，第 44 页。

的权力制约监督制度同步规划、同步建设、同步使用，做到空间和时间两个全覆盖。境外微观权力责任管理制度主要包括以下三方面内容：

1. 设定授予境外微观权力的责任制度。《关于新形势下党内政治生活的若干准则》明确规定："坚持授权者要负责监督，发现问题要及时处置。强化上级组织对下级组织特别是主要领导干部行使权力的监督，防止权力失控和滥用。"[1] 根据《关于实行党风廉政建设责任制的规定》，领导班子、领导干部在党风廉政建设中承担以下领导责任：强化权力制约和监督，建立健全决策权、执行权、监督权既相互制约又相互协调的权力结构和运行机制，推进权力运行程序化和公开透明。[2] 严格设定权力授予责任制，是构建完善的境外微观权力制约监督体系的前提和基础，是实现境外微观权力规范科学合理运行的重要环节，是加强境外微观权力制约监督的有效途径。要根据有权必有责的要求，在合理配置和分解各种权力的同时，确定不同部门和人员的权力行使具体责任，防止出现权力滥用和权力腐败问题，却无法找到责任部门和责任人员的现象。对境外微观权力运行中发现的问题，要认真寻找出现问题的原因，落实权力运行责任，严肃追究相关部门和人员的责任。对严重违反权力运行制度的权力滥用行为和权力腐败行为，要严肃追责问责，依法依纪严肃追究相关部门和人员的责任。在具体制度实施过程中，境外微观权力制约监督要强化落地、吹糠见米，做到人员到位、责任到位、工作到位、效果到位。境外微观权力制约监督是一

〔1〕中共中央办公厅、中央"不忘初心、牢记使命"主题教育领导小组办公室编：《中国共产党党内重要法规汇编》，党建读物出版社 2019 年版，第 60 页。
〔2〕中共中央办公厅、中央"不忘初心、牢记使命"主题教育领导小组办公室编：《中国共产党党内重要法规汇编》，党建读物出版社 2019 年版，第 360 页。

场攻坚战，绝非朝夕之功，不是采取运动式冲一冲就能解决的。必须要实施最严格的考核评估，加强督查问责，对不严不实、执行不力严肃问责。

2. 对境外微观权力运行过程的制约监督责任制度。根据《关于实行党风廉政建设责任制的规定》，领导班子、领导干部在党风廉政建设中承担以下领导责任：强化权力制约和监督，推进权力运行程序化和公开透明。[1] 境外微观权力制约监督基本制度构建完成之后，尤其是境外微观权力配置制度制定出台后，境外微观权力的各类主体基本确定，各类权力主体的权力边界和权力范围基本确定，各类权力有了相对独立性。这时各类权力主体控制和掌握的各类权力便有了改变权力配置初衷、肆意践踏民意的可能性，从而便有了权力滥用和权力腐败的可能性。因此为保证境外微观权力运行过程的规范、科学和高效，制度制定者必须构建针对境外微观权力运行过程的制度监督制度，权力授予者、其他专门单位和人员还必须把对境外微观权力运行过程的制约监督工作推进下去，将对境外微观权力运行过程的制约监督责任承担起来。这些针对权力运行过程的制约监督制度包括重要事项请示汇报制度、重大决策听证制度等。

3. 对境外微观权力运行结果的制约监督责任制度。根据《关于实行党风廉政建设责任制的规定》，实施责任追究，要实事求是，分清集体责任和个人责任、主要领导责任和重要领导责任。追究集体责任时，领导班子主要负责人和直接主管的领导班子成员承担主要领导责任，参与决策的班子其他成员承担重要领导责任。对错误决策提出明确反对意见而没有被采纳的，

---

[1] 中共中央办公厅、中央"不忘初心、牢记使命"主题教育领导小组办公室编：《中国共产党党内重要法规汇编》，党建读物出版社 2019 年版，第 360 页。

不承担领导责任。[1] 因此，在针对境外微观权力配置和运行过程的制约监督责任制度构建完成之后，还必须构建针对境外微观权力运行结果的制约监督责任制度，尤其要认真研究对待集体领导责任的追责问题。对于境外微观权力配置和运行过程中发现的权力滥用和权力腐败行为，比如违法乱纪、贪污受贿等严重后果，要构建完善的责任追究制度，要求相关境外微观权力主体及其工作人员承担党纪政纪处分、行政法律责任和刑事犯罪责任，并视情况追究相关人员的经济责任，尽力挽回相关损失。这种制约监督虽然具有事后性，但它是完善的权力制约监督制度的最后环节，也是重要环节，对促进境外微观权力制约监督制度的有效运行意义重大。因此必须要明确责任主体，落实各类责任，确保落实到位。在巡视工作、审计工作中发现的境外微观权力滥用和权力腐败行为，责任追究工作要有效开展，巡视回头看和审计意见的落实整改工作要坚强有力，对权力滥用和权力腐败分子的追责和惩治工作要落实到位。对于在境外微观权力日常控制和监管工作中发现和暴露出来的权力滥用和权力腐败行为的相关人员，要进一步加大党纪政纪处分、行政法律处罚和刑事责任追究力度，不允许任何权力滥用和权力腐败分子逍遥于党纪国法和规章制度之外，只要是发现权力滥用和权力腐败，就要一查到底，严肃追责，决不姑息迁就。

四、境外微观权力运行公开制度

习近平总书记在党的十九大报告中指出，要让权力在阳光下运行。党的十九届四中全会作出的《中共中央关于坚持和完

---

[1] 中共中央办公厅、中央"不忘初心、牢记使命"主题教育领导小组办公室编：《中国共产党党内重要法规汇编》，党建读物出版社 2019 年版，第 364 页。

善中国特色社会主义制度　推进国家治理体系和治理能力现代化若干重大问题的决定》指出："坚持权责透明，推动用权公开，完善党务、政务、司法和各领域办事公开制度，建立权力运行可查询、可追溯的反馈机制。"[1] 可以说，阳光是最好的防腐剂，加强对境外微观权力的制约监督，就要做好境外微观权力公开，境外微观权力运行公开制度是权力制约监督制度的重要组成部分。通过深入调研，多方了解情况，境外微观权力主体的权力公开还有很多工作需要做，有的境外国有企业权力运行暗箱操作问题仍比较突出，甚至潜规则大行其道，王雪冰案件就充分暴露了中国银行纽约分行的权力运行不公开透明问题；有的境外微观权力主体的权力公开流于形式，公开内容不及时、内容不全面、数据不准确、不能真实完整反映权力运行的实际情况；有的境外微观权力主体的权力公开不够规范，公开的时效性、规范性较差，没有产生实质效果。因此，在对境外微观权力进行量化的基础上，健全境外微观权力运行公开制度，就要将这些量化的权力内容、行使程序、动态过程及时、完整、规范地公开出来，尽可能地让权力相对人和社会公众了解认识到这些权力的类型、内容和数量，进而深入认识这些权力的要素、特性、结构、运行程序和行使结果。在具体制度设计中，要注重以下几个方面工作：

　　1. 要从境外微观权力主体责任的角度去设计相关制度，将权力及权力相关信息公开明确为境外微观权力主体负有的责任，做好境外微观权力主体责任意识强化工作。明确境外微观权力

---

　　〔1〕　本书编写组：《中共中央关于坚持和完善中国特色社会主义制度　推进国家治理体系和治理能力现代化若干重大问题的决定　辅导读本》，人民出版社 2019年版，第 44 页。

主体公开权力和权力运行相关信息的义务，即境外微观权力主体要将掌握和获取的权力和权力相关信息以一定的方式公开。赋予境外微观权力相对人和社会公众要求境外微观权力主体公开权力和权力运行相关信息的权利，境外微观权力主体有义务按照相对人和社会公众的要求公开权力和权力相关信息。

2. 境外微观权力和权力相关信息要以公开为原则。这主要是指除党纪党规、法律法规明确规定不予公开的信息外，其他涉及权力和权力相关信息一律公开，以公开为原则，不公开为例外。制度及其他软法，尤其是境外微观权力主体制定的制度不允许禁止或限制权力和权力相关信息的公开。要重点指出的是，党纪党规、法律和法规明确规定不予公开的信息主要是指涉及国家安全、重要商业秘密的权力和权力相关信息。这些权力由于特殊原因，带有很强的隐蔽性，属于隐蔽性权力范畴。这些隐蔽性权力虽然不能对权力相对人和社会公众公开，但是要在工作允许的范围内进行内部公开，妥善处理好对外保密与内部公开的关系，充分发挥境外微观权力主体内部的制约监督作用。虽然在权力运行公开制度中成为例外，在境外微观权力其他基本制度构建和配套制度措施完善中将重点加强控制和监管，在境外微观权力监察制度构建中将其列为工作重点，对其进行特殊关照，这就是平衡论的理念和原则的具体应用。

3. 境外微观权力主体要及时公开权力和权力相关信息，并且确保权力相对人和社会公众便捷获取相关信息。境外微观权力配置完成后、量化完成后、调整完成后要及时进行公开和相应调整，不得部分公开或者延后公开，造成权力滥用和权力腐败的风险隐患。在权力公开制度构建中，要充分考虑便民原则，保证境外微观权力相对人和社会公众能够及时、准确地获取权力和权力相关信息，满足权力相对人和社会公众及时有效开展制约监督需要。在具体工作中，要充分运用科技手段和网络平台，做好权力和权力相关信息公开工作。

五、境外微观权力配置管理制度

（一）优化权力配置的必要性和重要意义

党的十九届四中全会作出的《中共中央关于坚持和完善中国特色社会主义制度　推进国家治理体系和治理能力现代化若干重大问题的决定》指出："完善权力配置和运行制约机制。坚持权责法定，健全分事行权、分岗设权、分级授权、定期轮岗制度，明晰权力边界，规范工作流程，强化权力制约。"[1] 从加强境外微观权力控制和监管，推进境外微观权力制约监督的角度，科学合理地配置境外微观权力十分必要，具有重要意义。在配置境外微观权力过程中，要着眼于实现权力结构的优化，必须建立科学合理的权力结构。优化权力结构是建立健全权力制约监督制度的重要前提和基础，在权力配置阶段即形成有效的制约监督权力结构。科学有效的境外微观权力结构，一方面能够有效地预防和控制境外微观权力滥用和权力腐败的风险；另一方面能大幅度提高境外微观权力运行的效率，降低境外微观权力运行的成本。科学合理的境外微观权力结构，一方面能够有效防止素质不高的境外微观权力主体工作人员的权力滥用和权力腐败行为；另一方面又能有效保护其他境外微观权力主体工作人员有效抵御权力背后巨大利益的诱惑，有效发挥关心和保护干部的作用。

构建境外微观权力配置管理制度，优化境外微观权力结构，

---

〔1〕 本书编写组：《中共中央关于坚持和完善中国特色社会主义制度　推进国家治理体系和治理能力现代化若干重大问题的决定　辅导读本》，人民出版社 2019 年版，第43页。

有许多先进经验和惨痛教训值得总结运用。在境外微观权力配置工作中，要具体分析每一项境外微观权力本身的特性和面临的外界环境，运用先进的政治学理论和方法，实现最优配置。从境外微观权力制约监督的角度，加强境外微观权力配置管理，优化境外微观权力结构，主要的难题是解决权力过度集中的问题，主要表现有：一是权力过多集中于某一层次，与国家政治体系的权力集中不同，境外微观权力不全是集中在上级，有时基层和下级境外微观权力主体控制着巨大的权力；二是权力过多集中于党委或常委会，而党委或常委会的权力又过多集中于个人，主要原因是境外微观权力主体的工作人员相对国内较少，党委会的运行制度不健全不完善，从而造成权力的过度集中；三是决策权、执行权与监督权分离不够，甚至有的境外微观权力主体内部混为一体，产生重大危害，成为滋生境外微观权力滥用和权力腐败的温床。

因此，必须要构建境外微观权力配置管理制度，优化境外微观权力结构，对境外微观权力进行科学合理的划分、配置，形成结构合理、功能优化、制约有效、监督有力的权力结构，从根本上解决权力过度集中的弊端。境外微观权力配置管理制度内容众多，十分庞杂，很多内容与其他制度存在交叉。在此只重点论述境外微观权力配置管理制度中的重要原则和重要方面，其他内容有的由于交叉关系放入其他章节进行重点论述，有的因为重要性因素不再述及。

（二）注重境外微观权力设置的层次性

从理论上看，实现权力的正常运行，实施少数人对多数人的管理，少数人对资源的有效控制，就要高度重视方法和策略。每种权力的能量都是有限的，其作用的范围也是有限的，只能支配一定范围内的人群，只能控制一定范围内的资源。超出了这些范围，权力也就失去了对权力客体和资源的约束能力。

境外微观权力设置的制度设计者有时是境外微观权力主体本身，这是要尽量避免的，原则上要由与境外微观权力没有直接关联的主体来承担制度设计者的角色，在其他章节中已有述及。在境外微观权力配置过程中，制度设计者（境外微观权力主体充当时尤为严重）在实践中存在以下趋势：想尽办法将权力客体或者可控制的资源在数量上进行有效分割，把绝对多数客体分割成许多相对少数，最终使得单次权力行为的客体成为绝对少数；同样也对可控制的资源进行有效分割，把总体资源划分为多个组成部门，并且可以根据权力行使需要进行多种组合，最终将单次权力行为所支配的资源限定在一定范围内，把权力行使的阻力也限定在一定范围内。

虽然上述做法和趋势从提高权力运行效率的角度看，成为不少理论界和实务界人士推崇扁平化管理，尽力降低和减少权力设置的层级的重要理由。但是，这种做法和趋势带来了权力层次过少、权力过度集中的问题。更为严重的问题是，接下来的权力配置管理中会产生深层次问题。制度设计者根据权力行使的范围，把权力客体或者可以控制的资源划分为许多层次，形成各级权力的不同管辖或行使范围，使权力从顶端向下层层传递。越往下，权力行使得就越具体，权力主体与权力客体的关系就越紧密，联系就越直接。从而较低层次的权力主体对权力客体和资源的支配和控制都是较高层次权力实现的保证，而较低层次的权力又是较高层次的权力所授予（当然这种授予的方式可以是法律法规、可以是其他位阶较低的规范性文件，比如内部规章制度等。在初级阶段，甚至是一些口头授予。授予形式对权力行使的影响是比较大的，在其他章节中将进行重点分析）。从应然角度讲，各层级的权力主体各行其职、各负其责、彼此制约、互相监督；从实然上看，这种情况下，就给了制度设计者选择和利用空间，境外微观权力主体成为制度设计者时就更为严重，制度设计者往往会减少权力层次，甚至直接面对权力客体，很多国有企业就在境外建立直属总部的分支机构，授权其大量权力和资源，这些分支机构往往成为境外微观权力滥用和权力腐败的重灾区。

因此，在境外微观权力配置管理制度构建中，要合理设置权力层级，赋予每一层次相对应的权力，既保证权力结构合理，权力运行高效，又保证权力制约有效，权力监督到位。

（三）注重境外微观权力管理的交叉性

从理论上看，政治权力是实行交叉支配的，即在同一层次上，根据权力客体所处领域的不同将其分成各个单位和各种组织，政治权力根据所处领域的划分实现交叉支配和控制，成为层级管理和控制的有效补充，从而形成整个管理体系的网络。比如县级人民检察院既要接受县委的领导，同时又要接受上级人民检察院的领导。这种权力管理体系网络在权力配置和权力运行中发挥重大作用，如果没有这种网络，权力管理和控制是无法有效实现的。但是，不可否认的是，这种权力的交叉支配会对权力的行使产生一些弊端，权力的行使过程中或多或少地要产生权力能量的消耗和方向的某种偏离，如何避免这些问题、减少这些弊端是公共管理学所研究的重要课题。反过来，可以成为加强权力制约监督的重要制度工具。

在这种情况下，一个权力主体可能要作用于多个权力客体，可能没有精力顾及全部权力客体；反过来权力客体要接受多个权力主体的支配和控制，从而也导致哪个权力主体都没有能力实现完全的支配和控制。比如一个国有企业的境外分支立构，如果建立对垒型权力模式，分设业务工作负责人和党务工作负责人，境外分级机构的内设部门在业务工作上要受业务工作负责人的领导，在党务工作上要受党务工作负责人的领导，无论业务工作负责人还是党务工作负责人都无法实现对某内设部门的完全控制和支配。在现实工作中，还有其他权力主体对内设部门发生作用，比如上级公司的对应部门、纪检监察部门、审计部门等。而且这些权力发生作用的程序和方式经过精心设计后更加有利于形成完善的制约监督体系。

（四）境外微观决策权与执行权分离制度

境外微观权力中的决策权、执行权与制约监督权的关系问题是加强境外微观权力制约监督必须要解决的重要问题，关于制约监督权将在其他章节另行研究，在此着重强调的是要实行境外微观决策权与执行权分离制度。按照决策权与执行权相互制约、相互监督的要求，优化境外微观权力主体与其他权力主体、境外微观权力主体内部的权力结构，明确不同权力主体掌握权力的性质、所处的地位、行使权力的程序和相互关系。在决策权与执行权分离的制度设计中，要着重把握以下原则：一是将决策权最小限度地授予境外微观权力主体。由于境外微观权力主体身处境外，在前文中已深入研究，指出了权力运行存在种种风险和挑战，决策权的特殊重要性质和滥用带来的严重危害决定了要最小限度地将其授予境外微观权力主体，将决策权最大限度地配置给处于国内的权力主体。由于权力性质的原因，执行权将不可避免地在境外，这种情况下决策权与执行权就顺利地实现了分离。二是对境外微观权力主体的决策权加强控制和监管。由于境外微观权力本身的需求，完全将决策权限制在国内是不可能的，也不利于权力运行和业务开展，毕竟身处境外的微观权力主体对各方面的情况最了解和熟悉，有利于作出更为科学合理的决策。这种情况下，要加强对境外微观权力主体所享有的决策权的控制和监管，其中一个重要原则就是适当分散境外微观权力主体的决策权力，防止决策权被少数个人和团体单独控制。最为关键的是，掌握决策权的境外微观权力主体不要负责决策事项的执行，要严格执行决策权和执行权分离的制度，加强决策权和执行权之间的制约监督，严格防止出现境外微观权力主体利用同时控制决策权和执行权的方式实施权力滥用和权力腐败行为。三是强化决策权对执行权的制约监督。在强化境外微观权力主体的执行能力和执行效率的同时，要进一步强化决策权对执行权的制约监督，如果权力特别重要，控制资源特别多，必须要考虑专门设立机构和人员将决策权中的监督权分离出来单独行使。决策权或者分离出来的监督权要对执行权实施有力的制约监督，决策权主体或者监督权主体要保证执行权主体严格按照权力运行程序和工作规则行使权力，完善细化工作流程，大力加强制度建设，克服执行权力部门化、个人化倾向，确保各项权力依法有序运行。

六、针对境外微观特权的制约监督制度

习近平总书记在中纪委十八届二次全会上强调指出："反腐倡廉建设，必须反对特权思想、特权现象。"习近平总书记在十九大报告中总结十八大以来五年的工作成就时指出："全面从严治党成效卓著。……出台中央八项规定，严厉整治形式主义、官僚主义、享乐主义和奢靡之风，坚决反对特权。"[1] 由此可见，习近平总书记对反对特权高度重视，将其视为全面从严治党的重要内容，同时也是严格执行落实中央八项规定和反对"四风"的重要成果。随着反腐败力度的不断加大、权钱交易空

---

〔1〕　习近平：《决胜全面建设小康社会　夺取新时代中国特色社会主义伟大胜利——在中国共产党第十九次全国代表大会上的报告》，2017 年 10 月 18 日。

间的日渐压缩，特权腐败作为腐败现象的一种特殊类型，逐渐成为腐败分子逃避法律惩处的避难所，在境外微观权力领域甚至发展成为愈演愈烈的广泛存在现象。更为严重的是，特权是权力的变异和脱轨，更多的是以制度化的面目出现的，从而成为腐败的制度根源，演变成为制度性腐败。因此，理论界必须对境外微观特权问题高度重视，深入研究分析，正面回答以下问题：特权是什么，具体危害是什么，到底是如何产生的，要如何加强制约监督达到消除特权思想、特权现象和特权行为的目的。

（一）境外微观特权及其主要危害

在十八届中纪委二次全会上，习近平总书记指出，在我们一些干部中，特权思想、特权现象还是比较严重的。应该说，特权思想、特权现象、特权行为在现阶段，在经济、政治、社会、文化、军事等各个领域还是不同程度地存在的，在有些方面和领域还是相当严重的。习近平总书记明确指出了特权的性质和现阶段反特权的基本指向、主要对象。从理论上进行分析，国内有学者提出，特权是指个人或集团凭借经济势力、政治地位、身份等而在经济、政治、文化等领域所享有的特殊权利或权力。[1] 在现实中，特权无序地扩展国家权力和公共权力的边界，将私利和潜规则强加到法律和制度的范围中，从而形成制度化的权力。正如有学者指出的，当前中国所反的特权首先和主要的是非公务性特权，即超越宪法、法律和党的纪律制度特别是政治纪律的"法外之权"，具体是指利用手中的权力谋取个人、家庭乃至集团私利的特殊权力。[2]

---

〔1〕 李守庸：《特权论》，湖北人民出版社 2003 年版，第 23 页。

〔2〕 乔德福：《一把手腐败治理研究》，法律出版社 2015 年版，第 221 页。

在实际调研过程中发现，由于所处的特殊工作环境、面临的特殊工作任务，境外微观特权思想、特权现象、特权行为在一定范围内是普遍存在的，产生的影响和危害非常严重，突出表现在以下几个方面：有的政府机关和国有企业的驻外机构给工作人员租用别墅或五星级酒店等豪华办公居住场所，购置大量高档车辆，提供衣食住用行等全方位的高端服务；在外事活动和日常工作生活中互相赠送高级礼品；在日常工作和活动中以外事活动为由进行旅游观光、休假疗养等高档职务消费；以安保工作为由雇佣大量安保服务人员，保证境外微观权力主体工作人员过着奢侈的生活；有的国有企业为境外微观权力主体工作人员及其亲属违规解决北京户口；甚至有的国有企业境外机构设立的目的之一就是为国有企业高层人员的配偶和子女在境外定居、留学提供服务。透过这些境外微观特权现象，可以分析出境外微观特权具有许多特征：一是趋利性。正如马克思对特权的两个著名论断：特权都是以私有财产的形式表现出来的；私有财产是特权即例外权的类存在。境外微观特权将政治上的特权更多地转化为经济上的现实利益，具体表现为庞大的职务消费和不合理的工作保障。二是多元性。境外微观特权的主体是多元的，既有境外微观权力主体的主要负责人、领导干部，也有普通工作人员；既有领导机构，也有派出单位；既有国家机关事业单位，也有大量的国有企业。三是制度性。境外微观特权一般都转化为规范性文件等软法形式，经过法定程序转化为制度化权力，甚至造成"一批政策制度出台，就会有一批干部发财"的可怕现象。四是复杂性。境外微观特权的形成是多种因素交织叠加相互作用产生的，形成原因非常复杂，运行过程非常复杂，治理特权同样是复杂的系统工程。

愈演愈烈的特权思想、特权现象、特权行为已引起人民群众的强烈不满，影响党和政府的威信，动摇党的执政基础和群众基础，产生了巨大的现实危害。法国学者西耶斯在《论特权》一书中对特权的危害进行了深刻的分析和批判，他认为：利益特权既表现了不公正的思想，又表现了最为荒诞悖理的思想，因为任何人也不应对法律未予禁止的事物拥有独一无二的特权，否则就是夺走公民们的一部分自由。同时，他强调指出，有人说过，对于获得特权的人来说，特权是优免，而对于其他人来说则是丧气。如果此话不错，那就得承认特权的发明乃是一种可悲的发明。让我们设想一个组织得尽善尽美、无比幸福的社会，要彻底搞乱这个社会，只要将优免给予一些人而使其他人丧气就足够了。[1] 由此可见，在政治和社会实践中，特权是一种违背法治理念、违反制度原则、背离社会利益、侵害公民权利的丑恶现象。它助长了权力崇拜和官本位思想，侵蚀社会公平正义，破坏社会信任，与社会发展的目标背道而驰。

境外微观权力领域的特权思想、特权现象和特权行为同样产生了巨大的危害。特权思想的根深蒂固，特权现象的层出不穷，特权行为的花样翻新，使境外微观权力运行背离了权力的本源和目的，使境外微观权力产生严重异化，甚至产生境外特殊利益集团和特权阶层。由于境外微观特权的趋利性，其权力主体想方设法谋取大量的私利，进行无度的职务消费，改善自身工作条件，提高自身生活待遇，严重侵蚀了国有资产和其他国家利益，加剧了国家和社会资源分配不公平、不合理，而且在一定程度上背离了境外微观权力设立的初衷和目的，严重影响了我国"一带一路"倡议的推行和海外利益的拓展。

---

〔1〕 张利生：《防治腐败简论》，中国方正出版社2016年版，第37页。

（二）境外微观特权成因分析

伟大思想家卢梭在其著名的论文《论人类不平等的起源及基础》中指出"人类的不平等表现在以下两个方面：第一个不平等表现为自然的或物质的，它取决于自然，既包括年龄、健康、体力方面的不平等，也包括心智的发展和心灵的成长；第二个不平等表现为道德的或政治的，道德的不平等是由某种习俗造成的，是人们在彼此生活的过程中约定俗成的，或者至少是在此基础上形成的。政治的不平等表现在各种特权的存在，有些人用这些特权，而其他人则成为特权的牺牲品，比如那些财富较多、手握强权的人，他们地位很高，凌驾于他人之上，甚至可以强迫人们为他们服务"。[1] 卢梭对特权的认识是非常深刻和独到的，深刻揭示政治的不平等与各种特权存在的关系，指出其发挥作用的基本方式。境外微观权力领域存在的特权思想、特权现象和特权行为，主要是由以下原因产生的：

1. 境外微观权力配置不科学合理。由于境外微观权力配置方面的立法不足、规定不具体、法律界定不清楚，导致部分境外微观权力主体拥有的权力过大，拥有规章制度等软法的制定权，不经过上级单位或派出单位审批同意就可以给自身设定权力、赋予利益。其充分利用软法制定权将这些特权和利益固定化、规范化和制度化，造成其对权力相对人或者其他境外微观权力主体工作人员的特殊优势地位，甚至在某些领域形成了境外微观特权利益集团和特权阶层。这对制度的权威性和公信力造成极其严重的侵蚀，严重影响其他制度执行和创新，使制度陷入僵化的状态，而且特权阶层和特权利益集团又极力维护特

---

〔1〕［法］罗曼·罗兰：《卢梭评传》，王晓伟译，中华工商联合出版社2018年版，第44页。

权和特权制度的存在，甚至要进一步争取扩大特权，极力阻止和反对制度创新和改革进步。

2. 对境外微观特权的制约监督不到位。虽然境外微观特权的制约监督难度很大，但是对境外微观特权的制约监督不到位是境外微观权力制约监督制度不健全不完善的必然结果和表现形式，是境外微观权力监察制度没有有效构建的必然结果和表现形式，也是产生权力滥用和权力腐败现象的重要原因。对境外微观特权的制约监督不到位的主要原因和表现有：一是从体制内到权力相对人反对特权的意识不强，存在面对特权不敢说、不愿说的情况，这种情况的存在与拜金主义思潮和人情社会观念密切相关。这就造成对境外微观特权不愿制约监督的情形普遍存在。二是境外微观权力运行不公开、不透明。境外微观权力公开运行缺乏规范化、制度化，导致权力行为封闭运行，财务和保障不透明，暗箱操作现象十分突出，信息公开不具体、不规范，缺乏制度化、规范化、科学化的公开机制。这就使得权力相对人和社会公众对境外微观特权因为不了解情况而无法监督。

3. 对境外微观特权的惩处难度大。正如有学者指出的，特权有满足掌权者私欲私利的好处，却没有被当作腐败查处的风险。特权不是腐败，腐败一经查实，就是犯罪；特权则不然，它往往有制度保护，至少有潜规则保护，而且经常表现为集体行为。[1] 境外微观特权涉及面广，不仅境外微观权力主体的主要负责人，其领导班子成员甚至普通管理人员都可能涉及，因此惩处的难度更大。笔者尚未搜集到因境外微观特权被追究刑事责任的案例，司法实践对境外微观特权行为和特权现象过于宽容、过于迁就，治理缺乏力度，惩罚"失之于宽、失之于

---

〔1〕 乔德福：《一把手腐败治理研究》，法律出版社 2015 年版，第 231 页。

软"。

（三）治理境外微观特权的制度对策

前文对境外微观特权的成因已经作出分析，治理境外微观特权就要对症下药，比如完善法律制度、准确界定权力、加大公开力度等。但是从专门针对境外微观特权的制度对策角度，对于境外微观权力，必须要明确境外微观权力主体与权力相对人之间的平等地位，明确境外微观权力制约监督主体之间的平等地位，必须要采取有效措施，构建有效制度来保证这种平等地位，防止境外微观权力运行中出现特权现象。要着重指出的是，境外微观权力主体与权力相对人虽然法律地位是平等的，但可能存在从总体上看二者权力义务趋向于平衡，而权力结构和功能不对称、权利义务不对等的情形。针对具体的某一项境外微观权力，在特定时间范围内，权力主体和权力相对人的权力义务是不平衡的，而且这种不平衡是严重的，会使得权力主体获得大量利益和资源。虽然多种关系结合在一起，但综合来看权力主体和权力相对人的法律地位应该是平等的，这必须引起高度重视，重点予以解决。

如何实现这种地位平等呢？权力主体和权力相对人经由制度安排通过博弈和制度选择在互动当中实现平衡，这种平衡是一种动态平衡，是一种发展趋势。实现动态平衡所依靠的制度就是权力的制约监督制度。具体来讲，要重点做好以下工作：一是充分发挥境外微观权力各种力量的制约监督作用，加强权力的规范运行，形成对特权强有力的制约监督。严格控制在一定情况下甚至禁止境外微观权力主体制定出台赋予自身及其工作人员的特殊工作条件或生活便利的规章制度。将这些规章制度的起草制定职权赋予境外微观权力主体的上级权力主体甚至更上一级权力主体，或者赋予境外微观权力主体的上级权力主体和更上一级权力主体严格审核权，对境外微观权力主体实施严格的制约监督。二是建立健全对境外微观权力相关制度的评估和审查制度，全面审查和纠正制度在制定原则、制定依据、权力配置、运行程序、过程管理和制约监督等方面的问题，对那些制造特权或者给特权滋生提供便利条件的制度进行坚决清理，增强制度的科学性和合理性，从源头上防止出现"屁股指挥脑袋"现象出现，防止特权的存在和蔓延。三是提高制度制定者的能力和水平，对境外微观权力主体的权力和权力相对人的权利进行准确的定位，最大限度地减少利益漏洞，在制度创新工作中尽力减少新制度与旧制度、新制度与新制度之间不衔接、不配套的问题。

七、针对隐蔽性境外微观权力的制约监督制度

前文已经深入研究权力的隐蔽性，述及境外微观权力运行公开制度的例外，这就产生了对隐蔽性境外微观权力的控制和监管问题，也是一个亟须解决的重大课题。在调研过程中发现，由于境外微观权力存在的许多工作领域涉及大量国家秘密和商业秘密，政府机关、事业单位和国有企业的驻外机构从事的大量工作任务都是涉密任务，大量工作事项都是涉密事项，隐蔽性权力在境外微观权力中占有较大比重。因此，很有必要专门拿出一整节的篇幅来论述和研究隐蔽性境外微观权力制约监督制度，以此来回应其在境外微观权力控制和监管工作中的重要性和特殊性。

在此先明确以下内容：一是除权力本身的性质、权力相关的信息公开制度，以及与权力信息公开制度密切相关的制度外，隐蔽性境外微观权力要严格适用境外微观权力制约监督基本制度和其他配套制度措施。二是本书在此只论述和研究针对隐蔽性境外微观权力制约监督的特殊性制度措施，此节中均简略使用相关描述文字。

（一）准确界定权力

对于隐蔽性境外微观权力，一经明确其性质，就要准确界定隐蔽性境外微观权力的范围，准确加以量化，明确每一个权力主体的权力和权力量。在这里要强调以下几点：一是隐蔽性境外微观权力主体可能有多项权力，而其可能只有部分权力或者一项权力不能公开，不能列入权力清单，所以必须将隐蔽性权力单独界定出来，加以量化，其余权力必须要进行公开。二是隐蔽性权力存在时间性，因此必须要明确隐蔽性权力的起止时间，在起止时间之外隐蔽性权力就转化为普通的境外微观权力，必须严格适用境外微观权力制约监督的各项基本制度和配套制度措施。三是隐蔽性权力上级单位或者中立机构严密掌握隐蔽性权力的审查确认权，负责对隐蔽性权力进行严格审查，只有经过严格审查确认手续，才能确认为隐蔽性境外微观权力，有力防止隐蔽性权力扩大以及境外微观权力主体故意隐藏有关情况逃避控制和监管。

（二）合理分散权力

由于隐蔽性权力的特殊性质——不能对外公开，不能纳入权力清单，因此对隐蔽性境外微观权力的外部制约监督和公众制约监督的手段和空间严重不足，对隐蔽性境外微观权力的控制和监管难度相应增加，这种情况下就必须加强对隐蔽性权力的内部制约监督。合理分散权力就显得尤为重要，成为当务之急。中国古代政治制度已经将监察权同行政权区分开来，用一种独立权力对另一种权力进行监察。近代西方三权分立的政治制度也运用了权力制约权力的原理，来实现对权力的监督。以权力制约权力，而且相互制约的权力要有同等地位，这样才能有效发挥作用。解决这一问题，达到目的的方法和手段有多种，在此只介绍最为关键的一项：原则上要在隐蔽性境外微观权力主体的内部建立对垒式权力结构。

同其他权力主体一样，境外微观权力主体内部包括四个方面的结构，按照层层递进的排序依次为组织结构、功能结构、权力结构和利益结构。境外微观权力主体的设立目的决定其功能结构，功能结构决定组织结构。而境外微观权力主体的权力结构是指其内部的各部分组织和各部门工作人员之间相互制约、相互监督、相互影响、相互作用的状况和各组织的功能实际发挥作用的状况。根据北京大学李景鹏教授的观点，政治主体结构的模式是多种多样的，比较常见的模式有阶梯式结构、宝塔式结构、放射型结构、对垒式结构等。[1]

原则上要在隐蔽性境外微观权力主体的内部建立对垒式权力结构。这里的对垒式权力结构是指在境外微观权力主体内部设立或形成两个或多个彼此对立和斗争的营垒，在此只是学术研究，在构建制度过程中要在文字和表述上进行处理。这虽然是比较冒险甚至是极端的做法，是以影响甚至是牺牲权力运行效率为代价的，但是由于在境外微观权力主体内部设立了尖锐的对立面，其内部任何一个团体或者工作人员都处于强有力的制约监督中，无法滥用自身手中的权力，产生权力腐败的概率极低。

在境外微观权力主体内部设立对垒式权力结构的主要做法有：将决策权与执行权分离，实现掌握决策权的境外微观权力主体工作人员与掌握执行权的境外微观权力主体工作人员的对垒；赋予纪检监察、审计或者财务等部门独立的地位、强有力

---

[1] 李景鹏：《权力政治学》，北京大学出版社2008年版，第25页。

的职权，实现制约监督权与决策权、执行权的对垒；严格实行双首长负责制，实现两位首长及其所分管的部门之间的对垒；将执行权流程进行深入研究分段，实现掌握各段权力的境外微观权力主体部门和工作人员之间的对垒。

在对垒式权力结构下，各种境外微观权力的相互制约、相互监督、相互影响、相互作用可以沿着境外微观权力主体设立的目的方向运行，也可以沿着违反其目的的方向运行，关键是如何引导和把握权力运行的方向。要充分发挥境外微观权力主体的能动性，在把握大局和大势的前提下，合理设定权力结构，分散微观权力，构建完善的隐蔽性境外微观权力制约监督制度，达到对隐蔽性境外微观权力控制和监管的目的。

（三）强化程序控制

针对隐蔽性境外微观权力主体存在的控制和监管难题，在强化程序控制方面可以在以下方面用力：

1. 尝试建立重要事项复决制度。这是对隐蔽性境外微观权力中的决策权的制约监督制度。主要是指针对隐蔽性境外微观权力中的重要事项，在决策完成之后，甚至是执行完成之后，隐蔽性已经消失或者大幅减弱后，由境外微观权力主体的上级单位或者指定机构对决策事项再次进行研究，确定决策是否正确合理科学。如果发现正在执行的相关事项有决策不正确、不合理、不科学之处，要立即停止执行，及时采取补救措施。而且，隐蔽性境外微观权力主体将更为审慎地进行决策，决策权滥用和决策权腐败将得到有效遏制。

2. 执行过程中严格实施两人以上共同执行制度。隐蔽性权力要将执行权力进行细化分割，分别配置给两个以上人员执行，使得行使隐蔽性境外微观权力的工作人员之间互相制约监督。在人员选定上严格选择程序，随时抽取执行人员，临时调整执行人员，定期更换执行人员，防止出现串通合谋权力滥用和权力腐败现象。同时，积极支持和鼓励执行人员对其他执行人员进行制约监督，畅通情况反映渠道，保护情况反映人员。

3. 组建强有力的纪检监察、巡视、财务和审计部门。要大力贯彻落实隐蔽性境外微观权力主体的纪检监察、巡视、财务和审计部门的垂直领导制度，独立保障纪检监察、巡视、财务和审计部门的人、财、物配备，切断纪检监察、巡视、财务和审计工作人员与隐蔽性境外微观权力主体本身的利益关联，克服利益冲突的体制弊端，让他们更放手地对隐蔽性境外微观权力实施有效制约监督，切实改变"处处高压线、处处不带电"的制约监督不力的情况。

（四）严格配套制度

由于隐蔽性境外微观权力公开运行制度缺失、外部制约监督制度缺失等诸多问题，隐蔽性境外微观权力制约监督配套制度要严格制定、严格执行、严格问责，确保隐蔽性境外微观权力控制和监管到位。要明确隐蔽性境外微观权力的配套制度措施实行最严格标准、最严格程序、最严格问责，作出制度性规定。比如：在隐蔽性境外微观权力主体工作人员个人财产清查制度的制定过程中，要扩大个人财产清查的范围和频率；比如在隐蔽性境外微观权力主体工作人员个人有关重要事项报告制度的执行过程中，要进一步细化、深化个人重要事项的范围，实施全面覆盖的核查制度，增加核查的数量和频次。

八、针对境外微观权力主体主要负责人的制约监督制度

（一）加强对境外微观权力主体主要负责人制约监督的重要意义

2013 年，习近平总书记在中国共产党第十八届中央纪律检查委员会第二次全体会议上指出："要加强对一把手的监督，认真执行民主集中制，健全施政行为公开制度，保证领导干部做到位高不擅权、权重不谋私。"2016 年，习近平总书记在党的十八届六中全会第二次全体会议上再次强调指出："在领导干部中，发挥好'一把手'在贯彻落实准则、条例上的示范表率作用，对管理好领导班子和领导干部具有重要意义。要加强对'一把手'教育的针对性、管理的经常性、监督的有效性，促使各级'一把手'带头遵守党章党规和宪法法律，认真贯彻执行民主集中制，不断增强党性修养，做到位高不擅权、权重不谋私。"2013 年，党的十八届三中全会作出《中共中央关于全面深化改革若干重大问题的决定》，明确提出：规范各级党政主要领导干部职责权限，科学配置党政部门及内设机构权力和职能，明确职责定位和工作任务。加强和改进对主要领导干部行使权力的制约和监督，加强行政监察和审计监督。[1] 党的十九届四中全会作出的《中共中央关于坚持和完善中国特色社会主义制度 推进国家治理体系和治理能力现代化若干重大问题的决定》指出："健全党和国家监督制度。……重点加强对高级干部、各级主要领导干部的监督，完善领导班子内部监督制度，破解对'一把手'监督和同级监督难题。"[2]

这些重要论断充分反映出习近平总书记对一把手的教育、管理和监督高度重视，多次做出重要指示，提出明确要求，明确工作方向。加强对一把手的教育、管理和监督至少具有三个方面的重要意义：一是让一把手发挥在严格遵守规章制度方面

---

〔1〕 《中共中央关于全面深化改革若干重大问题的决定》，2013 年 11 月 12 日。

〔2〕 本书编写组：《中共中央关于坚持和完善中国特色社会主义制度 推进国家治理体系和治理能力现代化若干重大问题的决定 辅导读本》，人民出版社 2019 年版，第 43 页。

的模范带头作用，以上率下，对微观权力主体的党员、干部发挥巨大的示范作用。二是加强对掌握重要权力、控制重要资源的一把手权力的制约监督，做到位高不擅权，权重不谋私，可以说管住了微观权力主体的一把手，对微观权力的控制和监管就完成了最重要的一部分任务。三是通过加强对一把手的教育、管理和监督，健全完善对微观权力主体一把手的制约监督，让微观权力主体的一把手形成规范行使权力的良好工作习惯，成为加强微观权力主体制约监督的重要推动力量和实施力量，最终从整体上加强微观主体的权力制约监督工作，形成对微观权力的严格有效控制和监管。

（二）境外微观权力主体主要负责人权力运行风险的主要表现

权力过于集中于一把手的问题，党内很早就有察觉，邓小平同志在1980年中央政治局扩大会议上讲到：“关于国务院负责人人选的调整，中央做这样的考虑，原因是什么呢？一是权力不宜过分集中。权力过分集中，妨碍社会主义民主制度和民主集中制的实行，妨碍社会主义建设的发展，妨碍集体智慧的发挥，容易造成个人专断，破坏集体领导，也是在新的条件下产生官僚主义的一个重要原因。”[1]

在调研过程中，笔者发现境外微观权力主体主要负责人存在以下问题：权力配置过于集中，不够科学合理；权力运行不够透明，存在暗箱操作；权力监督不到位，缺乏有力制约等等。权力配置过于集中的问题主要体现在境外微观权力主体主要负责人常常将财权、人权和事权集于一身，将决策权、执行权和

---

〔1〕 中共中央党校教务部编：《十一届三中全会以来党和国家重要文献选编》，中共中央党校出版社2008年版，第53~54页。

监督权集于一身。权力运行不够透明主要体现在主要负责人权力获得过程不公开、不透明，权力行使程序不公开、不透明，权力行使过程不公开、不透明，权力运行结果不公开、不透明。权力制约监督的缺失和乏力主要体现在：上级单位由于远在国内，空间物理距离过大，导致制约监督手段缺乏，制约监督力度不足，很多情形下鞭长莫及，使得制约监督流于形式。由于许多境外微观权力主体规模不大，从成本控制和效率提高的角度难以设置专门的、具备一定规模和相当工作能力的专门制约监督机构和人员。通过深入考察境外微观权力主体内部的专门制约监督机构和人员，有的单位存在虚置情况，有的单位甚至没有设立，设立之后独立性也不够，制约监督能力十分有限。更为严重的是，考察近30年境外微观权力主体腐败案件，境外微观权力主体主要负责人的权力滥用和权力腐败呈现高层化、扩大化、多样化、潜规则化和经济损失巨额化的趋势。

（三）加强对境外微观权力主体主要负责人制约监督的主要思路

习近平总书记深刻指出："我们查处的腐败分子中，方方面面的一把手比例不低。这说明，对一把手的监督仍然是一个薄弱环节。由于监督缺位、监督乏力，少数一把手习惯了凌驾于组织之上、凌驾于班子集体之上。……要加强对一把手的监督，认真执行民主集中制，健全施政行为公开制度，保证领导干部做到位高不擅权、权重不谋私。"[1] 习近平总书记对国有企业坚持党的领导、加强党的建设有明确要求："要突出监督重点，

---

〔1〕习近平："依纪依法严惩腐败，着力解决群众反映强烈的突出问题"，载中共中央文献研究室编：《十八大以来重要文献选编》（上），中央文献出版社2014年版，第136页。

强化对关键岗位、重要人员特别是一把手的监督管理，完善‘三重一大’决策监督机制，严格日常管理，整合监督力量，形成监督合力。"[1] 这里的"三重一大"是指重大决策、重要人事任免、重大项目安排和大额度资金运作。

习近平总书记的重要论断和指示要求同样适用于境外微观权力领域和境外微观权力主体主要负责人。由于境外微观权力主体的一把手远离上级单位或者派出单位一把手的控制和监管，因此必须要构建更为严格周密的制度，采取更为严格的措施来贯彻落实习近平总书记的指示要求。有学者将一把手权力过大的问题概括为："一把手在党委领导班子中处于核心地位，在行政领导班子中处于统帅地位，在决策中处于主导地位，在实施决策中处于指挥地位。"[2] 前文列举案件中的王雪冰、陈久霖和陈波无一不是手握重权的一把手，经常作出重大决策、重要人事任免、重大项目安排和大额度资金运作，但是对他们的制约和监督均存在严重的乏力甚至缺失问题，对这些重要的权力行为缺乏严密有效的事前和事中控制，而对他们经常出现的大量权力滥用和权力腐败行为事后没有作出任何有实质意义的反应。更为严重的是，这些境外微观权力主体的主要负责人都是大权独揽、独断专行的典型，他们自身拥有充足的打破权力制约监督，突破权力控制和权力监管的原动力。现实中甚至出现陈久霖架空上级单位任命的党委书记，两次更换上级单位派驻的财务经理等严重问题。这些情况与学者们总结概括的问题相当吻合：有些一把手家长制作风严重，习惯凌驾于集体组织之

---

[1] 习近平：《习近平谈治国理政》（第二卷），外文出版社 2017 年版，第 177 页。

[2] 于学强："'一把手'腐败：原因与防治"，载《中共四川省委省级机关党校学报》2010 年第 3 期。

上，把权力作为谋取个人经济、政治利益的工具，权力一把抓，决策一言堂，用人一句话，民主一霸主，甚至一把手遮天，独断专行，为主导集体腐败提供了可能。[1] 这就要求在加强境外微观权力控制和监管中，要高度重视对境外微观权力主体主要负责人的制约监督。

《关于新形势下党内政治生活的若干准则》对下级组织主要领导干部权力的控制和监管工作作出明确规定："坚持授权者要负责监督，发现问题要及时处置。强化上级组织对下级组织特别是主要领导干部行使权力的监督，防止权力失控和滥用。"[2] 对于境外微观权力主体主要负责人，授予其权力的上级组织或派出单位要严格履行制约监督职责，实际上其上级组织或派出单位制约监督能力最突出，制约监督作用最有效。

在紧紧依靠上级组织或派出单位对境外微观权力主体主要负责人制约监督的基础上，统筹推进其他制约监督措施共同发挥整体合力。经过认真学习借鉴对一把手权力制约监督的研究成果，深入研究思考提出多项加强境外微观权力主体主要负责人制约监督的制度措施，应该说这是一个内容极为丰富的研究课题，更是境外微观权力控制和监管的一大难题，由于本书研究的篇幅所限，在此仅提出加强对境外微观权力主体主要负责人制约监督的一些思路：

1. 加强对境外微观权力主体主要负责人权力的控制和监管，严格规定在权力大、资源多、责任重的单位实行双首长负责制度。从本质上讲，这是对境外微观权力主体领导班子内部的制

---

〔1〕　汪太理、邝良宇、危雍熙主编：《中外反腐败史鉴》，中国人民公安大学出版社1991年版，第298页。

〔2〕　中共中央办公厅、中央"不忘初心、牢记使命"主题教育领导小组办公室编：《中国共产党党内重要法规汇编》，党建读物出版社2019年版，第60页。

约监督，是破解对一把手制约监督和同级制约监督难题的重要制度。设定一位首长负责业务工作，另一位首长负责党务行政工作。两位首长之间要互相支持、互相配合才能有效开展工作，任何一位首长都无法单独行使权力，控制重大资源，如此便达到了彼此制约监督的目的。双首长负责制度不可避免地将增加权力运行的成本，甚至会大幅降低权力运行的效率。该制度实际上是坚持底线思维的制度成果，只有其他制度措施无法有效发挥作用时才能使用，而且必须要限定在一定范围内实施，严格限定在权力大、资源多、责任重的驻外机构，反过来在这个范围内，也必须要实行双首长负责制度；而在境外微观权力行使事项方面，也必须限定在一定范围内实施，换言之，双首长负责制的境外微观权力主体内部不是所有的事项都需要双首长同意，要采用制度化的方式科学合理确定行使范围。在双首长负责制度明确后，最为重要的一点就是高效运用境外微观权力量化制度，结合微观权力性质和微观权力所处环境，科学合理确定双首长负责制度的实行范围和实行标准。比如如果确定实施范围是"三重一大"，就要对"三重一大"进行深入研究，科学合理确定其基本内容。

2. 明确规定境外微观权力主体主要负责人不直接分管人事和财务工作等容易出现权力滥用和权力腐败的工作领域。严格实施主要负责人不直接分管财务、干部人事、工程建设、项目审批、物资采购等工作制度，而是由副职具体管理，主要负责人负责宏观领导。在具体操作层面，要建立多人签字制度，由主要负责人集权制的"一支笔"审批机制改为领导班子成员共同签字，从而强化了副职具体管理，赋予境外微观权力主体的副职和人事、财务部门更多的制约监督权力和资源，而主要负责人只负责宏观指导，使决策权、执行权、监督权相分离，形成相互制约、相互监督的权力运行机制。境外微观权力主体的副职对主要负责人的行为和表现最有发言权，制约监督的力度较大，但现实中要么慑于领导权威不敢制约监督，要么是利益共同体不愿制约监督，即使对一把手有意见也不愿不敢公开提出来。落实境外微观权力主体主要负责人不直接分管重要领域制度后，可以在一定程度上减少甚至避免出现上述情况，而且还能充分调动副职等领导班子成员的工作积极性，促进境外微观权力主体业务工作和党建工作的顺利开展。

3. 建立健全境外微观权力主体内部的纪检监察、审计机构由上级单位垂直领导的制度。境外微观权力主体的纪检监察、审计机构大多数实施双重领导体制，这些机构与境外微观权力主体主要负责人和其他副职形成事实上的上级和下级隶属关系，这些机构的财政权和人事权被境外微观权力主体主要负责人和其他副职影响或掌握，使这些制约监督主体缺乏独立性、权威性，造成同级制约监督环节上的无力制约监督和不敢制约监督问题。在调研中发现，一些境外微观权力主体长期忽视纪检监察工作的重要作用，由此产生了重大危害。例如，2015 年中央巡视组第二轮专项巡视中，就发现华润总公司原主要负责人宋林在任期间弱化、虚化、淡化党的作用，长期不设纪检监察机构，一些"三重一大"事项未经集体决策，选人用人缺乏规范。[1] 这种情况下境外微观权力主体内部出现事前基本没有制约监督，事中基本难以制约监督，事后基本不能制约监督的严重问题。因此，为了防止制约监督权受制于决策权和执行权，

〔1〕 李莉、云翀："双重逻辑视野下的国企高管廉洁治理研究：基于 170 个案例的分析"，载陈明明主编：《反腐败：中国的实践》，复旦大学出版社 2017 年版，第 71 页。

就要让这些行使制约监督权的专门部门拥有在境外微观权力主体内部的超然地位，拥有相当程度的独立性。最有效的办法就是让纪检监察、审计机构摆脱所在境外微观权力主体的束缚，实行垂直领导制度，上级单位或派出单位大力支持和有力指导下级纪检监察和审计机构有效开展制约监督工作；另一方面下级纪检监察和审计机构又成为上级单位或派出单位对境外微观权力主体主要负责人制约监督的重要抓手，发挥对境外微观权力主体主要负责人权力行为的控制和监管作用。

境外微观权力的控制和监管要抓住掌握和控制核心权力的"关键少数"，这里的"关键少数"主要就是境外微观权力主体的主要负责人和一些关键岗位的管理人员，对于后者同样应构建完善的制度去制约监督，而且对后者的制约监督制度有效建构之后，将对境外微观权力主体主要负责人的制约监督发挥重要作用。前文从防止出现系统性、塌方式腐败的角度，着力破解境外微观权力主体主要负责人的制约监督难题，提出了一些制度措施。这些制度措施既治标又治本，抓住了关键，能够发挥引领和示范作用，对规范境外微观权力运行，遏制境外微观权力腐败，营造良好的政治生态大有助益。但是我们也应当注意，一方面要让境外微观权力主体主要负责人有权必有责、有责要担当、用权受监督、失责必追究；另一方面同样不容忽视，必须要给境外微观权力主体主要负责人一定程度的信任激励，提供制度化的优良的工作保障和生活保障，充分调动其积极性、主动性和创造性。

第七章　境外微观权力制约
监督配套制度措施研究

习近平总书记指出："正是从历史经验和现实需要的高度，党的十八大以来，中央反复强调，改革开放是决定当代中国命运的关键一招，也是决定实现'两个一百年'奋斗目标、实现中华民族伟大复兴的关键一招，实践发展永无止境，解放思想永无止境，改革开放也永无止境，停顿和倒退没有出路，改革开放只有进行时、没有完成时。"[1] 本书研究的境外微观权力控制和监管领域，既是全面从严治党和全面依法治国向纵深推进的重要着力点，更是全面深化改革的重要领域之一。必须要针对境外微观权力，加强全面深化改革，构建系统完备、科学规范、运行有效的制度体系，使各方面制度更加成熟更加定型，提高境外微观权力的控制和监管能力。

但是我们也要清醒地认识到，仅仅依靠权力制约监督的基本制度，是无法控制和监管境外微观权力的，更谈不上良好驾驭境外微观权力。配套制度措施的不完善会导致境外微观权力制约监督制度执行力大幅度下降，引起制度执行的宽松软问题滋生，从而产生权力滥用甚至严重的权力腐败行为。境外微观

---

〔1〕　习近平：《习近平谈治国理政》，外文出版社 2014 年版，第 71 页。

权力制约监督规章制度制定和执行得过于严格周密又容易导致权力运行效率降低、权力运行成本过高，相关配套制度措施如果不能及时跟进，甚至可能导致境外微观权力主体丧失工作的积极性和主动性，将对"一带一路"倡议的深入实施和海外利益的拓展产生重大危害，影响中国特色社会主义建设和中华民族伟大复兴的历史进程。因此必须在建立完善的境外微观权力制约监督体系的同时，建立健全配套制度措施，二者相互结合、相互补充、相得益彰，最终形成系统完备、运行高效的境外微观权力制约监督制度和配套制度体系，达到最优政治效果、经济效果、社会效果和国际效果。下一步，应当通过法治方式构建制约监督权力的制度体系，将境外微观权力制约监督的基本制度和配套制度措施发展成为国家监察法治体系和党内法规制度体系的重要组成部分，成为加强境外微观权力控制和监管的中流砥柱。

境外微观权力制约监督配套制度措施包括众多内容，由于本书研究篇幅所限，在此提出几项重点配套制度措施，进行深入研究分析。

一、境外微观权力主体工作人员选派制度

境外微观权力主体选派什么样的人员去境外工作，主要是选派什么样的干部去境外工作，其实就是境外微观权力主体的上级单位和组织人事部门为境外微观权力主体配备什么样的干部。习近平总书记指出："党和人民把国有资产交给企业领导人员经营管理，是莫大的信任。"[1]那国家把在境外的资产交给境外微观权力主体工作人员去管理，把复杂敏感的境外事务交

---

〔1〕 习近平:《习近平谈治国理政》（第二卷），外文出版社 2017 年版，第 177 页。

给境外微观权力主体工作人员去处理，更是莫大的信任，是沉甸甸的责任，尤其是对这些掌握和控制巨大经济资源的国有企业。选派体制内掌握国内公共权力的干部去境外工作，掌握重要的境外权力，控制庞大的境外资源，工作环境、工作任务、工作要求发生较大变化，选派标准、选派程序等必然与普通国内干部的选拔不同，必须要深入进行研究，构建系统完善，符合实际，切实可行的境外微观权力主体工作人员选派制度。在此为了表述方便简洁，境外微观权力主体工作人员用干部来概括。构建境外微观权力主体干部选派制度实际上是要为境外微观权力主体把好干部的入口关，如果选派的干部本身就有问题，如王雪冰这种在国内工作期间就存在严重问题的腐败分子被派往境外工作，本身就是冲着享乐安逸去的，甚至是冲着贪污腐败去的，那么境外微观权力控制和监管一旦出现薄弱环节，就会出现严重的权力滥用和权力腐败现象，前文中提出的境外微观权力制约监督基本制度就无法有效贯彻实施，执行效果将大打折扣。

党的十九大强调要建设高素质专业化干部队伍，坚持党管干部原则，坚持德才兼备、以德为先，把"信念坚定，为民服务，勤政务实，敢于担当，清正廉洁"标准落到实处。构建有效管用、简便易行的选人用人机制，使各方面的优秀干部充分涌现。对于国有企业干部工作，习近平总书记强调，要坚持党管干部原则，保证党对干部人事工作的领导权和对重要干部的管理权，保证人选政治合格、作风过硬、廉洁不出问题。[1] 从根本上讲，就是要坚持党的组织路线，着力培养忠诚干净担当

---

〔1〕 习近平：《习近平谈治国理政》（第二卷），外文出版社 2017 年版，第 178页。

的高素质干部，着力集聚各方面优秀人才，坚持德才兼备、以德为先、任人唯贤。

相对于国内干部的选拔任用，境外微观权力的干部选拔任用要有特殊的要求和标准，除了注重专业能力、专业精神，能够较快适应境外岗位，比如外语水平较高、业务专业能力较强之外，最为关键的是要突出政治标准，选拔忠诚干净有担当的干部，能经受住困难、诱惑的考验，还要在法治上、作风上、管理上提出更多更高的要求。这些要求要转化为选派工作制度，依靠选派工作制度落实，在选派标准、选派程序上下足功夫，从严掌握，确保境外微观权力掌握在具有良好素质和较高素养的人手中，建立好正确和规范行使境外微观权力的起点。在此主要研究境外微观权力主体的干部选拔任用的特殊要求和标准，有针对性地提出选拔任用这些符合特殊要求和标准的干部的工作制度。

（一）具有良好法治理念和法治素养

控制权力，要把权力关进制度的笼子里，把厉行法治作为根本之策，解决好权大还是法大这个真命题。这就要求境外微观权力主体工作人员要牢固树立法治理念。正如有的法学家所提出的：天行有道，人间有正气，这种正气就是一种正义精神。一个优秀的法律人应当是一个充满正义感的人。法律是这种精神的最充分体现，法律人也应始终保持这种正义感，秉持法律至上的理念，信仰法律，忠于职守，廉洁公正，不徇私情。[1]对境外微观权力主体工作人员的要求要同对党员领导干部的要求一样，大力提高运用法治思维与法治方式的能力，党委政府和领导干部要带头守法，公务人员要有法治精神与法治理念，

---

〔1〕 王利明：《法治：良法与善治》，北京大学出版社 2015 年版，第 339 页。

要将法治作为治国理政的基本方式，善于运用法治思维和法治方式看问题、做决策、办事情，以法治深化改革，以法治推动发展，以法治化解矛盾，以法治维护稳定。[1] 由于处于特殊的工作环境，面临特殊的工作任务，境外微观权力主体工作人员要像法律人一样，保持这种正义感，具有良好法治理念，行使好权力，保护好自己，维护好利益。

在中美全面战略博弈的大背景下，境外微观权力主体工作人员拥有良好的法治理念和法治素养，杜绝各种类型的权力滥用和权力腐败行为，对保护国家海外利益极为重要。这是因为，美国特别擅长运用《反海外腐败法》等法律，大肆行使域外管辖权，运用国家秘密力量，寻找经济竞争对手的腐败行为，从而打压经济上的竞争对手。法国对外安全总局前情报总监、经济情报前高级负责人、法国经济情报研究院院长阿兰·朱耶在法国阿尔斯通高管弗雷德里克·皮耶鲁济所著的《美国陷阱》一书的后记中写道："读过这本书后，法国国有企业和私有企业的管理者便能掌握相关知识，真正理解美国为了赢得胜利、实现本国目标所能采取的方法与手段。事实上，通过颁布一系列法案，美国已经逐步拓宽了反腐败的斗争范围和斗争内容。美国凭借自己的情报机构，发动了战争机器，可以起诉任何不遵守美国单方面法规的人。的确，依靠美国国家安全局的窃听技术，美国作为'世界警察'，行动更加方便！"[2] 法国等欧洲国家早已认清美国利用欧洲国家跨国公司的腐败行为，滥用其法律和道德，将其作为经济武器，打击经济上的竞争对手。西方

---

〔1〕《建设社会主义法治国家》，人民出版社、党建读物出版社 2019 年版，第 229 页。

〔2〕［法］弗雷德里克·皮耶鲁济、马修·阿伦：《美国陷阱》，法意译，中信出版集团出版社 2019 年版，第 340 页。

国家之间尚且如此，美国等西方国家对我国的境外微观权力主体及其工作人员的权力滥用和权力腐败行为肯定会倾注更多的精力。美国等西方国家大力搜集我国境外微观权力主体及其工作人员的权力腐败行为，作为维护其国家利益，加强外交斗争的工具和手段，对我国华为等高科技公司的攻击和打压就是典型案例。一旦境外微观权力主体及其工作人员的权力腐败行为被这些国家掌握，不仅会给我国海外利益造成重大风险和危害，而且会造成我国外交工作被动，成为有些国家攻击我国"一带一路"倡议，抹黑党和国家形象、社会主义制度的借口。

境外微观权力主体工作人员仅仅有法治意识还不够，还必须知法懂法，业务精良，具备相当的法治能力和法治素养，形成良好的法律思维，在行使权力时要充分运用法律手段，处理法律问题时能够做到逻辑严谨、分析缜密。这就要求我们必须选派法治素养好、依法办事能力强的干部，尤其是在选派境外微观权力主体主要负责人时，因为他们要认真履行本单位、本部门法治建设、制度建设的第一责任人职责。掌握境外微观权力的干部要熟悉所在国家和地区的法律，娴熟运用法律武器维护海外利益和开拓境外业务，绝对不能出现王雪冰在中国银行纽约分行犯下的低级错误。

境外微观权力主体工作人员可以逐步实施从通过国家法律职业资格考试的人中选派的制度，如果条件不成熟的单位，可以要求选派人员中通过国家法律职业资格考试的人员数量不低于30%至50%。要有相应的排除规定，如果拟选派人员在工作过程中发现存在法治观念淡漠、法治能力不强问题，要坚决将这些人员排除在选派人员之外。大力推进境外微观权力主体工作人员到岗前法律资格考试制度，推动实施年度述法制度，构建法治宣传教育制度，教育引导境外微观权力主体工作人员提高法治意识，自觉抵制和消除特权思想，深刻认识权力滥用和权力腐败的严重危害。

（二）具有较强抵御风险诱惑的能力

在境外工作，工作对象和所处环境发生很大变化，面对的社会阴暗面较多，各种风险诱惑较多。王雪冰就在美国纽约的霓虹灯下迷失了自我，完全忘记自己是一名共产党员的身份，早已把自己入党的铮铮誓言抛到九霄云外。这就要求境外微观权力主体工作人员要具有较强的抵御风险诱惑能力。这种能力如何练就，如何评断，这是一个难题，也是解决问题的关键。除了加强理想信念教育和党性修养外，最为关键的是要在工作历练中砥砺成长，锤炼干部的抵御风险诱惑能力。笔者认为可以规定：必须在国内有五年以上工作经历才能派往境外工作；主要选派在基层从事沟通协调工作较多，与社会面接触较多的干部；对于在国内复杂环境中长期历练，没有发现任何问题隐患的干部要重点选派。同时，要设立排除性制度规定，一旦干部在工作中发现违反党纪国法的问题隐患，在一定时期内不能外派境外工作；在境外一旦发现干部存在权力滥用和权力腐败的问题隐患，也要立即停止工作，抽调回国内。比如中华医学会副秘书长遇到的那位驻旧金山领馆工作人员，接听中国公民电话极不负责，身上官僚主义倾向明显，再发展下去有可能发生权力滥用和权力腐败行为，必须当机立断，一经发现问题查实之后立即停止工作调回国内。

（三）具有不怕困难甘于奉献的精神

境外微观权力主体工作人员长期在境外工作，有的工作环境非常艰苦，工作中面临很多困难；有的工作中要面对许多危险和挑战；从事特殊性质工作的人员可能要长期与狼共舞。这种情况下，境外微观权力主体工作人员在严密的权力制约监督制度下需要具有不怕困难、攻坚克难的勇气，顽强拼搏、勇于担当的精神，不能面对困难就畏缩不前，把责任推给权力制约监督制度，说自己没有权力可用、没有资源可动，必须要力避这种不担当不作为、为自己退缩找借口的行为。面对艰苦的工作环境，远离祖国和家人，确实付出很多，这就要求境外微观权力主体工作人员必须有甘于奉献的精神，要有功成不必在我的气魄，默默无闻、十年如一日地开展工作。这些精神和要求都是境外微观权力主体工作人员的内在品质，考察工作需要组织人事部门采用各种方式方法，运用科学手段深入开展，这是一项极为重要而又很有难度的工作。具体工作中可以制定出台专门制度，现阶段可以参照 2016 年中共中央办公厅印发的《关于防止干部"带病提拔"的意见》，明确党委（党组）在研究确定或向上级党组织推荐报送拟派往境外工作的人选时，必须认真负责地对人选廉洁自律情况提出结论性意见，实行党委（党组）书记、纪委书记（纪检组长）在意见上签字的制度。这项工作开展起来可能会遇到各种各样的问题，也可能遇到不少质疑和挑战。但是，最为关键的是，要把境外微观权力主体工作人员的选派工作重视起来；要把政治素质放在首位，要占有更大的权重；要把法治理念、奉献精神、工作作风放到更为重要的位置去考量。

境外微观权力主体工作人员选派工作中必须强化党组织的领导和把关作用，落实干部选拔任用工作纪实制度，确保每个环节都规范操作。具体工作中相对于国内干部要进一步提高标准，政治素质和工作作风有瑕疵的，一概不派，选不出合适人选绝不能降标准、打折扣、搞变通。在政治素质过关和工作作风过硬的基础上，再考察境外微观权力主体工作人员的业务能力，择优选派。组织人事部门要严格按照制度办事，实事求是地考察评价干部，要绝对杜绝唯业务能力论，这是必须要长期坚决贯彻的重要原则。比如只因为外语水平高就派往境外工作，王雪冰的外语水平就是其外派工作的重要因素，有的干部刚参加工作没有经过历练就派往境外工作，这是要坚决杜绝的；比如只考察业务能力，以工作亟须或者能力特别突出为理由外派，境外微观权力的重要性前文已经深入论证，境外微观权力主体工作人员政治方面不过关，业务能力越强产生的问题隐患就越大。选派中政治素质和业务能力并重，最终就会形成能者上、庸者下、劣者汰的选人用人导向。同时，加强境外微观权力主体工作人员选派工作中的监督问责，对用人失察失误的行为严肃追究责任。

二、境外微观权力主体工作人员管理保障制度

由于境外微观权力主体众多，情况错综复杂，在境外微观权力主体工作人员管理保障制度构建过程中，要同时做好两方面工作：一方面，要实行分类分级管理，立足于制度构建的宏观性、指导性，统一规范境外微观权力主体工作人员管理保障的基本原则、基本制度、基本程序；另一方面，在境外微观权力主体工作人员任职资格、选拔任用、日常管理、制约监督、激励保障等方面推进精细化、科学化、规范化建设。尽快消除境外微观权力主体工作人员管理保障方面的漏洞和薄弱环节，注重打基础、利长远、求实效，注重业绩导向和社会效益，充分发挥境外微观权力主体工作人员的积极性和主动性。

（一）理想信念教育制度

习近平总书记在十八届中央政治局第五次集体学习时指出："推进反腐倡廉建设，必须坚持依法治国与以德治国相结合……儒法并用，是我国历史上常用的社会治理方式，只有思想教育手段和法制手段并用才能相得益彰。这是因为，法是他律，德是自律，自律和他律结合才能达到最佳效果……反腐倡廉是一个复杂的系统工程，需要多管齐下、综合施策，但从思想道德抓起具有基础性作用。"[1] 在前文所述的选派制度严密规范下，具有良好法治意识和法治素养，敢于担当，清正廉洁的境外微观权力主体工作人员被选派至境外工作之后，要进一步加强对境外微观权力主体工作人员的教育和引导，防止其在境外出现理想信念动摇和思想素质滑坡问题。在调研中发现，由于境外微观权力主体远离祖国和上级单位，虽然有一些卓有成效的理念和实践，比如"支部建在船上""网络党校"等先进经验做法，但是从总体上看，境外微观权力主体工作人员的教育管理工作还有待加强。在此，重点论述和研究针对境外微观权力主体工作人员的理想信念教育制度。

习近平总书记指出："共产党人如果没有信仰、没有理想，或信仰、理想不坚定，精神上就会'缺钙'，就会得'软骨病'，就必然导致政治上变质、经济上贪婪、道德上堕落、生活上腐化。"[2]习近平总书记还站在维护政治安全、预防颜色革命的高度来思考理念信念教育问题，对理想信念教育十分担心和忧虑，在 2013 年全国组织工作会议上指出："事实一再表明，理想信念动摇是最危险的动摇，理想信念滑坡是最危险的滑坡。我一直在想，如果哪天在我们眼前发生'颜色革命'那样的复杂局面，我们的干部是不是都能毅然决然站出来捍卫党的领导、

---

〔1〕 中共中央纪委检查委员会、中共中央文献研究室编：《习近平关于党风廉政建设和反腐败斗争论述摘编》，中央文献出版社、中国方正出版社 2015 年版，第140 页。

〔2〕 中共中央宣传部编著：《习近平新时代中国特色社会主义思想学习纲要》，学习出版社、人民出版社 2019 年版，第 228 页。

捍卫社会主义制度？我相信，绝大多数党员、干部是能做到的。"因此，习近平总书记对理想信念和思想政治教育的重要性和长期性有深刻理解："对党员、干部来说，思想上的滑坡是最严重的病变，'总开关'没拧紧，不能正确处理公私关系，缺乏正确的是非观、义利观、权力观、事业观，各种出轨越界、跑冒滴漏就在所难免了。思想上松一寸，行动上就会散一尺。思想认识问题一时解决了，不等于永远解决。就像房间需要经常打扫一样，思想上的灰尘也要经常打扫，镜子要经常照，衣冠要随时正，有灰尘就要洗洗澡，出毛病就要治治病。"习近平总书记高度重视对党员、干部的理想信念教育，把理想信念教育放在非常重要的位置，将思想建党和制度治党并重，在 2014 年党的群众路线教育实践活动总结大会上指出："坚持思想建党和制度治党紧密结合。从严治党靠教育，也靠制度，二者一柔一刚，要同向发力、同时发力。"

习近平总书记的讲话适用于全体党员、干部，同样适用于境外微观权力主体工作人员——这些掌握着大量权力、控制着多种资源身处境外的党员、干部。由于境外微观权力主体工作人员长期在境外工作，远离祖国和上级单位，更要重视和加强对境外微观权力主体工作人员的理想信念教育工作。建立理想信念教育制度对境外微观权力主体工作人员更为重要和关键。主要有以下原因：一是身处境外，理念信念教育氛围不足。境外微观权力主体工作人员系统学习马克思主义基本原理，认真学习中国特色社会主义理论最新成果，深入学习各方面知识，提高战略思维和领导能力专业化水平的条件和氛围明显不足，毫不动摇坚持马克思主义指导思想，保持思想上清醒、政治上坚定的外部环境堪忧。二是身在境外，肩负的使命任务特殊。境外微观权力主体工作人员既要面对其他国家经济实体的激烈竞争，又要高度警惕西方国家和敌对势力的颜色革命图谋，能不能坚定理念信念，在关键时刻挺身而出是重大考验。要让境外微观权力主体工作人员中的党员筑牢思想防线，始终保持共产党人的蓬勃朝气、昂扬锐气、浩然正气，还有许多工作需要扎实推进。三是身在境外，所处的环境更为复杂。接触资本主义腐朽思想和第三世界国家的社会阴暗面较多，长时间的接触和耳濡目染对境外微观权力主体工作人员的危害是不容忽视的。在当前思想文化多元化的新形势下，境外的各种思想文化相互碰撞、交锋、交流、交融，一些不良思潮甚至是腐朽堕落的思潮对境外微观权力主体工作人员的影响必须高度重视。有些行为在党纪国法面前是违纪违法行为，但是在境外可能处于公开合法状态，因此境外微观权力主体工作人员在境外可能面临更大诱惑，更多考验。所以，加强境外微观权力主体及其工作人员的思想建设，要把坚定理想信念作为首要任务，教育引导牢记党的宗旨，挺起共产党人的精神脊梁，解决好世界观、人生观、价值观这个"总开关"问题，自觉做共产主义远大理想和中国特色社会主义共同理想的坚定信仰者和忠实践行者。[1]

理想信念教育的重要性和必要性已经探讨清楚，理想信念教育的主要内容也已经非常清楚，但是理想信念不可能凭空产生，也不可能轻而易举坚守。要炼就"金刚不坏之身"，关键是在境外微观权力主体内部坚持开展理想信念教育，切实保证理想信念教育成效。《关于新形势下党内政治生活的若干准则》明确指出：坚定理想信念，必须加强学习。思想理论上的坚定清

---

〔1〕 全国干部培训教材编审指导委员会组织编写：《全面加强党的领导和党的建设》，人民出版社、党建读物出版社 2019 年版，第 72 页。

醒是政治上坚定的前提。[1] 更为重要的是，要将学习规范化、制度化，形成学习教育制度，比如党委（党组）中心组学习制度、中央领导同志作专题报告制度、党内重大思想理论问题分析研究和情况通报制度等。应该说，建设学习型政党是中国共产党的一种主体自觉。党的十八大以来，以习近平总书记为核心的党中央高度重视全党尤其是领导干部的学习问题，强调"好学才能上进"。十八届中央政治局不仅坚持集体学习，还创新了党内学习制度，出台了《中国共产党党委（党组）理论学习中心组学习规则》，党中央以上率下，使学习在全党蔚然成风。[2] 经过深入调研分析，本书提出要将理想信念教育工作制度化，健全完善境外微观权力主体理想信念教育制度。境外微观权力主体要坚持集体学习教育，明确学习内容，规范学习形式，设定教育目的，形成完善的理想信念教育制度。

在这里要充分发挥驻外使领馆的作用和功能，除了政府机关、事业单位和国有企业等上级单位和派出单位对境外微观权力主体的理念信念教育工作的领导外，驻外使领馆要切实承担所在国家和地区范围内的对境外微观权力主体及其工作人员开展政治理论教育的职责，充分发挥驻外使领馆的领导作用和兜底作用。驻外使领馆要担负起境外微观权力主体加强政治建设的指导督促职责，积极推动境外微观权力主体及其工作人员加强政治理论学习和理想信念教育。要坚持问题导向，及时发现境外微观权力主体及其工作人员存在的政治意识不强、政治立

---

〔1〕　任仲文编：《严肃党内政治生活　加强规范党内监督》，人民日报出版社2016年版，第3页。

〔2〕　全国干部培训教材编审指导委员会组织编写：《全面加强党的领导和党的建设》，人民出版社、党建读物出版社2019年版，第202页。

场不稳、政治能力不足、政治行为不端等方面问题，有针对性地调整理想信念教育内容，加强巩固理想信念教育成果，抓紧指导督促其立即整改落实。

在境外微观权力主体理想信念教育制度构建工作中，除了党中央面向全体党组织和党员部署的群众路线教育实践活动、"三严三实"专题教育、"两学一做"学习教育、习近平新时代中国特色社会主义思想学习教育和"不忘初心、牢记使命"主题教育外，还要建立健全适合境外微观权力主体工作人员特点的，适应周边环境特点，针对性强，成效显著的教育制度。其中，理想信念教育制度的重点要强化公仆意识和宗旨意识，始终保持廉洁从政的本色，堂堂正正做人，清清白白为官，勤勤恳恳做事，真心实意待人，牢固树立正确的世界观、人生观、政绩观、权力观、地位观、荣辱观，坚定理想信念，坚守道德底线，严守纪律高压线，远离法律红线。

（二）任期交流制度

境外微观权力主体工作人员尤其是承担管理职能的工作人员必须要建立任期交流制度。从前文述及的案件分析，境外微观权力主体工作人员长期在境外同一区域、同一单位工作是产生权力滥用和权力腐败的重要原因。境外微观权力主体任期交流制度主要包括以下内容：境外微观权力主体工作人员在一个区域、一个单位的工作时间实行任期制，任期为一届，特殊情况下任期可延长为两届；每届任期不超过三年；在同一单位任职超过六年的，必须交流至其他单位；任免命令和聘任合同均注明时间，到时间自动免职或解聘；任期情况全面、及时对权力相对人和内部工作人员公开；任期延长为两届的特殊情况要严格规定，必须要境外微观权力主体的上级单位履行严格的审批手续。与此相对应，境外微观权力主体工作人员在权力主体内部一般不进行工作岗位调整，即不在一个权力主体内部提拔和轮岗交流工作人员，实际上就是境外微观权力主体及其主要负责人没有干部提名权。构建任期交流制度的主要考虑是防止境外微观权力主体工作人员长期从事某项工作，与相关权力相对人形成不正当的利益同盟关系；防止在一个单位为了得到提拔或轮岗交流的机会，境外微观权力主体工作人员之间产生不正常的权力关系，尤其是工作人员与主要负责人之间产生人身依附关系，增加权力滥用和权力腐败的风险。

（三）任用管理制度

党要管党，首先是管好干部；从严治党，关键是从严治吏。[1] 用人管理权上提一级，对于境外微观权力主体的领导班子成员，境外微观权力主体没有提名权和推荐权。对于境外微观权力主体内设机构的主要负责人，境外微观权力主体没有任命权。境外微观权力主体的领导班子成员及其内设机构的主要负责人不能在境外微观权力主体内部提升，只能被推荐至国内或其他境外微观权力主体。这里的其他境外微观权力主体是指位于其他国家和地区的境外微观权力主体。这项制度实质上是极大限制甚至取消境外微观权力主体的对其工作人员的任用管理权，实质上也包含一部分的考核权。

（四）个人有关事项报告制度

扬汤止沸，不如釜底抽薪。境外微观权力主体掌握的权力主要是经济权力，控制的资源主要是经济资源，权力滥用和权力腐败的目的主要是获取经济利益，获取的经济利益最终要为境外微观权力主体工作人员实际占有。因此，构建针对境外微

---

〔1〕　全国干部培训教材编审指导委员会组织编写：《将改革进行到底》，人民出版社、党建读物出版社 2019 年版，第 221 页。

观权力主体工作人员的个人有关事项报告制度对控制和监管境外微观权力有特殊重要意义。党中央作出重要决定，实施领导干部报告个人有关事项制度，这是加强领导干部管理监督、促进领导干部廉洁自律的重要举措。2017 年，为贯彻全面从严治党要求，加强对领导干部的管理和监督，促进领导干部遵纪守规，中共中央办公厅、国务院办公厅印发《领导干部报告个人有关事项的规定》。在《关于领导干部报告个人重大事项的决定》《关于党和国家机关工作人员在国内交往中收受礼品实行登记制度的规定》《关于党政机关县（处）以上领导干部收入申报的规定》的基础上，对境外微观权力主体工作人员的个人有关事项报告提出更大的范围、更高的标准、更丰富的内容、更规范的程序、更严格的结果运用。在具体制度构建中，要注重以下几点：

1. 个人有关事项报告的人员范围是指境外微观权力主体全体工作人员。这就不局限于领导干部的范围、县处级以上的范围，无论什么职级，无论有无职务都要进行个人有关事项报告。《领导干部报告个人有关事项规定》主要是针对县处级副职以上干部（含非领导干部），中央企业领导班子成员及中层管理人员，省（自治区、直辖市）、市（地、州、盟）管理的国有企业领导班子成员。[1] 本书认为，由于境外微观权力主体工作人员特殊的工作环境，特殊的工作性质，应在领导干部报告有关事项制度基础上，扩大有关事项报告的覆盖面，丰富有关事项报告的内容，突出有关事项报告的重点，构建针对境外微观权力主体工作人员的个人有关事项报告制度。将个人有关事项报

---

〔1〕 中共中央办公厅、中央"不忘初心、牢记使命"主题教育领导小组办公室编：《中国共产党党内重要法规汇编》，党建读物出版社 2019 年版，第 366 页。

告的人员范围扩展至境外微观权力主体全体工作人员，要求在选派、聘任境外微观权力主体工作人员时，就要明确告知其报告义务，写入任命文件或聘任合同。如存在特殊情况，不要求外籍工作人员报告个人有关事项，必须严格履行审批程序，提高审批权限，并采取其他更为严格的制约监督制度和配套措施。

2. 个人有关事项报告的事项要涵盖工作生活各个方面，突出经济事项申报。正如前文提及的，境外微观权力主体掌握的权力主要是经济权力，控制的资源主要是经济资源，权力滥用和权力腐败的目的主要是获取经济利益，获取的经济利益最终要为境外微观权力主体工作人员实际占有。境外微观权力主体工作人员的报告事项既要全面具体，又要突出经济事项这个重点。在经济事项中，各类经济和实物收入情况、个人重要资产变动情况都要全面报告。

3. 个人有关事项报告的重点包括配偶子女等直系亲属与境外所从事工作的关系。通过深入调研发现，境外微观权力主体工作人员的配偶子女经商办企业的较多，在境外工作生活情况较为普遍，这就要求必须加强对境外微观权力主体工作人员配偶子女相关情况的掌握。因此，必须要求境外微观权力主体工作人员重点报告配偶子女有无在境外工作生活情况，有无经商办企业行为，其经商办企业行为是否与境外微观权力主体工作人员所在国家或地区、所从事行业有关联。一经发现，并调查核实清楚，必须采取调整境外微观权力主体工作人员岗位等强制措施，防止发生权力滥用和权力腐败行为。

（五）个人财产清查制度

要研究构建境外微观权力主体工作人员个人财产清查制度，将其作为个人重大事项报告制度的重要补充。工作人员在派驻境外工作前要进行个人重大事项报告，派驻单位的组织人事部门和纪检监察部门要对其财产进行清查；任期之内，工作人员每年都要进行个人有关事项报告，其中就报告个人财产的变动情况；任期结束后，工作人员要进行个人有关事项报告，派驻单位的组织人事部门和纪检监察部门再次对其财产进行清查。如果发现个人财产有大幅度变化，明显与其个人和家庭正常收支情况不符的，要立即纳入视线，着手开展调查，查找权力滥用和权力腐败行为。对于有严重问题嫌疑的境外微观权力主体工作人员，或者有证据证明违纪问题但短期内无法查清的，要立即停止其在境外的工作，视情况先采取组织处理措施，防止权力滥用和权力腐败行为扩大。

党的十八届三中全会提出，要认真执行领导干部报告个人有关事项制度，并开展抽查核实工作。2014 年中组部印发《领导干部个人有关事项报告抽查核实办法（试行）》。境外微观权力主体工作人员的个人有关事项抽查核实工作要严格执行中组部的党规制度。除此之外，对于境外微观权力主体工作人员的个人财产事项的申报情况建立全面核查制度，而不是抽查制度，做到全面覆盖。同时健全和完善金融实名制制度、反腐败国际合作制度等相配套的规章制度，逐步构建以"申报、公开、审查与制约、监督、问责"为主线的制度体系。

（六）专项巡视巡察监督制度

早在 2013 年，习近平总书记在中央政治局常委会审议《关于中央巡视工作领导小组第一次会议研究部署巡视工作情况的报告》时指出："巡视是党章赋予的重要职责，是加强党的建设的重要举措，是从严治党、维护党纪的重要手段，是加强党内监督的重要形式。"[1] 党的十九大上指出，要深化政治巡视，建立巡视巡察上下联动监督网。实现巡视巡察监督全覆盖，对于推动全面从严治党向基层延伸、向纵深推进、向境外拓展，不断夺取反腐败斗争新胜利，具有重要意义。在调研过程中发现，对境外微观权力主体的巡视巡察工作还存在很多空白和盲区，巡视巡察监督全覆盖远远没有做到。而且对境外微观权力主体的巡视巡察工作手段比较单一，力量投入严重欠缺，发现问题能力不足。由此导致境外微观权力运行领域的违纪违法线索发现困难，巡视巡察的震慑作用发挥不够，解决权力运行中的问题以及遏制权力滥用和权力腐败现象蔓延的作用发挥还不够。前文中述及的境外微观权力腐败案件，在线索发现方面没有一例是对境外微观权力主体的巡视巡察工作提供的，基本上都是所在国家和地区的执法部门发现的。因此，对于境外微观权力主体及其工作人员，要建立专项巡视巡察监督制度，实现巡视巡察监督全覆盖，切实发挥巡视巡察上下联动监督网的强大威力，在实际工作中要着重把握好以下几点：

1. 加强顶层设计，力求同频共振。科学制定针对境外微观权力主体及其工作人员的专项巡视巡察监督全覆盖工作规划，合理制定巡察规划、年度计划和阶段性安排方案，及时与相关巡视巡察机构进行沟通、做好衔接。强化统筹协调，推动专项巡视巡察监督工作与其他制约监督制度一体谋划、一体部署、一体落实、一体推进，注重发挥整体合力。只要设立境外微观权力和权力主体，就要将其纳入上级单位或派出单位的巡视巡

---

〔1〕　中共中央纪律检查委员会、中共中央文献研究室编：《习近平关于党风廉政建设和反腐败斗争论述摘编》，中央文献出版社、中国方正出版社 2015 年版，第 107 页。

察监督范围，列入巡视巡察监督计划，无法做到巡视巡察监督全覆盖的境外微观权力，要对其设立的可行性和调整的必要性重新进行评估，尽快作出调整，以此确保实现境外微观权力巡视巡察监督全覆盖。

2. 建立联动机制，形成强大合力。建立健全系统完善的针对境外微观权力主体及其工作人员的专项巡视巡察监督领导体制和工作机制，形成巡视巡察监督工作强大合力。上级单位或派出单位巡视巡察机构可以根据工作需要，针对境外微观权力主体及其工作人员特点，抽调熟悉境外工作的其他境外微观权力主体工作人员参加专项巡视巡察监督工作。在巡视巡察监督工作中，上级单位或派出单位可以寻求境外微观权力主体所在地驻外使领馆的支持和帮助，特殊情况下经过履行严格的审批程序，可以委托境外微观权力主体所在地的驻外使领馆负责对境外微观权力主体及其工作人员完成巡视巡察监督工作。加强巡视巡察机构与纪检、组织、宣传、审计、信访等相关机关、部门间的沟通联系，做到信息互通、监督协力、成果共享，夯实专项巡视巡察监督工作基础，做到部门联动。注重运用现代传媒，强化巡视巡察信息报送和公开发布工作，放大整改效果、政治效果和社会效果，做到宣传推广上下联动。

3. 注重方法合成，聚焦发现问题。推行"常""专"配合，推动常规巡视巡察与专项巡视巡察监督相互配合。按照境外微观权力主体的工作性质和不同属性，采取"板块轮动、分类开展"办法，加快专项巡视巡察监督的节奏和频次。在专项巡视巡察监督中，聚焦发现问题，强化多种方式方法综合，注重"点""线""面"结合。专项巡视巡察监督工作量相对较小，为了保证覆盖面，可以尝试发挥驻外使领馆在针对境外微观权力主体及其工作人员的专项巡视巡察监督中的作用。

4. 强化成果运用，放大震慑效应。着力打好专项巡视巡察监督反馈"组合拳"，建立专项反馈制度，形成科学合理的反馈工作格局。同时，明确除按规定向专项巡视巡察单位党组织和主要负责人进行反馈外，还向专项巡视巡察单位上级党组织反馈、向已调离或已提拔的原党组织主要负责人反馈，并将普遍性、倾向性、突出性问题向上级党组织和领导反馈，向境外微观权力主体所在国家和地区的使领馆反馈。督促认领责任、强化整改，推动被巡视巡察监督的境外微观权力主体及其工作人员举一反三，加强监管、完善制度，促进标本兼治。建立并完善专项巡视巡察监督问题线索移交和办理结果反馈制度，按照干部管理权限将有关境外微观权力主体工作人员问题线索分级分类移交给纪检监察机关，要求其在规定时限内反馈办理结果，并将这一工作纳入纪检监察机关履行全面从严治党监督责任的重要内容予以巡视巡察。

（七）特殊职业保障制度

习近平总书记指出，加强对权力运行的制约和监督，把权力关进制度的笼子里，形成不敢腐的惩戒机制、不能腐的防范机制、不易腐的保障机制。其中，不易腐的保障机制，主要是对权力主体形成良好的保障机制。平衡论认为，现代行政法是由制约机制、激励机制和协商机制整合而成的。与境外微观权力制约监督制度相配套，必须建立健全对境外微观权力主体的激励制度，其中很重要的一项就是境外微观权力主体的职业保障制度。推进境外微观权力制约监督，构建境外微观权力监察制度工作中，要根据境外微观权力的特点，健全完善境外微观权力主体工作人员特殊职业保障制度。

习近平总书记指出："对国有企业领导人员，既要从严管理，又要关心爱护，树立正向激励的鲜明导向，让他们放开手脚干事、甩开膀子创业。要大力宣传优秀国有企业领导人员的先进事迹和突出贡献，营造尊重企业家价值、鼓励企业家创新、发挥企业家作用的浓厚社会氛围。"[1] 对待境外微观权力主体的工作人员更要坚持严管与厚爱结合、激励与约束并重。境外微观权力制约监督制度本身和前文述及的一系列配套制度措施，主要是对境外微观权力主体及其工作人员进行严管，对境外微观权力进行约束。但是仅仅靠严管和约束，是无法保证权力运行目的顺利实现的，往往会导致境外微观权力主体工作积极性降低，严重的会发展为不担当不作为，给海外利益的拓展带来损失。境外微观权力主体工作人员的特殊职业保障制度的重要功能是建立正确的利益导向，从而激发境外微观权力主体工作人员昂扬进取、凝心聚力干事创业，立志争当清廉党员干部，有效防止其认识错误、行为乖张，发生权力滥用和权力腐败行为。

境外微观权力主体工作人员既要精通业务工作的专业知识，又要有丰富的工作经验和社会阅历，还要熟练掌握所在国家和地区的语言，对其综合素质要求较高。境外微观权力主体工作人员长期远离祖国和亲人，身体和心理上的付出比国内总体要多很多。有的境外微观权力主体工作人员所处的国家环境和工作环境还存在各种安全风险和隐患，职业风险很大。因此，要按照责权利相一致的原则，在严格选派工作制度，严格管理制度的同时，要构建适合其职业特点，能够有效应对职业风险的特殊职业保障制度。在具体制度设计中，要着重考虑以下内容：

1. 提升境外微观权力主体工作人员的薪酬水平。薪酬水平

---

[1] 习近平：《习近平谈治国理政》（第二卷），外文出版社 2017 年版，第 178 页。

要远远高于在国内的收入，向国际高标准看齐，只有这样才能在国际上有竞争力，能够有效降低权力腐败的风险，提高权力腐败的门槛。要科学合理地确定国有企业驻外机构工作人员尤其是领导人员的薪酬，抓紧构建与《关于深化中央管理企业负责人薪酬制度改革的意见》和《关于深化国有企业改革的指导意见》等规章制度相匹配的工作人员薪酬制度，实行与我国基本国情、发展阶段、企业功能性质、经营管理业绩、选任考核方式、管理责任方式相适应的差异化薪酬制度体系。

2. 将境外微观权力主体工作人员的薪酬分为两部分。一部分收入按照月份定期支付，支付标准要略高于国内薪酬水平，确保境外微观权力主体工作人员在境外工作期间的基本生活。另一部分是收入的主体，要在任期结束之后，境外微观权力主体工作人员接受离任审计、个人重大事项报告核查和金融手段核查之后，确信没有权力滥用和权力腐败行为之后，一次性支付给境外微观权力主体工作人员。这一制度能够有效提高权力腐败的成本，降低权力腐败的概率。

3. 准确界定境外微观权力主体工作人员正当利益的含义和边界。合理肯定和有力保障境外微观权力主体工作人员的正当利益需求，用依法、公开、合理的制度安排增强廉洁行为、建立廉洁秩序，形成利益激励正能量。比如，建立完善境外微观权力主体工作人员在境外住宿、交通、通信、带薪休假、配偶和子女探亲等方面的职业保障制度，用规范化、标准化、制度化的方式解决境外微观权力主体工作人员的合理需要，形成正确有效的利益导向。

4. 避免出现完全依靠薪酬等物质手段的激励制度。习近平总书记指出，当官发财两条道，当官就不要发财，发财就不要当官；选择从政就不要在从政中发财，选择发财去合法发财。

在调研中发现，有的干部日常生活出现经济困难，于是申请单位批准到境外工作，以便获得高于国内数倍的年薪；甚至有的干部为了购买高档住宅，主动要求到境外工作，拿高额年薪用于偿还购房贷款。这与习近平总书记的教诲背道而驰，既然担任了公职，选择在体制内工作，为公众服务，就要断掉发财的念想。解决这个问题还是要回到前面提到的理想信念教育上，要加强对境外微观权力主体工作人员的廉洁教育，教育引导他们认真践行全心全意为人民服务的根本宗旨，永葆廉洁自律的政治本色。

三、境外微观权力事项管理制度

（一）重要事项请示报告制度

习近平总书记高度重视重要事项请示报告工作，发现部分党组织和领导干部在重要事项请示报告方面存在严重问题，2013年1月在《严明党的组织纪律，增强组织纪律性》一文中指出"有的党组织和领导干部在处理一些应该由中央和上级组织统一决定的重要问题时，事前不请示、事后不报告，搞先斩后奏、边斩边奏，甚至斩而不奏；有的变着法儿把一件完整的需要汇报的大事情分解成一件一件可以不汇报的小事项，让组织程序空转"。习近平总书记指出这些问题的本质是组织观念薄弱、组织涣散问题，对产生这些问题的原因分析非常深刻，明确指出："改革开放和发展社会主义市场经济，改变了原有的资源配置方式和组织管理模式，越来越多的单位人变成社会人，各种复杂的人际关系和利益关系对党内生活带来不可低估的影响，引发了种种问题，组织观念薄弱、组织涣散就是其中一个需要严肃对待的问题。"习近平总书记对组织程序高度重视，2015年1月在《加强纪律建设　把守纪律讲规矩摆在更加重要的位置》讲话中指出，遵守政治纪律和政治规矩，重点要做到五个方面，其中一个方面就是必须遵循组织程序，决不允许擅作主张、我行我素，重大问题该请示的请示，该汇报的汇报，不允许超越权限办事，不能先斩后奏。

前文已经述及，要让境外微观权力中的决策权特别是重大事项决策权尽量保留在国内，境外微观权力主体主要负责执行和制约监督。在这种情况下，境外微观权力主体在执行过程中就必须严格按照规章制度和决策事项执行，必须遵循组织程序，决不允许擅作主张，越权变更决策事项；对于超出权力清单和决策事项范围的重大问题，要该请示的请示，该汇报的汇报；执行过程中，情况发生重大变化，执行程序发生重大调整，执行结果发生重大改变的，一定要全面、准确、及时向上级单位请示汇报。

（二）重要决策公开听证制度

重要决策公开听证制度的主要目的是规范境外微观权力主体的决策行为，提高决策的民主化、科学化水平，对境外微观权力主体的决策权进行制约监督。虽然前文已经论述，要将境外微观权力中的决策权留在国内，但是实际操作中，为了工作需要，境外微观权力主体不可避免要拥有一定限度的决策权，这样就出现境外微观权力主体同时行使决策权和执行权的情况。虽然这种情况并不是常态，但是由于重要决策一般是出台规范性文件、出台制度、决定针对不特定对象的重大事项等，如果决策不科学不合理，甚至本身就有权力滥用和权力腐败的动机和空间，那么就可能存在严重危害性，必须要对其采取更为严格的控制和监管，构建完善更为有力的制约监督制度和配套制度措施。在实际操作过程中，要注意做好以下几点：一是境外微观权力主体的重要决策公开听证应该遵循公开、公平、公正、

便民和高效原则，除非涉及国家秘密和商业秘密的，应一律公
开进行听证，面向境内外公民、法人和其他组织。二是合理确
定重大决策公开听证事项的范围，并且予以公开。主要是把对
中国公民、法人或者其他组织的利益密切相关的决策事项纳入
公开听证范围，纳入公开听证范围的决策事项必须进行公开听
证。三是决策权必须引入专业技术人员参与，通过加强决策咨
询能力和现代智库建设，提高专业技术人员参与的科学性和有
效性，认真吸取和采纳专业人员的意见建议，通过听取境内外
专业技术人士的意见建议，达到促进决策更加科学合理，防止
出现决策权力滥用和权力腐败的目的。四是如果遇到重大反对
意见，必须停止决策事项的执行，待时机成熟和决策方案修改
完善后，再次启动决策公开听证程序。五是严格决策公开听证
程序，听证的主持人要由中立单位或者上级单位的人员担任，
必须具备相关专业知识，拥有丰富的知识储备。

（三）重要执行情况背书制度

境外微观权力执行过程中，要严格依据规章制度和决策事
项执行，严格实行执行权力清单制度，明确境外微观权力执行
主体，明确执行事项范围，明确执行手段。必须要引起高度重
视的是，境外微观权力运行的环境错综复杂，境外微观权力主
体在执行过程中可能会遇到种种突发事件和情况，除了第一时
间请示汇报之外，原则上应该立即中止或停止执行，但是如果
停止执行后损失非常巨大，那就要继续执行，但是执行过程中
一旦超出了决策范围，就必须写出详细的书面说明材料，由具
体执行人员签字背书。

另一方面，对于重大项目招标、重要设备采购、重要人员
招录、重要事项审批等权力滥用和权力腐败易发的高风险工作
事项和工作领域，要由具体执行人员及其领导人员签订责任书，

明确行为责任，对事后发现严重问题的行为严格进行追责问责。境外微观权力决策主体或者执行主体的上级单位要对重要执行事项的背书行为进行审查，如果发现权力滥用和权力腐败的问题隐患，要立即展开深入调查。重要执行情况背书制度的主要目的是为了对执行权进行制约监督，防止发生因"将在外，君命有所不受"所造成的权力滥用和权力腐败。

四、境外微观权力制约监督配套措施

（一）运用科技创新加强境外微观权力控制和监管

随着经济发展和社会进步，境外微观权力主体的权力行为的科技含量越来越高，科技因素越来越多。境外微观权力主体在运用科技创新完成自身工作的同时，为加强境外微观权力制约监督提供了更多的机会，为加强境外微观权力控制和监管提供了更多的手段。因此，要将科技创新充分运用到境外微观权力控制和监管领域，最大限度地减少权力滥用和权力腐败的机会，提高权力滥用和权力腐败的成本，让境外微观权力最大程度的在阳光下运行。比如陈久霖和陈波的期权和期货交易行为都是通过网络运行，如果其上级单位能够充分运用科技手段，加强对其交易行为的监管，陈久霖和陈波的微观权力滥用和权力腐败行为就不会愈演愈烈，最终产生巨额经济损失。如果其上级单位能够充分运用科技手段，采取技术方式限制其将资金投入期货和期权市场的权限，那么这些案件就不会发生。

境外微观权力主体的重要权力事项和重要权力行为尽最大限度实行网上办理，充分运用科技手段将分解的权力固化为技术操作的具体环节，充分发挥网络和信息技术优势，把制约监督制度形成量化指标，防止境外微观权力主体自由裁量权的滥用，努力做到程序规范、责任清晰、时限明确、全程留痕，让境外微观权力制约监督工作插上科技的翅膀，这是促进境外微观权力"阳光"运行、最大限度压缩自由裁量权的有效方法。具体可以采取以下措施：一是在权力清单的基础上，将细化的最小单位权力分别编码，依法清理和规范权力事项，纳入权力数据库，统一编码、统一管理，并且向境内外公开，不宜公开的事项要向专职制约监督主体和境外微观权力主体的上级单位公开。二是统一制定权力运行流程图，将境外微观权力在网络上和网络下公开同步运行，实现网上分权制约。三是规范自由裁量权，在网络、程序具体设计中让境外微观权力主体多做选择题，少做填空题，尽量不做论述题，防止境外微观权力主体享有过大自由裁量权，尽最大限度防止权力滥用和权力腐败。

（二）运用金融手段加强境外微观权力控制和监管

金融通常是一种技术性很强的专业工作，在海外利益拓展和"一带一路"倡议推行过程中发挥着重要作用，占有重要地位。时昊华所著的《金融国策论》深刻提出研究中国金融问题的三个目的，排在第一位的就是巩固党的执政基础和维护国家安全，进而深入研究和论述了金融在维护公共安全特别是反恐怖工作中的重要作用，提出许多运用金融手段维护公共安全的真知灼见。同理，可以将金融手段用于加强对境外微观权力的控制和监管，建立健全金融手段对境外微观权力的控制和监管制度。其中一个重要原因就是，境外微观权力滥用和权力腐败行为大部分是经济权力滥用和经济权力腐败，这些权力滥用和权力腐败行为不可避免地要使用金融手段和运用金融工具。因此，金融手段和金融系统在境外微观权力控制和监管领域大有可为。比如，王雪冰案本身就涉及金融领域的严重违规行为，陈久霖案和陈波案的期货和期权交易行为也属于金融领域的范畴。如果能够充分运用金融手段，发挥金融系统在境外微观权力制约监督中的作用，对境外微观权力主体控制和支配金融资源的权力进行全方位的制约监督，那么这些案件就不会接二连三地发生。

要深刻认识金融手段在境外微观权力控制和监管中的重要作用，深刻认识金融系统在境外微观权力控制和监管中的重要地位。主要可以采取以下措施：一是运用金融手段对境外微观权力主体工作人员的境外资产进行严格限制，禁止掌握重大权力的境外微观权力主体工作人员拥有境外金融账户，禁止其购买或持有外国公司的有价证券。二是密切监控境外微观权力主体及其工作人员资金的流动，重点关注异常的大额资金流动，及时预警权力滥用和权力腐败行为。三是一旦境外微观权力滥用和权力腐败发生后，金融系统要立即冻结相关资金，固定相关证据，积极追回损失，最大限度降低权力滥用和权力腐败的危害。四是在制度构建中，要重点加强金融反腐方面的规章制度制定工作，建立健全相关规章制度；建立健全各类金融账户实名制度；大力开发并全面应用金融大数据反腐系统；大力推进现金交易限制制度和银行卡结算制度；加强各部门之间金融反腐败合作；加强金融反腐败国际合作；等等。

（三）运用财务工具加强境外微观权力控制和监管

境外微观权力滥用和权力腐败，主要是经济权力滥用和贪污受贿等腐败行为，因此财务工具在加强境外微观权力控制和监管方面作用十分突出，必须充分运用，做足文章。除了前文提出的境外微观权力主体主要负责人不直接分管财务工作外，还可以采取以下财务工作手段和措施，达到有效控制和监管境外微观权力的目的：

1. 根据工作性质，确定境外微观权力主体的财务工作范围和相应权力。境外微观权力主体中的非生产经营性单位，原则上不内设财务部门，没有经费预算决算权，相应权力全部由上级单位行使。生产经营单位的财务工作职权要逐项审核，在满足基本业务工作的前提下，尽最大限度地减少和压缩。从而大幅度减少境外微观权力主体在财务工作方面的自主权和选择权，减少权力滥用和权力腐败的机会。

2. 根据工作需要，明确境外微观权力主体财务工作人员由上级单位直派。境外微观权力主体不能管理自身的财务工作人员，没有招聘权、任免权和考核权，而是由上级单位的财务部门直接派驻和实施直接领导。而且财务人员严格实行任期制，重要专项工作可以实行项目制。财务人员的任期要短于本单位其他工作人员的任期，对于一些掌握重大权力的财务人员任期可以设定为不超过一年。从而大幅减少境外微观权力主体的主要负责人和领导班子成员对财务工作的权力和影响，防止权力滥用和权力腐败。

3. 根据工作对象，最大限度压缩现金和实物的使用范围和使用数量。境外微观权力主体在日常工作中，原则上不使用现金和贵重实物开展工作，一律采取银行转账方式开展业务往来，从而减少境外微观权力主体工作人员在财务方面的风险和隐患，降低权力滥用和权力腐败风险。

4. 根据工作任务，设立专门监督财务工作的审计部门。如果境外微观权力主体的财务工作任务艰巨，财务工作管理经费数额较大，就应该设立专门审计部门。设立专门审计部门的条件和标准可以根据工作领域、工作性质的不同进行相应调整。审计部门直属上级单位审计部门领导，境外微观权力主体对其没有领导权。审计部门专门负责对财务工作和境外微观权力主体的相关工作进行审计，建立健全完善的审计监督制度，确保审计监督职责落实到位。尤其要注重对新任用干部、新提拔干部和主要负责同志的经济责任审计和家庭财产申报审计，健全完善审计常态会机制，及时将审计结果上报上级单位，推进审计结果的公开，强化审计结果的责任追究。

5. 根据工作形势，建立境外财务专项审计制度。部分境外微观权力主体在推进专项工作时，财务权力较大，控制经济资源较多，制约监督难度较大，经常发生权力滥用和权力腐败行为。为有效解决这一难题，仅仅依靠境外微观权力主体内设审计部门的审计监督是不够的，还要建立针对境外微观权力主体推进专项工作的境外财务专项审计制度。境外微观权力主体在实施某一重大专项工作时，要同步规划、同步实施、同步推进由境外微观权力主体的上级单位主导的境外财务专项审计，对境外微观权力滥用和权力腐败形成强大的阻断和震慑。

（四）发挥家庭在预防境外微观权力腐败中的作用

习近平总书记高度重视家风问题，2016 年 1 月在第十八届中央纪律检查委员会第六次全体会议上的讲话中深刻指出："从近年来查处的腐败案件看，家风败坏往往是领导干部走向严重违纪违法的重要原因。不少领导干部不仅在前台大搞权钱交易，还纵容家属在幕后收钱敛财，子女等也利用父母影响经商谋利、大发不义之财。"[1] 由此可见，家风问题对领导干部权力滥用和权力腐败有重大影响，境外微观权力主体也不例外，而且影响更为重大、更为特殊。

家风问题、家庭因素对于境外微观权力主体工作人员有着更为重要的影响，通过分析前文介绍的境外微观权力滥用和权力腐败案件，境外微观权力主体及其工作人员的腐败问题很多

---

〔1〕 中共中央文献研究室编：《习近平关于全面从严治党论述摘编》，中央文献出版社 2016 年版，第 102 页。

与其配偶、子女有密切关系。境外微观权力主体工作人员长期在境外工作，有的独自一人远离祖国和家人，有的则有配偶及子女跟随在境外工作。如果发生权力腐败，前一种情况贪污贿赂的非法所得多半要转移至国内由家人保管，后一种情况家人多半是贪污贿赂行为的知情者甚至是参与者。分析前文介绍的境外微观权力滥用和权力腐败的案件，都有一个从量变到质变、小节到大错的过程，如果在刚犯错的时候，家人能在身边及时拉一把，甚至向单位反映相关情况，及时予以制止和纠正，这些境外微观权力主体的工作人员也不至于在错误的道路上越滑越远，给国家的海外利益造成如此重大的损失。家风败坏往往是境外微观权力主体工作人员发生权力滥用和权力腐败行为，甚至走向严重违纪违法的重要原因。因此要高度重视家庭和家风在境外微观权力腐败中的影响，充分发挥家庭在预防境外微观权力滥用和权力腐败中的作用，把加强境外微观权力主体工作人员的家风建设摆在重要位置。一是定期开展廉政、勤政谈话和教育，深入开展家庭助廉活动，长吹廉政"枕边风"，帮助境外微观权力主体工作人员把好权力观和金钱观，不断修养、传承和倡导良好的家风。将各种作用明显的家庭助廉工作措施制度化、规范化，形成发挥重要作用的长效机制，发挥境外微观权力事前和事中管理的重要职能，成为加强境外微观权力控制和监管的重要推动力，成为境外微观权力监察制度的重要组成部分。二是要积极鼓励境外微观权力主体工作人员在境外工作期间与配偶一起工作，共同完成相关职能任务，这将有助于境外微观权力主体工作人员的廉洁自律，营造良好的工作环境和廉政氛围。从前文的一些案例可以看出，许多境外微观权力主体工作人员的权力滥用和权力腐败行为与作风问题、权色交易、钱色交易相伴而生。王雪冰就是其中的典型，运用国家给予的资源为情妇谋取私利，造成国有资产的大量流失和巨额经济损失。因此，对于重要位置、关键岗位，尤其是境外微观权力主体的主要负责人或者是掌握权力、控制资源数量在一定标准上的工作人员，下一步可以强制要求必须与配偶一起在境外工作，共同完成工作任务，共同接受廉政教育，共同受到制约监督。三是境外微观权力主体工作人员要管束好亲属，禁止他们擅权干政，利用境外微观权力主体工作人员的便利条件谋取私利，影响正常的权力运行。对境外微观权力主体及其工作人员，不仅要密切关注、重点管理其工作圈，而且要对其生活圈、家庭圈进行密切关注、重点管理，设置不能触碰的红线，封禁工作圈，检点生活圈，纯洁家庭圈。比如严查境外微观权力主体的主要负责人和其他领导人员的违规生产经营行为，必须严格实施任职回避制度，境外微观权力主体工作人员的亲属不得在境外微观权力主体所任职国家和地区及所从事工作领域从事生产经营行为。

第八章　境外微观权力监察
制度立法完善研究

一、与党内法规制度体系和国家监察法治体系密切衔接

通过法治方式构建境外微观权力监察制度，要在现行党内法规制度体系和国家监察法治体系的基础上完成，主要是要做好对现行党内法规制度体系和国家监察法治体系的修改完善，必须要做好与党内法规制度体系和国家监察法治体系的密切衔接。党的十八大之后，全面从严治党深入推进，党内监督实现全覆盖，在此基础上构建了中国特色的国家监察制度。研究境外微观权力制约监察制度和配套制度措施的立法完善，通过法治方式构建境外微观权力监察制度，首先要对全面从严治党、党内监督和国家监察制度进行深入研究。研究境外微观权力监察制度立法完善，由于要对现行党内监督和国家监察制度进行研究，必须要对推进全面从严治党、党内监督的党内法规制度体系和确立国家监察制度的国家监察法治体系进行深入研究。这一部分内容主要是对党内法规制度体系和国家监察法治体系进行研究，对其立法完善和与其密切衔接进行研究，为构建境外微观权力监察制度奠定坚实基础。

（一）深入推进全面从严治党和国家监察体制改革

境外微观权力监察工作实际上是全面从严治党在境外微观领域的拓展、延伸和深化，是国家监察工作在境外微观领域的深化、细化和具体化。通过法治方式构建境外微观权力监察制度，必须对全面从严治党推进情况进行研究，由此就要引申到党内法规制度体系；必须要对国家监察体制改革推进情况进行研究，由此就要引申到国家监察法治体系。

1. 治国必先治党。习近平总书记指出："办好中国的事情，关键在党。"党的执政地位和肩负的历史使命，要求我们治国必先治党，治党务必从严。党要管党、从严治党，既是我们党的优良传统和宝贵经验，也是我们党的一贯方针。党的十八大以来，以习近平总书记为核心的党中央从党和国家事业全局出发，站在统揽推进伟大斗争、伟大工程、伟大事业、伟大梦想的战略高度，对加强党的政治建设、思想建设、组织建设、作风建设和纪律建设作出一系列重大部署，全面从严治党取得显著成效：全面加强党的领导和党的建设，坚决改变管党治党宽松软状况，严明党的政治纪律和政治规矩，层层落实管党治党政治责任；党的建设制度改革深入推进，党内法规制度体系不断完善；把纪律挺在前面，着力解决人民群众反映最强烈、对党的执政基础威胁最大的突出问题。

2. 治党务必从严。全面从严治党，必须严格按照党规制度体系办事，我们党坚持把营造风清气正的政治生态作为基础性、经常性工作，养正气、固根本，在此基础上，加强党规制度体系建设，严肃党内政治生活，严明党的政治纪律和政治规矩。全面从严治党，必须坚决反对腐败，建设廉洁政治，坚持反腐败无禁区、全覆盖、零容忍，以顽强意志品质正风肃纪、反腐惩恶，坚定不移打虎、猎狐、拍蝇，不敢腐的目标初步实现，不能腐的笼子越扎越牢，不想腐的堤坝正在构筑，反腐败斗争压倒性态势已经形成并巩固发展。

3. 从严必须依法度。

（1）加强党内法规制度体系建设。加强党内法规制度建设，是全面从严治党、依规治党的必然要求，是建设中国特色社会主义法治体系的重要内容，也是推进国家治理体系和治理能力现代化的重要保障，事关党长期执政和国家长治久安。[1] 党的十八大以来，党中央更加重视制度治党、依规治党，把法规制度建设贯穿党的建设始终，充分发挥党内法规的引领和保障作用，推动全面从严治党向纵深发展，出台大量党的自身建设的法规，制定多部彰显制度威力的党内"铁规"。2016 年党的十八届六中全会通过《关于新形势下党内政治生活的若干准则》和《中国共产党党内监督条例》，2017 年党中央印发《中国共产党巡视工作条例》，党内监督全覆盖的顶层设计和制度建设已经基本完成，对于增强党长期执政条件下自我净化、自我完善、自我革新、自我提高能力，确保党始终成为中国特色社会主义事业的坚强领导核心，具有重大而深远的意义。

（2）推进国家监察法治体系建设。在党内监督取得重大成果，党的纪检体制改革取得重大进展的背景下，2016 年底中共中央部署在北京市、山西省、浙江省开展国家监察体制改革试点，在三省市设立各级监察委员会，从体制机制、制度建设上先行先试、探索实践。党的十九大作出了深入推进国家监察体制改革的决定，将试点工作在全国推开，组建国家、省、市、县监察委员会，同党的纪律检查委员会合署办公，实现对所有

---

〔1〕 宋功德："全方位推进党内法规制度体系建设"，载任仲文编：《加强党的政治建设——学习读本》，人民日报出版社 2019 年版，第 189 页。

行使公权力的公职人员监察全覆盖。通过宪法修正案，专门增加监察委员会一节，为加强党对反腐败工作的统一领导，建立集中统一、高效权威的国家监察体系，实现对所有行使公权力的公职人员监察全覆盖，奠定了坚实的宪法基础，为监察法的制定提供了宪法依据。[1] 十三届全国人大一次会议通过《监察法》，规范了新设置在国家的立法、行政、司法以外的监察职能，发挥对国家监察工作的统领性和基础性作用，开启了法治反腐的新阶段。制定国家监察法，就是贯彻落实党中央的决策部署，使党的主张通过法定程序成为国家意志，以立法形式将实践证明行之有效的做法和经验上升为法律，将深化国家监察体制改革的成果用法律形式固定下来，为国家监察委员会的建立和监察体系的构建提供法律依据。[2] 《监察法》依法赋予监察委员会职责权限和调查手段，实现了党内监督和国家监察的有机统一，构建起具有鲜明中国特色的国家监察制度。《监察法》全面规定了监察工作的原则、体制、机制和程序，赋予监察委员会职责权限和调查手段，用留置取代"两规"措施，体现了全面深化改革和全面依法治国、全面从严治党的有机统一。《监察法》构建了党统一领导的国家监察体制，有效解决了监察覆盖面过窄、反腐败力量分散、纪法衔接不畅等问题，有利于健全党领导反腐败工作的体制机制。[3] 《监察法》对所有行使公权力的公职人员监察全覆盖，从立法的高度明确了监察对象，将监督"狭义政府"转变为监督"广义政府"，实现了党内监

---

〔1〕　吴建雄主编：《读懂监察法》，人民出版社 2018 年版，第 16 页。
〔2〕　吴建雄主编：《读懂监察法》，人民出版社 2018 年版，第 10 页。
〔3〕　马怀德主编：《中华人民共和国监察法理解与适用》，中国法制出版社 2018 年版，第 3 页。

督与国家监察的无缝隙对接，做到了监察全覆盖。[1] 推进国家监察体制改革，制定《监察法》，是党在中国特色社会主义进入新时代这一大背景下，党内监督已经基本实现全覆盖、党内法规制度体系基本健全的前提下，长期聚焦反腐败斗争现实问题而作出的重大战略举措，是保障全面深化改革能够持续深入进行的重要手段，也是建立健全国家法治的必要组成部分。[2]

（3）充分运用现有法治资源构建境外微观权力监察制度。前文对境外微观权力运行中的风险和挑战进行了深入分析研究，提出以平衡论为指导，大力推进境外微观权力制约监督，尝试构建境外微观权力制约监督基本制度和配套制度措施相结合的制度体系。这些制度构想要变成现实，必须充分运用现有法治资源，与现行党内法规制度体系和国家监察法治体系相衔接相配套，要充分运用现行党规制度体系和国家监察法治体系加强境外微观权力制约监督工作，构建境外微观权力监察制度，加强对境外微观权力的控制和监管。在境外微观权力控制和监管工作中，必须要坚持以法治思维、法治方式推进境外微观权力制约监督，构建境外微观权力监察制度，深入开展境外反腐败工作。以法律工具、法治方式构建境外微观权力制约监督制度体系，自觉地将境外微观权力监察工作纳入党内法规制度体系和国家监察法治体系建设中，进而纳入社会主义法治体系建设工作。本章的内容主要是对国家监察法统领的国家监察法治体系进行分析研究，在此基础上提出境外微观权力监察制度立法

---

〔1〕 马怀德主编：《中华人民共和国监察法理解与适用》，中国法制出版社2018年版，第4页。

〔2〕 马怀德主编：《中华人民共和国监察法理解与适用》，中国法制出版社2018年版，第24页。

完善意见建议，供理论界和实务界参考。

（二）现行党内法规制度体系

党内法规制度体系概述。2014 年 10 月 23 日，党的十八届四中全会审议通过《中共中央关于全面推进依法治国若干重大问题的决定》，坚持问题导向、改革取向、法治走向、政治方向，围绕"坚持走中国特色社会主义法治道路，建设中国特色社会主义法治体系"主题谋篇布局、纲举目张，作出一系列高瞻远瞩、旗帜鲜明的重大决策部署。[1]《中共中央关于全面推进依法治国若干重大问题的决定》提出要把党规制度建设纳入法治中国建设系统工程，明确提出形成完善的党内法规制度体系，彰显出法治建设的鲜明中国特色。我们党历来高度重视党规制度建设，在十八届四中全会前的 2012 年就制定出台《中国共产党党内法规制定条例》，明确规定：党内法规是党的中央组织以及中央纪律检查委员会、中央各部门和各省、自治区、直辖市党委制定的规范党组织工作、活动和党员行为的党内规章制度的总称。党规体系是以党章为根本，以中央党规为主干，以部委党规和地方党规为重要组成部分，由党章相关法规、党的领导和执政活动法规、思想建设法规、组织建设法规、作风建设法规、反腐倡廉建设法规、制度建设法规、党的机关运行保障法规八个方面的法规共同组成的有机统一整体。[2]

通过党规和党规制度体系的内涵和外延的界定，可以清楚地看到：党规制度体系与权力设定和权力运行密切相关，是党组织和党员开展各项工作的依据；党规制度体系与权力制约监督和追责问责密切相关，党规制度体系八项内容中的思想建设

〔1〕　宋功德：《党规之治》，法律出版社 2015 年版，第 1 页。
〔2〕　宋功德：《党规之治》，法律出版社 2015 年版，第 4 页。

法规、组织建设法规、反腐倡廉建设法规是权力制约监督和追责问责的基本依据;党规制度体系与权力的制度保障和权力控制监管的配套保障措施密切相关,将制度建设贯穿始终,在党的机关运行保障方面有大量详细规定。可以说,党规制度体系整体与全面从严治党、党内监督全覆盖,进而与国家监察制度和境外微观权力监察制度密切相关,在此没有必要也不能在党规制度体系内部再做区分,而应把党规制度体系作为一个整体来进行研究分析。

对于党员而言,他们手中握有公共权力,依规用权是基本要求。为官掌权者若不知晓有关党规,就容易以言代规、以权压规、逾规用权却浑然不知,因违规被问责受处分还觉得很委屈、很无辜。如果我们依靠那些对党规知之甚少的党员领导干部去具体实施党的领导和执政活动,这无疑很危险,很难想象他们可以做到依法执政。[1] 从全面从严治党、党内监督全覆盖到加强境外微观权力的控制和监管、境外微观权力监察工作都要严格遵守和落实党规制度体系。党规制度体系从位阶上可以划分为中央党规、部委党规和地方党规,由于部委党规和地方党规数量较多,在此仅仅考察党中央制定出台的党规,以 2019 年 6 月中共中央办公厅和中央"不忘初心、牢记使命"主题教育领导小组办公室编写的《中国共产党党内重要法规汇编》为主要考察对象,除了党章之外共 29 部党规,基本都涉及权力设定、权力运行和权力制约监督,或者与前文述及的权力制约监督的配套制度措施密切相关。比如,《中国共产党地方委员会工作条例》《中国共产党重大事项请示报告条例》与权力设定有关;《中国共产党廉洁自律准则》《关于新形势下党内政治生活

---

〔1〕 宋功德:《党规之治》,法律出版社 2015 年版,第 5 页。

的若干准则》《十八届中央政治局关于改进工作作风、密切联系群众的八项规定》《中国共产党党内监督条例》《中国共产党纪律处分条例》《中国共产党问责条例》《领导干部报告个人有关事项规定》等党规与全面从严治党、加强权力控制和监管、权力制约监督密切相关；《推进领导干部能上能下若干规定（试行）》《关于进一步激励广大干部新时代新担当新作为的意见》等党规与权力制约监督的配套制度措施密切相关。除此之外，还有大量的党规制度与全面从严治党和党风廉政建设密切相关，比如《中国共产党纪律检查机关案件检查工作条例》《中国共产党纪律检查机关监督执纪工作规则》《纪检监察机关处理检举控告工作规则》《党组讨论和决定党员处分事项工作程序规定（试行）》《中国共产党纪律检查机关案件检查工作条例实施细则》等一系列党规制度。

（三）现行国家监察法治体系

深化国家监察体制改革的目标是整合反腐败资源力量，加强党对反腐败工作的集中统一领导，构建集中统一、权威高效的中国特色国家监察体制，实现对所有行使公权力的公职人员的全覆盖。[1]《监察法》总结了党的十八大以来反腐败的经验，巩固了国家监察体制改革的成果，实现了党内监督与国家监察的有机统一，对于构建党统一指挥、全面覆盖、权威高效的中国特色国家监察体系发挥了基础性、统领性作用。对《监察法》的具体内容笔者不再详细论述，在本章的其他部分将对其有关内容进行重点研究。国家监察法治体系中，特别是与境外微观权力制约监督和境外微观权力监察制度密切相关的主要包括以

〔1〕　马怀德主编：《中华人民共和国监察法理解与适用》，中国法制出版社2018年版，第55页。

下部分：

1.《中华人民共和国宪法》（以下简称《宪法》）。《中华人民共和国监察法》第 1 条内容规定"根据宪法，制定本法"，明确了《监察法》的立法依据是宪法，对于维护宪法权威、保障国家监察立法的合宪性具有重要作用。《宪法》第 5 条明确规定："中华人民共和国实行依法治国，建设社会主义法治国家。国家维护社会主义法制的统一和尊严。一切法律、行政法规和地方性法规都不得同宪法相抵触。"党中央严格按照法定程序，积极推动将国家监察体制改革的成果转化为宪法法律规定，党的十九届二中全会审议通过的《中共中央关于修改宪法部分内容的建议》提出在宪法修正案中专门增写监察委员会一节，确立监察委员会作为国家机构的法律地位。2018 年，十三届全国人大一次会议审核通过的宪法修正案，专门增加了监察委员会一节。这是以习近平同志为核心的党中央审时度势作出的重大战略决策，为加强党对反腐败工作的统一领导，建立集中统一、权威高效的国家监督体系，实现对所有行使公权力的公职人员监察全覆盖，奠定坚实宪法基础，为监察法的制定提供了宪法依据。[1] 此次宪法修改明确了监察委员会的性质和地位，明确了监察委员会的名称、人员组成、任期任界和职能职责，确立了监察委员会的领导体制和工作机制，明确了监察委员会与其他机关的配合制约关系。在此要着重指出的是，构建境外微观权力监察制度，实现国家监察全覆盖，不仅没有宪法障碍，而且有足够的宪法依据，不需要对现行宪法进行修改完善。

2. 监察和调查职务违法所涉及的法律法规和党规制度。在此首先要说明的是，国家监察法治体系中本不应该有党规制度，

---

〔1〕 吴建雄主编：《读懂监察法》，人民出版社 2018 年版，第 16 页。

但是由于问责等工作与党规制度密切相关，在此一并对相关党规制度进行简要介绍。国家监察工作的主要任务，其实就是各级监察委员会的主要职能是对所有行使公权力的公职人员进行监察，调查职务违法和职务犯罪，开展廉政建设和反腐败工作。其中调查职务违法和职务犯罪在各级国家监察委员会职能中占有重要地位。根据《监察法》第 11 条第 2 项规定，采用"列举"加"等外"的规定方式，明确授予监察委员会对贪污贿赂、滥用职权、玩忽职守、权力寻租、利益输送、徇私舞弊以及浪费国家资财等职务违法和职务犯罪进行调查。根据《监察法》第 45 条规定，监察委员会调查后，根据监督、调查的结果，可以作出 5 项处置决定。前 3 项处置决定是：针对不涉嫌职务犯罪的情况，可以进行谈话提醒、批评教育、责令检查，或者予以诫勉；情节严重构成违法的，依照法定程序作出警告、记过、记大过、降级、撤职、开除等政务处分决定；对不履行或者不正确履行职责负有责任的领导人员，按照管理权限直接作出问责决定，或者向有权作出问责决定的机关提出问责建议。

第 1 项就是规定了"红红脸、出出汗"，是指根据党内监督必须把纪律挺在前面，运用监督执纪"四种形态"不断净化政治生态的精神，对有职务违法行为但情节较轻的公职人员，可以免除处分，而是代之以谈话提醒、批评教育、责令检查，或者予以诫勉等相对更轻的处理。[1]"红红脸、出出汗"与党规制度体系中的《中国共产党纪律处分条例》有关内容密切相关，而判断公职人员有职务违法行为但情节较轻的依据则是设定公职人员职权的各种法律法规、党规制度和其他一系列规范性

---

〔1〕　中共中央纪律检查委员会、中华人民共和国国家监察委员会法规室编：《〈中华人民共和国监察法〉释义》，中国方正出版社 2018 年版，第 205 页。

文件。

第 2 项规定了政务处分。政务处分是《监察法》首次提出的法律概念，与以往纪检检查机关常用的"政纪处分"相比，政务处分的适用范围更宽，其落脚点由过去的"是否违纪"扩展为"事务性工作是否违法"，不仅针对党员、领导干部，也针对其他从事公务的人员。[1] 对职务违法的公职人员，各级监察委员会应当依法作出政务处分决定，如果是党员的，先要根据《中国共产党纪律处分条例》进行纪律处分，然后再与非党员的从事公务的人员采取同样程序，根据《监察法》进行政务处分。这里要着重指出的是，各级监察委员会作出政务处分决定的依据除了《监察法》外，还要区分不同类型的违法公职人员，根据现行有关规定进行政务处分，现行有关规定主要包括《中华人民共和国公务员法》《中华人民共和国法官法》《中华人民共和国检察官法》《中华人民共和国企业国有资产法》《行政机关公务员处分条例》《事业单位人事管理条例》《事业单位工作人员处分暂行规定》《国有企业领导人员廉洁从业若干规定》《农村基层干部廉洁履行职责若干规定（试行）》等。[2] 下一步时机成熟后，可以制定出台统一的公职人员政务处分规定，进一步完善国家监察法治体系。

第 3 项规定了问责，主要有按照管理权限直接作出问责决定和向有权机关提出问责建议。习近平总书记多次强调，有权必有责，权责要对等，坚持有责必问、问责必严。严格落实领导人员问责制，是深入开展反腐败建设、实现反腐败"无禁区、

---

〔1〕 马怀德主编：《中华人民共和国监察法理解与适用》，中国法制出版社 2018 年版，第 174 页。

〔2〕 马怀德主编：《中华人民共和国监察法理解与适用》，中国法制出版社 2018 年版，第 45 页。

全覆盖、零容忍"的重要抓手，也是实现依规治党与依法治国有机统一，推进国家治理体系和治理能力现代化的必然要求。[1] 除了《监察法》，与问责关系比较密切的是党规制度主要包括《中国共产党问责条例》《中国共产党纪律处分条例》等。各级监察委员会作出问责决定和提出问责建议要注意以下几点：一是问责的对象是负有管理责任的领导人员。二是启动问责机制的原因是相关领导人员不履行或没有正确履行职责。三是对领导人员实施问责，应当坚持权责一致、惩教结合、依法有序的原则，可以采取多种法定方式。四是各级监察委员会可以依职权作出问责决定，也可以向有权作出决定的机关提出问责建议。境外微观权力监察制度构建中，要把问责制度，尤其是对境外微观权力主体的上级单位或派出单位领导人员的问责制度纳入其中，作为立法完善工作的重点，作出明确规定。

3. 调查职务犯罪所涉及的刑法和刑事诉讼法。对于各级监察委员会经过调查后认为涉嫌职务犯罪的，要将其移送人民检察院依法提起公诉。追究贪污贿赂、滥用职权、玩忽职守等职务犯罪主要涉及《中华人民共和国刑法》（以下简称《刑法》）、《中华人民共和国刑事诉讼法》（以下简称《刑事诉讼法》）等刑事司法法律、行政法规、部门规章、立法解释和司法解释等。这些规范性文件都应该纳入国家监察法治体系的范畴。根据重要性原则，在此只介绍《刑法》《刑事诉讼法》相关内容。

刑法是规定犯罪、刑事责任和刑法的法律，是掌握政权的统治阶级为了维护本阶级政治上的统治和各阶级经济上的利益，

---

〔1〕　马怀德主编：《中华人民共和国监察法理解与适用》，中国法制出版社2018年版，第174页。

根据自己的意志，规定哪些行为是犯罪并且应当负何种刑事责任，并给予犯罪嫌疑人何种刑事处罚的法律规范的总称。2015年，十二届全国人大常委会十六次会议表决通过刑法修正案（九）。我国现行《刑法》的内容包括总则和分则两部分：总则主要规定刑法的任务、基本原则、适用范围、犯罪、刑罚、刑罚的具体运用等内容；分则主要是根据犯罪客体的不同，规定十种不同类型的犯罪的构成要件和量刑幅度。各级监察委员会办理贪污贿赂、滥用职权和玩忽职守等职务犯罪，要严格依据刑法总则中的相关内容办理，与其他侦查机关办理其他罪名的刑事案件没有本质区别。各级监察委员会要严格依据《刑法》分则第八章和第九章的规定办理贪污贿赂犯罪和渎职犯罪案件，不涉及刑法分则其他章节内容。《刑法》分则第八章贪污贿赂犯罪内容与境外微观权力腐败密切相关，境外微观权力主体工作人员可以成为第八章规定的大多数罪名的犯罪主体；《刑法》分则第九章渎职犯罪内容与境外微观权力滥用和权力腐败也存在一定联系，但是渎职犯罪的主体限定在国家机关工作人员、司法工作人员或国家有关主管部门工作人员，因此许多境外微观权力主体工作人员不能成为《刑法》分则第九章规定罪名的犯罪主体。相对于境外微观权力腐败，境外微观权力滥用违反现行《刑法》，构成犯罪的情况并不严重。但是，这并不意味着对境外微观权力滥用就不予以重视，我们仍然要对境外微观权力滥用行为高度重视，认真分析研究原因，在制约监督制度构建和配套制度措施完善中，在境外微观权力监察制度构建中注重发挥各级监察委员会的监察职能、调查职务违法和开展廉政建设职能。在调研中发现，境外微观权力主体的不作为等懒政现象是存在的，在某些领域是比较严重的，产生多方面的严重危害，应该纳入刑法调整范围，追究相关人员的刑事责任。在前文提及的案例中，中华医学会副秘书长遇到的驻旧金山领馆的工作人员就属于典型的不作为，造成严重危害后果的，就应该以渎职罪追究其刑事责任，在这里领馆工作人员属于国家机关工作人员的范畴，但是我国其他一些事业单位和国有企业派驻境外的工作人员如果不担当作为，不履职尽责，造成严重危害，产生严重后果，也应该纳入刑法调整范围，追究其刑事责任。下一步在深入研究分析的基础上，笔者认为可以在今后的刑法修改中，专门针对境外微观权力主体工作人员的渎职行为增加相应内容，以保卫我国国家安全，保护国有财产、劳动群众集体所有的财产和公民私人所有的财产，保护公民的人身权利、民主权利。

刑事诉讼法是国家制定或认可的调整刑事诉讼活动的法律规范的总称，其调整对象主要是侦查机关、检察机关和审判机关等当事人和其他诉讼参与人参加的揭露、证实、惩罚犯罪的活动。刑事诉讼法的主要内容包括总则、管辖、回避、辩护和代理、证据、强制措施等。我国现行《刑事诉讼法》是1979年通过的，1992年、1996年和2018年先后进行的三次修正。现行刑事诉讼法主要规定了刑事诉讼的任务、基本原则与制度，侦查机关、检察机关和审判机关在刑事诉讼中的职权和相互关系，当事人及其他诉讼参与人的权利、义务，以及如何进行刑事诉讼的具体程序等。《监察法》第4条第2款规定："监察机关办理职务违法和职务犯罪案件，应当与审判机关、检察机关、执法部门互相配合，互相制约。"主要是规定了监察机关与审判机关、检察机关、执法部门在办理职务违法犯罪案件过程中的关系。审判机关是指各级人民法院，检察机关是指各级人民检察院，执法部门是指公安机关、国家安全机关、审计机关以及质检部门、安全监管部门等行政执法部门。[1] 在实际工作中，各级监察委员会与审判机关、检察机关和执法部门形成了互相监督、互相制约的工作关系，《监察法》将客观存在的工作关系制度化、法律化，确保监察权依法公正行使。"互相配合"，主要是指监察机关和司法机关、执法部门在办理职务违法犯罪案件方面，要按照法律规定，在正确履行各自职责的基础上，互相支持，不能违反法律规定，各行其是，互不通气，甚至互相扯皮。"互相制约"，主要是指监察机关与司法机关、执法部门在追究职务违法犯罪过程中，通过程序上的制约，防止和及时纠正错误，以保证案件质量，正确应用法律惩罚违法犯罪。[2] 因此，各级检查委员会在办理职务违法犯罪案件方面，要严格按照《监察法》和《刑事诉讼法》，互相配合、互相制约，正确履行职责，正确应用法律惩罚违法犯罪。

4. 涉及的其他刑事法律和规范性文件。《监察法》制定出台后，为了实现《监察法》与《刑事诉讼法》的有效衔接，十三届全国人大常委会第六次会议通过了关于修改《刑事诉讼法》的决定以及《中华人民共和国国际刑事司法协助法》（以下简称《国际刑事司法协助法》）。完善了刑事诉讼与监察的衔接机制，包括建立刑事缺席审判制度、加强境外追逃工作等，为推进国家监察体制改革提供了法治保障。[3] 修改后的《刑事诉讼法》删去了检察机关对贪污贿赂犯罪和渎职犯罪案件行使侦查权的规定，只保留了检察机关在诉讼活动法律监督中发现司法工作

---

〔1〕 中共中央纪律检查委员会、中华人民共和国国家监察委员会法规室编：《〈中华人民共和国监察法〉释义》，中国方正出版社 2018 年版，第 65 页。

〔2〕 中共中央纪律检查委员会、中华人民共和国国家监察委员会法规室编：《〈中华人民共和国监察法〉释义》，中国方正出版社 2018 年版，第 66 页。

〔3〕 吴建雄主编：《读懂监察法》，人民出版社 2018 年版，第 369 页。

人员利用职权实施的侵犯公民权利、损害司法公正的犯罪的侦查权。各级监察委员会根据监察法和修订后的刑事诉讼法与检察机关、审判机关、侦查机关、司法行政机关建立互相配合、互相制约的协调机制。

根据《监察法》第六章的内容和《国际刑事司法协助法》，国家监察委员会统筹协调反腐败国际合作，主要包括：一是组织反腐败国际条约实施工作。二是统筹协调与其他国家、地区、国际组织开展的反腐败国际交流、合作。[1] 这里面要着重指出的是，国家监察委员会在党中央的集中统一领导下，统筹协调我国有关部门、组织与其他国家、地区、国际组织开展反腐败国际交流与合作，国家监察委员会发挥统筹协调的作用，只允许国家监察委员会而不是其他机关发挥，而且只有国家级的监察机关才能开展反腐败国际交流与合作，地方各级监察机关不能开展反腐败国际交流与合作。现阶段反腐败国际合作的领域还比较狭窄，主要包括以下内容：一是"反腐败执法合作"，是指与各有关国家、地区、国际组织在调查腐败案件、抓捕外逃涉案人等方面开展合作。二是"引渡"，是指根据双边条约、多边条约或以互惠为基础，向外逃涉案人员所在地国提出请求，将涉案犯罪嫌疑人员移交给国内进行追诉和处罚。三是"司法协助"，是指根据双边条约、多边条约或以互惠为基础，我国与有关国家、地区之间，在对条约或协定所涵盖的犯罪进行的侦查、起诉和审判过程中，相互提供最广泛的司法方面的协助。四是"被判刑人的移管"，是指外逃人员所在国依据本国法和我们提供的证明，对我国外逃人员进行定罪判刑后，将该外逃人

---

〔1〕　中共中央纪律检查委员会、中华人民共和国国家监察委员会法规室编：《〈中华人民共和国监察法〉释义》，中国方正出版社 2018 年版，第 228 页。

员移交我国服刑。五是"资产追回",是指对贪污贿赂等犯罪嫌疑人携款外逃的,通过与有关国家、地区、国际组织的合作,追回犯罪资产。六是"信息交流",是指我国与有关国家、地区、国际组织之间,发展和共享有关腐败的统计数字、分析专门知识和资料,以及有关预防和打击腐败最佳做法的资料等。[1] 新颁布的《国际刑事司法协助法》,确定国家监察委员会为国际刑事司法协助的主管机关之一,并且赋予监察机关在腐败犯罪案件调查等活动中,与外国有关部门和机关开展反腐败国际合作和刑事司法协助的职责,明确了监察机关和国内有关机关在刑事司法协助中的职责分工,进一步完善国际刑事司法工作的制度体系。[2]

由此可见,通过立法的方式,国家监察委员会被赋予了统筹协调反腐败刑事司法合作和反腐败追讨追赃工作的职能,为推进全面从严治党向基层延伸,向纵深推进,向境外拓展提供了基本法律保障。我们仍要注意到,《监察法》和《国际刑事司法协助法》对境外微观权力关注不够,没有对境外微观权力腐败犯罪案件的国际合作作出具体规定。但是在境外微观权力腐败犯罪案件的办理甚至在预防工作中,在立案管辖、证据收集、犯罪嫌疑人抓捕和移送等方面加强国际合作是非常必要的,而且必将发挥重要作用。在今后的工作中,随着境外微观权力监察制度的构建完善,我国与有关国家、地区和国际组织之间将在境外微观权力腐败犯罪案件办理方面开展深入的国际合作,各方面立法条件成熟之后,应对《监察法》和《国际刑事司法

〔1〕 中共中央纪律检查委员会、中华人民共和国国家监察委员会法规室编:《〈中华人民共和国监察法〉释义》,中国方正出版社 2018 年版,第 228 页。
〔2〕 吴建雄主编:《读懂监察法》,人民出版社 2018 年版,第 372 页。

协助法》进行修改完善，这也是本章要深入研究的内容之一。

以上是对各级监察委员会调查职务犯罪所涉及的刑事法律的分析，除了这些刑事法律，根据我国现行法治体系，还包括刑事类的行政法规、地方性法规、部门规章、地方政府规章、立法解释、司法解释等，在一定程度上立法解释、司法解释发挥十分重要的作用。由于本书内容限制，在此不再逐一进行深入研究。构建境外微观权力监察制度，在《监察法》中补充完善有关内容的同时，由于境外微观权力腐败犯罪案件的特殊复杂性，要充分发挥法律解释的重要作用，条件成熟时单独出台相应的立法解释和司法解释。

二、立法构建境外微观权力监察制度的主要考量

前文经过深入的权力分析，提出了加强境外微观权力控制和监管，完善境外微观权力制约监督和配套制度措施的系统方案；对现有党规制度体系和国家监察法治体系进行深入研究，为通过立法完善的方式构建境外微观权力监察制度奠定坚实基础。通过立法的方式，把境外微观权力控制监管的成功经验总结提炼出来，固化为法治成果。立法，即法的创制，表现为从制定到修改、废止的过程，主要涉及立法理念和立法技术两方面的内容。理论界对立法理念有多种观点，其中工具建构主义占有重要地位。工具建构主义认为之所以进行立法、重视立法，是因为充分认识到了立法的工具性价值，包括经济的、政治的和社会的。一方面为改革发展稳定各项事业保驾护航，是开展各项工作的推进器和护航舰，另一方面规范权力的设定和运行，是维护公共权力和保障公民权益的制度武器。通过立法程序，官方意志、政策取得规范的、稳定的地位，新的利益格局和权力关系被合法化、永久化。深藏在工具主义观骨子里的是建构主义信仰，以为法制是可以像土木工程一样建设起来的。[1] 在立法工作中，要合理运用立法技术，使立法与现实各项工作实践之间、各项立法之间相互协调，形成完善有机的体系。在境外微观权力监察制度立法完善工作中，必须运用立法技术，使境外微观权力监察制度立法与境外微观权力运行及其他各项密切相关的工作，与党内法规制度体系和国家监察法治体系相互协调，形成完善有机的整体。

将境外微观权力监察制度与党规制度体系和国家监察法治体系相衔接，合理嵌入现有制度体系中，既需要进行深入理论研究，提供坚实的理论基础，又需要具有高水平的立法技术，将这些制度化方案落实到具体立法完善工作中。经过前文的分析研究和深入思考，本节主要是提出在现有党规制度体系和国家监察法治体系基础上立法完善的主要考量。这些考量还不能称之为立法建议，其内容无法也不需写入相关法律制度条文，而是可以成为立法修改完善后起草修改完善说明中的主要内容。这些考量是法律制度条文背后蕴含的立法深意，对立法本身和法律实施发挥重要作用，具有重要意义。当然现阶段囿于多种原因还只能是考量，有些内容还需要研究调整完善，有些内容可能还需要经过长时间的磨合，尚处于理论储备阶段，本书先尝试提出来请理论界和实务界批评指正。依托于现有党规制度体系和国家监察法治体系的境外微观权力监察制度的立法完善工作主要有以下基本考量：

（一）巩固国家监察体制改革的成果

习近平总书记在中央全面深化改革领导小组第六次会议的讲话中指出，党的十八届三中、四中全会两个决定是姊妹篇。

---

〔1〕 刘莘主编：《立法法》，北京大学出版社 2008 年版，第 37 页。

一手抓改革，一手抓制度建设、法治建设，把改革成果固化为法规制度。推进国家监察体制改革与制定出台《监察法》，健全完善中国特色国家监察制度同样是相辅相成、相互促进的，我们要一手抓现实体制改革，一手抓党规制度体系和国家监察法治建设，在推进国家监察体制改革过程中积累经验、把握规律，及时把取得的成果用党内法规制度和法律法规的方式固化下来，进一步推动国家监察体制改革。推进全面从严治党和国家监察体制改革在境外微观权力控制监管领域有大量工作已经深入开展，而且还将继续开展，要及时把境外微观权力控制和监管工作的成熟经验和有效做法固化为法规制度，巩固改革成果。

（二）与党内法规制度建设统筹推进

治国必先治党，建设中国特色社会主义法治体系要坚持依法治国与制度治党、依规治党统筹推进、一体建设。最终要构建以党章为根本、以民主集中制为核心、以准则与条例等中央党内法规为主干，由各领域各层级党内法规制度组成的党内法规制度体系。本书关注的境外微观权力控制和监管领域，是全面从严治党和全面依法治国向纵深推进的重要着力点。境外微观权力制约监督基本制度和配套制度措施是党内法规制度体系的重要组成部分，是中国特色社会主义建设中加强境外微观权力控制和监管的中流砥柱。实质上，境外微观权力制约监督的基本制度和配套措施在全面从严治党和党内监督工作中已经得到深入的贯彻实施。从本意上说，实际上是全面从严治党和党内监督工作中已经全面贯彻了权力制约监督的基本理念，全面落实了基本制度和配套制度措施，这些理念、制度、措施已经全面覆盖到了境外微观权力主体工作人员的党员。所以立法完善境外微观权力监察制度，必须与全面从严治党和党内监督工作所涉及的党内法规制度体系中的内容相互衔接、统筹推进。

（三）依托现有国家监察法治体系

构建境外微观权力监察制度，实质上是在现有国家监察制度基本框架的基础上对境外微观权力监察制度的细化和具体化，是在紧紧依托现有国家监察法治体系的基础上再补充完善境外微观权力监察制度的有关内容。虽然境外微观权力监察在国家监察体系中占有非常重要的位置，可以说是国家监察工作的重点和难点，但是针对境外微观权力的监察制度与其他国家监察制度在主要方面是相同的，没有必要单独作出规定和调整，就如同《刑事诉讼法》第4条关于国家安全机关的规定："国家安全机关依照法律规定，办理危害国家安全的刑事案件，行使与公安机关相同的职权。"在国家监察法中，可以采取相应方式，比如：监察机关对境外公职人员的监察范围和监察程序，与其他监察工作相同。从节约立法资源的角度，可以不对其单独作出规定，没有规定特殊内容的地方，就严格按照现行《监察法》执行。而且党的十九大之后，《监察法》刚刚制定出台，从立法稳定性的角度出发也不适宜进行大的调整和修改。由于国家监察法治体系在立法规范中主要采取针对人员而非权力本身的表述，建议在《监察法》中单独列出境外公职人员，然后规定针对境外公职人员的特殊内容，增加相应条款。条件成熟之后，在下一步国家监察立法修改完善工作中，可以尝试在《监察法》中增加一章，专门针对境外公职人员。随着境外微观权力监察工作的深入开展，将更多的加强境外微观权力控制和监管的经验固化为法治成果，可以探索制定针对境外微观权力和境外公职人员的专门法律，作为对《监察法》在境外微观权力监察领域的细化和深化。

（四）解放思想勇于担当创新

国家监察体制改革关系党风廉政建设和反腐败斗争大局，

涉及国家各地区的纪检监察机关和公检法司等国家政权机关和强力部门，涉及各地区各单位的监察制度基本格局，社会关注度高，改革难度大，这就要求各机关及其领导干部，具体到境外微观权力主体及其工作人员，要有自我革新的胸襟，要有刀刃向内的勇气。运用《监察法》统领整个国家监察法治体系和国家监察工作，同样《监察法》要统领境外微观权力监察工作，不仅涉及腐败案件办理，更多的是涉及境外微观权力改革工作和相应制度建设的方方面面，要将制约监督的基本理念贯彻到境外微观权力设定、运行的各个方面、各个阶段。这就要求境外微观权力主体及其工作人员，包括其上级单位和派出单位必须解放思想勇于担当作为。如果境外微观权力主体及其工作人员只有自己的"一亩三分地"，拘泥于部门权限和利益，甚至优先考虑个人利益，甚至在一些具体问题上讨价还价，必然是磕磕绊绊，难有作为。改革必然要触动现有的职能、权限、利益，顺利推进改革要求境外微观权力主体及其工作人员一定要增强大局意识，自觉在大局下思考、在大局下行动，跳出地区、行业、部门、单位的框框，做到相互支持、相互配合。只要有利于保护国家海外利益，规范和促进境外微观权力运行，维护公平正义、维护人民权益、维护国家安全稳定，不管遇到什么阻力和干扰，都要坚定不移向前推进，决不能避重就轻、拣易怕难、互相推诿、久拖不决。国家监察领域改革的很多问题都涉及党纪党规和法律法规。改革要做到于法有据，但是不能因为现行党纪党规和法律法规就不敢越雷池一步，那样是无法推进改革的，正所谓"苟利于民不必法古，苟周于事不必循旧"。要推进改革，就要勇于制定出台、修改完善党规制度体系和国家监察法治体系。

此外，理论界和实务界要敢于担当，大胆创新，提出制定出台专门针对境外微观权力和境外公职人员的法律，构建完善的境外微观权力监察工作制度，并积极为立法条件的成熟创造有利条件。理论界要加强理论研究，为境外微观权力监察工作专门立法奠定坚实理论基础，提供理论支持；实务界要围绕境外微观权力监察工作专门立法，解放思想，大胆创新，先行先试，积累成功经验，为境外微观权力监察工作专门立法提供坚实的实践基础。

三、国家监察法治体系立法完善建议

（一）着力实现国家监察全覆盖

1. 党内监督全覆盖已经实现。党内监督是对全体党员尤其是党员干部实行的监督。在我国监督体系中，党内监督和国家监察发挥着十分重要的作用。我国80%的公务员和超过95%的领导干部是共产党员，这就决定了党内监督与国家监察具有高度的内在一致性，也决定了实行党内监督和国家监察相统一的必然性。[1] 党的十八大以来，党内监督机制不断完善，党内监督力度不断强化，在中央层面，派驻的纪检监察组覆盖了百余个国家机关和人民团体、事业单位，党内监督全覆盖已经基本实现，取得了良好成效。随着党内监督全覆盖的实现，党内监督与国家监察之间出现了不协调不匹配现象，急需使党内监督和国家监察真正实现有机结合，保证监督力量延伸和覆盖到所有公职人员。

2. 实现国家监察全覆盖的目的。制定《监察法》，是从全局着眼，从顶层设计入手，统筹完善和加快形成监察全覆盖的国家监察体系，健全国家监察组织架构。《监察法》第1条明确

---

[1] 中共中央纪律检查委员会、中华人民共和国国家监察委员会法规室编：《〈中华人民共和国监察法〉释义》，中国方正出版社2018年版，第34页。

规定："为了深化国家监察体制改革，加强对所有行使公权力的公职人员的监督，实现国家监察全面覆盖，深入开展反腐败工作，推进国家治理体系和治理能力现代化，根据宪法，制定本法。"从立法目的上看，制定《监察法》是总结党的十八大以来反腐败的经验，巩固国家监察体制改革的成果，构建党统一指挥、全面覆盖、权威高效的中国特色国家监察体系。推进国家监察体制改革是确立中国特色监察体制的创制之举，目的在于解决行政监察范围过窄、反腐败力量分散和体制机制不畅等突出问题。要做好顶层设计，打破利益藩篱，整合行政监察、预防腐败和检察机关查处贪污贿赂、失职渎职以及预防职务犯罪等力量，形成全面覆盖公职人员的监察体系。[1] 党的十八大以来，党内监督已基本实现全覆盖，党内法规制度体系逐步健全完善，国家监察应该与党内监督保持一致，国家法律法规应该与党内法规制度体系相协调。更为重要的是，对于党内监督覆盖不到或者不适用于执行党纪的行使公权力的公职人员，必须要纳入国家监察的范围，从而保证所有行使公权力的公职人员都被纳入监察范围中，扫除监察死角和盲区。

3. 对国家监察对象有关规定分析。国家监察的对象包括权力本身和行使权力的主体，全覆盖的对象是所有公权力和行使公权力的公职人员。由于《监察法》的立法目的主要还是放在办理腐败案件、惩治腐败行为上；而且在立法上采取列举的方式对权力主体进行规范和限定，这种表述方式比采取列举方式或其他方式对权力本身进行规范和限定要更为容易。所以，监察法对监察对象范围的表述方式是公职人员和有关人员。《监察

---

〔1〕 本书编写组编著：《党的十九大报告辅导读本》，人民出版社 2017 年版，第 473 页。

法》第 15 条是关于监察对象范围的规定，为了研究清楚其是否能涵盖境外微观权力主体工作人员，在此详细列举其具体内容。根据《监察法》第 15 条规定，监察机关对下列公职人员和有关人员进行监察：①中国共产党机关、人民代表大会及其常务委员会机关、人民政府、监察委员会、人民法院、人民检察院、中国人民政治协商会议各级委员会机关、民主党派机关和工商业联合会机关的公务员，以及参照《中华人民共和国公务员法》管理的人员；②法律、法规授权或者受国家机关依法委托管理公共事务的组织中从事公务的人员；③国有企业管理人员；④公办的教育、科研、文化、医疗卫生、体育等单位中从事管理的人员；⑤基层群众性自治组织中从事管理的人员；⑥其他依法履行公职的人员。[1]

根据《监察法》第 15 条的规定，逐一分析能否涵盖境外微观权力主体工作人员。《中华人民共和国公务员法》第 2 条规定："本法所称公务员，是指依法履行公职、纳入国家行政编制、由国家财政负担工资福利的工作人员"。具体而言，我国的公务员包括下列机关的工作人员：中国共产党机关的工作人员；人民代表大会及其常务委员会机关的工作人员；人民政府的工作人员；监察委员会的工作人员；审判机关的工作人员；检察机关的工作人员；政协机关的工作人员；民主党派和工商联机关的工作人员。《中华人民共和国公务员法》第 112 条规定："法律、法规授权的具有公共事务管理职能的事业单位中除工勤人员以外的工作人员，经批准参照本法进行管理。"在这种情况下，境外微观权力主体工作人员中的外交部门、商务部门、教

---

〔1〕 中共中央纪律检查委员会、中华人民共和国国家监察委员会法规室编：《〈中华人民共和国监察法〉释义》，中国方正出版社 2018 年版，第 8 页。

育部门、科技部门、文化部门、公安部门等行政机关派驻在境外工作的人员都可以纳入监察法调整的范围。证券、银行、保险监督管理机构和其他参照公务员法管理的事业单位工作人员，也都可以纳入监察对象范围，由监察机关对其监督、调查、处置。

在我国，事业单位人数多，分布广，由于历史和国情等原因，在一些地方和领域，法律、法规授权或者受国家机关依法委托管理公共事务的事业单位工作人员，其数量甚至大于公务员的数量。[1] 实践中，由于历史和国情等因素，一些事业单位尽管受法律、法规授权承担着一定的公共事务管理职能，但并未纳入参公管理的范围。这些单位尽管未被纳入参公组织的范围，但在实际上承担着公共事务管理职能，其中从事公务的人员属于行使公权力的公职人员，理应属于监察的对象范围。[2] 科技协会、疾控中心等科研机构、文化交流机构在境外的工作人员，虽然不能纳入公务员法管理的范围，但是都可以纳入国家监察工作对象范围，由监察机关对其进行监督、调查、处置。

《监察法》第 15 条第 3 项规定的是国有企业管理人员。国有企业是推进国家现代化、保障人民共同利益的重要力量，是我们党和国家事业发展的重要物质基础和政治基础，国有企业监察工作是我国国家监察的重要组成部分。境外微观权力主体中国有企业占有很大比重，必须进行深入研究分析。研究的主要依据包括党规制度体系的内容，主要有 2009 年中共中央办公厅、国务院办公厅印发的《国有企业领导人员廉洁从业若干规

---

〔1〕 中共中央纪律检查委员会、中华人民共和国国家监察委员会法规室编；《〈中华人民共和国监察法〉释义》，中国方正出版社 2018 年版，第 111 页。

〔2〕 马怀德主编：《中华人民共和国监察法理解与适用》，中国法制出版社 2018 年版，第 59 页。

定》，2015 年印发的《中共中央、国务院关于深化国有企业改革的指导意见》等。根据有关规定和实践需要，作为监察对象的国有企业管理人员，主要是国有独资企业、国有控股企业（含国有独资金融企业和国有控股金融企业）及其分支机构的领导班子成员，包括设董事会的企业中由国有股权代表出任的董事长、副董事长、董事、总经理、副总经理，党委书记、副书记、纪委书记、工会主席等；未设董事会的企业的总经理（总裁）、副总经理（副总裁），党委书记、副书记、纪委书记、工会主席等。此外，对国有资产负有经营管理责任的国有企业中层和基层管理人员，包括部门经理、部门副经理、总监、副总监、车间负责人等；在管理、监督国有财产等重要岗位上工作的人员，包括会计、出纳人员等；国有企业所属事业单位领导人员，国有资本参股企业和金融机构中对国有资产负有经营管理责任的人员，也应当理解为国有企业管理人员范畴，涉嫌职务违法和职务犯罪的，监察机关可以依法调查。[1] 根据权威部门的解释，国有企业和金融机构在境外设立的分支机构，建立的分公司，参股的企业和金融机构，只要对中国国有资产承担经营管理责任，不管其职务、身份、国籍，都可以纳入监察法调整范围，涉嫌职务违法和职务犯罪的，监察机关可以依法调查。这里面最关键的一点就是国有企业聘任的外籍高级管理人员能否纳入监察法调整的对象。国家监察机关办理职务违法和职务犯罪案件，在此仅仅以职务犯罪为分析对象，职务犯罪案件是指刑法规定的贪污贿赂犯罪案件和渎职犯罪案件。根据《刑法》有关保护管辖权的规定，外国人在中华人民共和国领域

---

〔1〕 中共中央纪律检查委员会、中华人民共和国国家监察委员会法规室编：《〈中华人民共和国监察法〉释义》，中国方正出版社 2018 年版，第 112 页。

外对中华人民共和国国家或公民犯罪，而按刑法规定的最低刑为 3 年以上有期徒刑的，可以适用刑法。渎职犯罪要求犯罪主体必须是国家机关工作人员，因为犯罪主体不适格不需进行研究，贪污贿赂犯罪的法定最低刑基本都在 3 年以下有期徒刑。这种情况下要根据案件的情况进行具体分析，只有犯罪情节较重，法定最低刑在 3 年以上有期徒刑的，才有管辖权。

《监察法》第 15 条第 4 项规定的是公办教科文卫体单位管理人员。作为监察对象的公办的教育、科研、文化、医疗卫生、体育等单位中从事管理的人员，主要是该单位及其分支机构的领导班子成员，以及该单位及其分支机构中的国家工作人员，比如公办学校的校长、副校长，科研院所的院长、所长，公立医院的院长、副院长等。[1] 除公办教育、科研、文化、医疗卫生、体育等单位及其分支机构的中层和基层管理人员，还包括从事与职权相联系的管理事务的其他职员，在管理、监督国有资产等重要岗位上工作的人员，临时从事与职权相联系的管理事务人员。现行监察法的规定基本上把公办教科文卫体单位的派往境外的工作人员涵盖进来，但是由于派往境外工作人员的特殊工作性质、特殊工作环境和权力腐败的特殊严重危害，国家监察工作范围不应仅仅局限于管理人员，应该涵盖公办教科文卫体单位派往境外工作的全体人员，在立法完善工作中应该明确规定。

《监察法》第 15 条第 5 项规定的是基层群众性自治组织中从事管理的人员。由于村民委员会、居民委员会的工作性质，一般不会在境外长期设立分支机构，不涉及境外微观权力的控

---

〔1〕　中共中央纪律检查委员会、中华人民共和国国家监察委员会法规室编：《〈中华人民共和国监察法〉释义》，中国方正出版社 2018 年版，第 113 页。

制和监管问题。如果设立的话，其派往境外工作的人员应该纳入国家监察工作范围，并且应该在立法完善工作中明确规定。

《监察法》第15条第6项规定的是其他依法履行公职的人员，这是一项兜底条款。由于采用列举式表述方式，设立兜底条款主要是为了防止出现对监察对象列举不全的情况。境外微观权力主体工作人员可以适用这一兜底条款，但是同样有两个问题：一是适用兜底条款，每一个案件都需要进行分析和判断境外微观权力主体工作人员是否行使公权力，所涉嫌的职务违法或职务犯罪是否损害了公权力的廉洁性，这就为判断失误提供了可能，也将大幅度提高国家监察工作成本。二是适用兜底条款，仅仅把其看作出是前五项国家监察工作对象的剩余部分，无法突出境外微观权力主体工作人员这一国家监察工作的重点。因此，在下一步的国家监察立法完善中，应对境外微观权力主体工作人员作出单独规定。

4. 具体修改完善建议。鉴于以上分析研究，必须把境外微观权力主体工作人员纳入国家监察范围，而且要作为国家监察工作重点予以突出、进行强调。而《监察法》中的相关规定没有对境外微观权力主体工作人员作出单独规定，在国家监察工作实践中容易产生争议，需要对个案进行分析判断，浪费大量国家监察工作资源。而且现行规定不足以覆盖所有境外微观权力主体工作人员，更无法体现将境外微观权力主体工作人员作为监察工作重点的立法原意。因此，建议在《监察法》关于监察对象范围的规定中增加境外微观权力主体工作人员的专门内容，明确将境外微观权力主体工作人员纳入国家监察工作范围，并将其作为重点加以突出，真正实现国家监察全覆盖。具体修改完善建议如下：在《监察法》第3章监察范围和管辖中的第15条，增加1款内容："以上人员派驻境外履行职责，从事公务或从事管理工作，国家监察机关要予以重点监察。"由于自身的立法水平有限，对立法技术掌握不足，笔者只能做到把思想和观点表达出来，文字表述可能不够精练贴切，下一步还要继续分析研究，进行总结调整。

（二）落实境外微观权力的国家监察职责

监察职责，即监察机关为行使监察职能所具有的职权和责任。监察权限，即监察机关为履行职能所能行使的权力和限度。监察职责是监察权限的前提和基础，而监察权限则是监察职责的具体和保障。[1] 落实境外微观权力主体的国家监察职责之前，要先对境外微观权力主体的监察权进行分析和研究，判断分析我国国家监察机关有没有权力对境外微观权力滥用和权力腐败行为进行监察。

1. 对现行监察权的分析。监察权是国家赋予监察机关对某类事项进行监督、调查和处置的职权，凡不属于监察权范围内的事项监察机关无权办理；监察事项的管辖权是指对某个具体的事项在监察机关体系内部由哪里、哪级的监察机关办理。[2] 监察权是《宪法》第123条"中华人民共和国各级监察委员会是国家的监察机关"规定的，此项规定明确了监察委员会的性质和地位。《宪法》第124条规定："中华人民共和国设立国家监察委员会和地方各级监察委员会。监察委员会由下列人员组成：主任，副主任若干人，委员若干人。监察委员会主任每届任期同本级人民代表大会每届任期相同。国家监察委员会主任连续任职不得超过两届。监察委员会的组织和职权由法律规

〔1〕 江国华：《中国监察法学》，中国政法大学出版社2018年版，第98页。
〔2〕 马怀德主编：《中华人民共和国监察法理解与适用》，中国法制出版社2018年版，第67页。

定。"此项规定明确了监察委员会的基本构成要素、组织和职权的确定方式。从宪法规定中可以看出，监察委员会作为行使国家监察职能的专责机关，与党的纪律检查委员会合署办公，实现党性和人民性的高度统一。监察委员会依法行使的监察权，是在党的坚强领导下，代表党和国家对所有行使公权力的公职人员进行监督，既调查职务违法行为，又调查职务犯罪行为。

从功能而言，监察权限是根据监察职责的实际需要，针对不同情况相应设置的，监察机关作为行使国家监察职能的专责机关，国家监察法赋予其三大职权：监督权、调查权和处置权。其中，监督是首要职权，其主要是对公职人员开展廉政教育，对其依法履职、秉公用权、廉洁从政从业以及道德操守情况进行监督检查。监察机关行使监督职权的目的是为了惩前毖后、防微杜渐，防止一般违纪违法行为发展成严重违纪违法行为，严重违纪违法行为发展成犯罪行为。其次，调查是核心，其主要是对涉嫌贪污贿赂、滥用职权、玩忽职守、权力寻租、利益输送、徇私舞弊以及浪费国家资财等职务违法和职务犯罪行为进行调查核实。调查是为了获取真相，目的是判断公职人员是否依法履职。最后，处置是保障，即通过处分和制裁违法犯罪行为以保障监察机关的有效履职与威慑作用。

2. 现行法律对监察职责的界定和分配。落实国家监察职责其实就是研究监察权的具体分配问题，国家监察职责同时也是国家监察职权，在此用职责的表述主要是为突出其责任，为境外微观权力监察事项落实责任单位奠定基础。研究监察事项的管辖首先要厘清监察权与监察事项管辖权的关系，两者既有联系，又有区别。监察权是国家赋予监察机关对某类事项进行监督、调查和处置的职权，凡不属于监察权范围内的事项监察机关无法办理；监察事项的管辖权则是指对某个具体的事项在监察机关体系内部由哪里、哪级的监察机关办理。[1] 国家监察机关可以根据《监察法》第 11 条的规定对境外微观权力主体工作人员履行监督、调查、处置职责，前文已经对此问题深入研究。

　　监察事项的管辖，是确定对某一监察事项应由哪一级或者哪一个监察机关办理的法律制度。[2] 监察事项管辖权的规定至关重要，因为监察机关各司其职、各尽其责的前提是责任清晰。对监察机关的管辖范围作明确规定，既可以有效避免争执或推诿，又有利于有关单位和个人按照监察机关的管辖权限提供问题线索，充分发挥人民群众反腐败的积极性。《监察法》明确作出地域管辖和级别管辖的规定，其中第 16 条是关于监察管辖原则的规定，第 17 条就是关于指定管辖和报请提级管辖的规定。监察管辖实行的是级别管辖与地域管辖相结合的原则，各级监察委员会按照干部管理权限对本辖区内的监察对象依法进行监察。指定管辖，是指根据上级监察机关的指定而确定监察事项的管辖机关。报请提级管辖是指监察机关因法定事由可以报请上级监察机关管辖原本属于自己管辖的监察事项。指定管辖和报请提级管辖可以增强监察工作的机动性、实效性，做到原则性与灵活性相结合。涉及境外微观权力主体工作人员的监察事项，仅仅按照地域和干部管理权限还不能完全明确国家监察机关的管辖权，必须要进行深入分析研究。

　　我国国家监察组织体系是一个由众多监察机关所构成的体系严密的整体。对《监察法》规定的监察对象，必须明确监察机关的具体分工。在确定监察机关的管辖时，需要坚持原则性

　　〔1〕　马怀德主编：《中华人民共和国监察法理解与适用》，中国法制出版社2018 年版，第 67 页。
　　〔2〕　马怀德主编：《中华人民共和国监察法理解与适用》，中国法制出版社2018 年版，第 67 页。

和灵活性相结合，既保证各监察机关各司其职、各尽其责，又保留一定的机动性，以应对复杂的反腐败形势的需要。[1] 《国家监察法》第 16 条第 1 款规定："各级监察机关按照管理权限管辖本辖区内本法第 15 条规定的人员所涉监察事项。" 根据这一条文确定境外微观权力主体工作人员所涉监察事项由哪一级别哪一地区的监察机关管辖，存在两个亟须确定的问题：一是管辖级别，即境外微观权力主体工作人员由哪一级别的监察机关管辖；二是管辖区域，由于监察机关按照行政区域设立并确定管辖权限，而境外微观权力主体工作人员身处境外，如何确定其由哪个区域的监察机关管辖呢。

除了监察法之外，还涉及与刑法和刑事诉讼法的衔接问题，涉及与人民法院、人民检察院、公安机关、审计机关等国家机关的协调配合问题。反腐败工作是一项系统工程，需要相关职能部门理顺机制、密切配合。优化组织机制、提高工作成效是中国纪检监察机关改革的核心议题。[2] 这就需要分析刑法、刑事诉讼法的相关规定，对刑法的效力范围问题和刑事诉讼法规定的管辖问题进行分析研究。

刑法的效力范围问题，即刑法的适用范围，是指刑法在什么地方、对什么人和在什么时间内具有效力。刑法的空间效力，是指刑法对地和对人的效力，也就是解决刑事管辖权的范围问题。一个独立自主的国家，无不在刑法中对刑法的空间效力即刑事管辖权的范围问题作出规定。不过，由于各国社会政治情况和历史传统习惯的差异，在解决刑事管辖权范围问题上所主

---

〔1〕 马怀德主编：《中华人民共和国监察法理解与适用》，中国法制出版社2018 年版，第 55 页。

〔2〕 过勇、宋伟："中国地方纪检监察机关改革模式分析"，载《政治学研究》2014 年第 5 期。

张的原则不尽相同。〔1〕关于刑事管辖权范围上所主张的原则主要有属地原则、属人原则、保护原则和普遍原则。属人原则，即以人的国籍为标准，凡是本国人犯罪，不论是在本国领域内还是本国领域外，都适用本国刑法。属地原则，即以地域为标准，凡是在本国领域内犯罪，无论是本国人还是外国人，都适用本国刑法；反之，在本国领域外犯罪，都不适用本国刑法。保护原则，即以保护本国利益为标准，凡侵害本国国家或者公民利益的，不论犯罪人是本国人还是外国人，也不论犯罪地在本国领域内还是在本国领域外，都适用本国刑法。普遍原则，即以保护国际社会的共同利益为标准，凡发生国际条约所规定的侵害国际社会共同利益的犯罪，不论犯罪人是本国人还是外国人，也不论犯罪地在本国领域内还是在本国领域外，都适用本国刑法。根据前文分析研究，国家监察机关对境外微观权力主体工作人员的职务违法和职务犯罪是有管辖权的。

刑事诉讼法的管辖问题，即刑事案件的侦查、起诉和审判工作由哪一级别、哪一地区的侦查机关、检察机关和审判机关管辖的问题。监察机关对职务违法和职务犯罪行为进行调查，构成犯罪的要移交检察机关提起公诉，由相对应的审判机关进行审判。而且，《监察法》规定，人民法院、人民检察院、公安机关、审计机关等国家机关在工作中发现公职人员涉嫌贪污贿赂、失职渎职等职务违法或职务犯罪的问题线索，应当移送监察机关，由监察机关依法调查处置。因此刑事诉讼法关于管辖的规定对监察机关的管辖产生重大影响。《刑事诉讼法》规定刑事案件的侦查由公安机关进行，法律另有规定的除外。对于审

---

〔1〕　高铭暄、马克昌、赵秉志主编：《刑法学》，北京大学出版社、高等教育出版社 2000 年版，第 33 页。

判机关，基层人民法院管辖第一审普通刑事案件，中级人民法院管辖危害国家安全、恐怖活动案件和可能判处无期徒刑、死刑的案件，高级人民法院和最高人民法院分别管辖全省（自治区、直辖市）性的重大刑事案件和全国性的重大刑事案件。根据以上规定，为了与刑法和刑事诉讼法相衔接，境外微观权力主体工作人员的职务犯罪行为主要由基层人民法院和中级人民法院管辖，而考虑到境外微观权力主体工作人员职务犯罪的特殊危害性和犯罪案件的特殊复杂性，应该区别于其他公职人员的职务犯罪案件，建议主要由中级人民法院管辖。

3. 对境外微观权力监察工作的管辖权分析。境外微观权力监察事项的管辖，主要是确定境外微观权力主体工作人员的职务违法和职务犯罪行为由哪一级或者哪一个监察机关办理。确定境外微观权力主体工作人员级别管辖的依据同样是干部管理权限，但是建议境外微观权力主体工作人员按照其上级单位或派出单位班子成员的干部管理权限确定其级别管辖。实际上就是对境外微观权力主体工作人员的干部管理权限上提一级。但这里有两种例外情况：一是如果上提一级后，也就是说其上级单位或派出单位班子成员的干部管理权还是县一级，其职务违法或职务犯罪案件的管辖权还在县级国家监察委员会，那么将其管理权上提至地市州盟级国家监察委员会，相对应就由中级人民法院进行审判。二是如果按照干部管理权限，境外微观权力主体工作人员是由中央管理的干部，其职务违法或职务犯罪的管辖权本就在国家监察委员会，不再对其进行调整。由于《监察法》规定了指定管辖和提级管辖，体现了原则性和灵活性的统一，可以灵活机动地调配监察资源。

4. 组建针对境外微观权力的专门内设机构。由于境外微观权力所处的外部环境和其他各种复杂因素的交织叠加，境外微观权力运行中存在大量风险、遇到众多挑战，调查职务违法和职务犯罪存在大量困难和挑战，需要深入开展反腐败国际合作，对监察工作的专业性和政治性要求更高。因此，建议在国家监察委员会、省级监察委员会和地市州盟监察委员会设立专门内设机构，专门负责境外微观权力主体工作人员的监察工作，调查境外微观权力主体的职务违法和职务犯罪案件。因此，进一步明确以下问题：一是县级监察委员会没有针对境外微观权力主体工作人员的监察权，不办理境外微观权力主体工作人员的职务违法和职务犯罪案件；二是境外微观权力主体工作人员的职务违法和职务犯罪案件，由监察委员会内部的专门内设机构办理。在地市州盟级以上监察委员会设立专门内设机构调查境外微观权力主体工作人员的职务违法和职务犯罪案件，可以提高调查工作效率，提高调查工作水平，确保案件办理的政治效果和法律效果。

（三）全面落实监察工作方针

1. 现行监察工作方针。《监察法》第 6 条是关于监察工作方针的规定，其主要内容是："国家监察工作坚持标本兼治、综合治理，强化监督问责，严厉惩治腐败；深化改革、健全法治，有效制约和监督权力；加强法治教育和道德教育，弘扬中华民族传统文化，构建不敢腐、不能腐、不想腐的长效机制。"[1] 规定监察工作方针，主要目的是贯彻落实党的十九大精神，将党的十八大以来党风廉政建设和反腐败工作的重要思想、目标、要求和实践经验进行总结，以法律的形式固定下来。监察工作方针主要解决三个方面的问题：一是坚持标本兼治、综合治理，

---

〔1〕 中共中央纪律检查委员会、中华人民共和国国家监察委员会法规室编：《〈中华人民共和国监察法〉释义》，中国方正出版社 2018 年版，第 71 页。

强化监督问责，严厉惩治腐败，这是我们党惩治腐败的基本方针，主要解决不敢腐的问题。二是深化改革、健全法治，有效制约和监督权力，主要解决不能腐的问题，这是治本之策。三是加强法治教育和道德教育，弘扬中华民族传统文化，主要解决不想腐的问题。四是构建不敢腐、不能腐、不想腐的长效机制，不敢腐是强调惩治和威慑，不能腐是强调制约和监督，不想腐是强调教育和引导。从"反腐败永远在路上"的战略判断看，"不敢""不能""不想"的长效机制在反腐败斗争中必须同时发力，以不同的功能实现筑牢权力之笼，防止腐败发生的价值。"不敢腐"是"不能腐"和"不想腐"的前提和基础。"不能腐"是"不敢腐"和"不想腐"的巩固和发展。"不想腐"是"不敢腐"和"不能腐"的结果和保障。三者相互联系，相互促进，缺一不可。[1]

2. 境外微观权力监察中的薄弱环节。在强化监督问责，依法惩治腐败，解决不敢腐的问题方面，理论界作了大量的研究，为通过监察制度立法等方式建立系统完善行之有效的制度体系提供了坚实的理论基础。在监察制度立法过程中，强化监督问责，严厉惩治腐败方面下了大量功夫，作出了详细明确的规定，体现了巩固反腐败斗争压倒性态势、夺取压倒性胜利的决心，持续强化不敢腐的震慑，在党风廉政建设和反腐败斗争中发挥了重要作用。这些是标本兼治中治标的内容，是反腐败长效机制建设的第一步。

鉴于前文所述由于权力本身的特性，境外微观权力所处的外部环境和其他各种复杂因素的交织叠加，境外微观权力运行中存在大量风险、遇到众多挑战，境外微观权力滥用和权力腐

---

〔1〕 吴建雄主编：《读懂监察法》，人民出版社 2018 年版，第 44 页。

败产生严重危害，在境外微观权力监察制度立法完善工作中，要认真学习、深刻领会、全面落实监察工作方针，坚持标本兼治，综合治理，突出治标。构建境外微观权力制约监督体系，扎牢不能腐的笼子，筑牢不能腐的堤坝；构建境外微观权力主体工作人员理念信念教育制度体系，增强不想腐的自觉。

3. 贯彻监察工作方针的主要思路。贯彻监察工作方针，主要是坚持综合治理，重点治本。有效制约和监督权力，从客观上解决不能腐的问题方面，《监察法》本身的相关内容不多，给予的关注不够，具体规定明显不足。不能简单地将监察工作等同于查办腐败案件，应当强化系统思维，认真查找廉政风险点，前移监察关口，加强权力制约监督特别是特殊领域的境外微观权力制约监督，构建境外微观权力监察制度，构筑不能腐的体制机制，解决不能腐的问题。通过织牢织密制度的笼子，完善境外微观权力制约监督体系，科学合理约束裁量权，减少权力寻租空间，形成不能腐的制度体系，这是反腐败长效机制建设的第二步。解决不能腐的问题，不仅仅是国家监察体制改革和监察法的任务，其他各项深化改革任务和法律制定、修订工作都或多或少与此相关[1]。反腐败不是靠一个机关推进、一部法律实施就能完成的事，必须动员各方面广泛参与，群策群力，建立起规范权力运行的制度体系。因此，必须在涉及境外微观权力的各项改革任务推进工作中，在各项具体工作制度构建过程中，在"一带一路"倡议推行中，在海外利益拓展和保护工作中，在国家治理体系和治理能力现代化过程中，将健全完善规范境外微观权力运行的制度体系作为重要任务，将权力制约

---

〔1〕 中共中央纪律检查委员会、中华人民共和国国家监察委员会法规室编：《〈中华人民共和国监察法〉释义》，中国方正出版社 2018 年版，第 73 页。

监督的基本理念贯穿始终。同时，通过立法方式把行之有效的改革措施和具体经验以监察法等法律法规、党规制度的形式固化下来，通过法治建设真正实现对权力的有效监督制约，压缩、消灭可能发生腐败的空间，形成制度合力，增强制度实效，真正实现不能腐，确保党和人民赋予的境外微观权力真正用来为人民谋利益。

用理想信念教育统领廉政法治教育和廉政道德教育，既讲法治又讲德治，重视发挥道德教化作用，将法律和道德的力量、法治和德治的功能紧密结合起来，把自律和他律紧密结合起来，解决不想腐的问题。完善廉政法治教育和廉政道德教育制度，使不想腐的关键深入境外微观权力主体工作人员的内心，建立外在与内在相统一的约束机制，形成不想腐的文化和氛围，这是反腐败长效机制建设的最终目标。这主要是从主观上解决不想腐的问题。根据《监察法》第 11 条第 1 项的规定，监察委员会依照监察法和有关法律规定履行以下职责："对公职人员开展廉政教育，对其依法履职、秉公用权、廉洁从政从业以及道德操守情况进行监督检查"。因此，监察委员会在履行职责过程中，既要加强日常监督、查清职务违法和犯罪事实，进行相应处置，还要开展严肃的思想政治工作，进行理想信念宗旨教育，做到惩前毖后、治病救人，努力取得良好的政治效果、法纪效果和社会效果。监察法所指的廉政教育包括法治教育、道德教育和中华传统文化教育，本书的建议是用理想信念教育来统领这些教育，因为法治教育、道德教育和中华传统文化教育的主要内容都是道路自信、理论自信、文化自信和制度自信的源泉，都是坚定理想信念的重要原因。在加强理想信念教育解决不想腐的问题方面，制度构建和法治建设还需要进一步健全完善。可以对照本书关于境外微观权力主体工作人员管理保障制度中的理想信念教育相关内容，在监察法中增加相应章节或者增加部分条款，也可以在其他党规制度、法律法规的制定、修订过程中增加相应内容，建立起规范权力运行的制度机制，在扎牢不能腐的笼子，筑牢不能腐的堤坝，增强不想腐的自觉方面，加强法治建设，作出法治贡献。

4. 具体立法完善建议。

（1）在深化改革、健全法治、有效制约和监督权力上下功夫。在《监察法》中增加相应章节，设立专门条文，对权力设定、权力运行的基本原则作出规定。在下一步的专门立法中，对境外微观权力量化制度、境外微观权力责任管理制度、境外微观权力运行公开制度、境外微观权力配置管理制度、针对境外微观特权、隐蔽性境外微观权力和境外微观权力主体主要负责人的制约监督制度作出明确规定。

（2）通过立法完善方式加强对境外微观权力主体工作人员的日常教育、管理和保障。有关组织和单位要切实扛起主体责任，严格执行各项管理规定，把功夫下在平时，将关口前移，做好预防工作。要及时掌握境外微观权力主体工作人员的思想、工作和生活状况，了解最新动态，对关键岗位人员多提醒，对苗头性问题多过问，有问题隐患的要早发现、早报告、早处置。通过立法完善方式，明确规定境外微观权力主体工作人员选派制度和管理保障制度，明确规定境外微观权力事项管理制度，明确规定境外微观权力制约监督配套措施。

（四）扩大反腐败国际合作

1. 现行反腐败国际合作的主要内容。长期以来，大批腐败分子利用我国既有的制度漏洞和不同国家间的制度差异逃往境外，并将巨额赃款也转移出去，追逃追赃防逃成为我国党风廉政建设和反腐败斗争的重点、难点和盲点。[1] 党的十八大以来，包括国际合作在内的反腐败各项工作获得突破性进展，并取得历史性成就。党的十八大报告、党的十八届四中全会通过的《中共中央关于全面推进依法治国若干重大问题的决定》和党的十九大报告都对反腐败国际合作提出明确要求。作为我国的反腐败国家立法，《监察法》将反腐败国际合作的经验、做法与内容通过法律的形式加以确定。《监察法》关于反腐败国际合作的规定主要有以下内容：一是反腐败国际合作的统筹协调主体是国家监察委员会，地方各级监察委员会不能开展反腐败国际合作。二是反腐败国际合作的主要职责是统筹协调与其他国家、地区、国际组织开展的反腐败国际交流、合作，组织反腐败国际条约实施工作。三是反腐败国际合作的主要内容是反腐败执法、引渡、司法协助、被判刑人的移管、资产追回和信息交流。四是加强反腐败追逃追赃防逃国际合作的内容。

2. 扩大反腐败国际合作的主要考量。通过前文分析可以看出，《监察法》关于反腐败国际合作的规定主要是面对大批腐败分子逃往境外，巨额赃款转移到境外的困境，以立法的方式开展相关国际合作。而对境外微观权力主体工作人员在境外发生的权力滥用和权力腐败行为，国家监察委员会如何调查其职务违法和职务犯罪行为，追究其刑事责任，挽回国家财产损失的相关国际合作，没有作出明确规定。调查境外微观权力主体工作人员的职务违法和职务犯罪行为，需要所在国家、地区和有关国际组织的有力支持和配合，在协助调查取证、引渡被调查人回国内、请求司法协助、资产追回、信息交流等方面加强协

---

〔1〕 马怀德主编：《中华人民共和国监察法理解与适用》，中国法制出版社2018年版，第188页。

调和合作。尤其是有关国家、地区是否允许和支持国家监察机关开展针对境外微观权力主体工作人员职务违法和职务犯罪行为的调查工作，在特定情况下是非常关键的。王雪冰和陈久霖的案件都说明了这一点，这要求我们必须加强反腐败国际合作。扩大反腐败国际合作的内容，需要通过完善立法的方式，将调查境外微观权力主体工作人员职务违法和职务犯罪行为纳入反腐败国际合作的范围，进一步健全和完善我国的反腐败国际合作法律制度。

3. 具体立法完善建议。调查境外微观权力主体工作人员的职务违法和职务犯罪行为，在反腐败国际合作的主体和反腐败国际合作的对象方面与追逃追赃工作国际合作一致，继续采用《监察法》的有关规定，由国家监察委员会统筹协调与其他国家、地区、国际组织开展反腐败国际合作。但是在反腐败执法国际合作的内容方面，要增加境外微观权力主体工作人员的内容。具体可以采用两种方式，一是在《监察法》第 51 条内容基础上进行修改完善，具体增加一些内容，但是对立法技术要求较高，而且还容易引起歧义，无法突出对调查境外微观权力主体工作人员职务违法和职务犯罪方面的国际合作。二是调查境外微观权力主体工作人员职务违法和职务犯罪行为以第 51 条为依据，因为同样涉及到反腐败执法、司法协助、资产追回问题，如果在境外的国家、地区，境外微观权力主体工作人员因为职务犯罪被追究刑事责任，此时就涉及引渡和被判刑人的移管问题。在此基础上增加 1 条规定专门强调境外微观权力职务违法和职务犯罪调查工作，具体表述方式如下："国家监察委员会组织协调有关机构加强与有关国家、地区、国际组织在调查派往境外工作的公职人员职务违法和职务犯罪等领域方面的合作。"具体的合作内容和合作程序性规定，在《监察法》中不再进行专门规定。在调查境外微观权力主体工作人员职务违法和职务犯罪时，与境外国家、地区和国际组织深入开展国际合作，经过长期的实践经验积累和理论研究沉淀后，把与境外国家、地区和国际组织开展反腐败国际合作共性的制度总结提炼出来，在今后境外微观权力监察制度专门立法中补充进来、完善起来。

第九章 结 语

在不断消化、思考、吸收、借鉴优秀理论研究成果的基础上,笔者采取新的研究视角,运用新的研究方法,将长期在境外微观权力监察制度研究中得到的经验、教训和思考在战略层面、从立法角度进行构建,形成了本书研究的主要内容。本书前后历经两年半的时间,终于撰写完成,并呈现在理论界和实务界面前。本书对境外微观权力进行细致地分析与研究,剥去境外微观权力运行的种种外衣、伪装,展现在我们面前的是赤裸裸的权力及其运行方式。本书主要内容有些是习近平新时代中国特色社会主义思想的学习体会,有些是政治学理论研究的心得,有些是为会议发言或者学术评论准备的研究资料,从表面看体系并不是特别完备,论述也不够系统完善,但是由于围绕中国特色国家监察制度这条研究主线,围绕加强境外微观权力控制和监管这一核心任务,围绕避免权力滥用和权力腐败这一根本目的,紧紧抓住权力作为研究切入点、抓住制约监督作为制度着力点,故总而言之,本书研究的主要内容是有机结合在一起的。

在这个伟大的新时代,一个全面从严治党向基层延伸的新时代,一个全面深化改革的新时代,一个全面依法治国向纵深推进的新时代,一个中华民族走向伟大复兴的新时代,一个

"一带一路"倡议扎实深入推行的新时代，关于中国特色国家监察制度、关于海外利益保护、关于"一带一路"倡议、关于全面从严治党、关于全面依法治国、关于国家治理体系和治理能力现代化，尤其是这些方面的重要结合点——境外微观权力的控制和监管，本书提出了新的问题、新的判断、新的思路、新的方案。孙宪忠教授一直在讲法学与政治密切相关，所以法学家必须要讲真话，应该坚持法学的真理，即使这些真理一时尚不能被领导者或者社会所接受，但是发现真理、坚持真理、讲出真理是法学家的本职。笔者不敢言本书内容有多少真知灼见，但这是一名政法学者的真实思想告白，是笔者在这个研究领域所尽的微薄之力。本书内容记录了一段探索的经历、一些理论的思考、一些观点的交锋、一些思想的碰撞，最终作出了艰难而痛苦的选择。本书通过对境外微观权力的分析和研究，为完善境外微观权力制约监督，加强境外微观权力控制和监管，构建境外微观权力监察制度，找到一些头绪，理出一些思路，得出初步结论，规划研究路径，提供初步方案。

本书最后的研究路径有三个基本倾向：一是把权力滥用、权力腐败等政治问题、经济问题、社会问题转化为法律问题、制度问题，强调运用法律规则，构建包括境外微观权力制约监督基本制度及各种配套制度措施在内的制度体系，最终解决本书关注的问题。这也是许多学者所倡导的要把经济问题、社会问题转化为法律问题加以解决的一个要点，更是这个时代所倡导的提高运用法治思维和法治方式深化改革、推动发展、化解矛盾、维护稳定能力的重要体现。二是把法律问题提升到政治高度去考量，这是政治与法律关系的另一个维度。对于社会中存在的经济问题、社会问题、法律问题、制度问题，单纯依靠法律和制度是无法完全解决的，更是无法从根本上解决的。这些经济问题、社会问题、法律问题、制度问题，最典型的就是权力滥用和权力腐败问题。具体问题可能表现为违反规章制度，是一个制度问题，也可能表现为触犯刑事法律，是一个法律问题；但是这些问题从来就不是一个简单的法律问题或者制度问题，而是一个重大的政治问题，事关党的执政能力建设、事关党的执政地位、事关党的前途命运。解决这些问题的措施绝不能局限于法律和制度的框架内，必须要在政治上寻找解决问题的完美答案。这就要求我们必须透过法律的表象，深刻认识其背后蕴藏的政治因素，将法律问题上升为政治问题，提高政治站位，善于从政治上把握和思考问题，增强政治敏锐性和政治鉴别力，最终从政治上根本解决问题。希望境外微观权力制约监督的研究是妥善处理政治与法律之间关系的一次成功尝试，顺利完成政治与法律之间的学理互通，实现政治与法律之间的良好互动，为今后的研究和实践奠定坚实的基础。三是选取多种研究视角，运用多种研究方法，综合运用多学科知识，统筹兼顾，综合施策，谋划解决问题的整体方案。境外微观权力的控制和监管问题是一个政治问题、经济问题、社会问题，又是一个法律问题、制度问题，解决这一问题就要综合运用科技创新、金融手段、财务工具和家庭因素，与法律、制度相互配合、共同作用。本人的多学科学术背景和综合性工作性质在研究过程中发挥了重要作用，本书研究中的很多成果是常年来多学科学术积淀和各种岗位实践锻炼的结果。本书研究充分运用了多学科的知识和分析方法，在今后的学习和工作中将继续拓宽研究视野，训练使用多种研究方法，在多学科、多领域进行深入学习和研究，从而提出系统完善的整体解决方案，努力成为解决实践问题的行家里手、理论工作中的实干家、实际工作中的研究者。

本书的完成不是研究的终点，而是研究新的起点，今后的研究任务还很艰巨。关于境外微观权力制约监督和境外微观权力监察制度的研究可谓之尚处于基础阶段，还有很长的路要走。一是许多境外微观权力制约监督研究的基础工作还需要做。比如境外微观权力控制和监管的比较研究在很多方面还是空白。政治学者要做到徐大同先生所倡导的"为中国研究西方"，研究西方政治学理论和实践中对我国有指导和借鉴意义的相关内容，这对我国政治学理论和实践很有帮助。研究西方国家的成功经验对我国大有裨益，而研究西方国家遇到的困境和问题会让我们警醒，汲取失败的教训，避免不必要的风险和陷阱。西方国家尤其是美国的海外利益保护工作、境外微观权力的控制和监管工作中的很多经验、做法值得我们深入研究思考、学习借鉴。这方面的工作做得还不够深入全面，完成这项工作是健全完善境外微观权力制约监督理论的必然要求。二是许多具体领域的境外微观权力需要深入具体分析，构建与之相适应的制约监督制度和配套制度措施体系。在海外利益保护工作中，我国的军队和其他强力国家机构必须要走出国门，在境外建立军事基地和其他工作机构，随之产生大量境外微观权力。这些微观权力具有许多独特的特点，比如政治性强、国际影响大，在控制和监管方面最大的难题是隐蔽性强，不同国家和地区的军事基地和其他工作机构其权力运行的风险和隐患可能大不相同。对于这些微观权力如何加强控制和监管，如何加强权力制约监督，值得我们深入学习研究。三是随着国际形势的发展变化，研究面临的问题和研究担负的任务会发生重大变化，境外微观权力的内涵和外延会发生新的变化，境外微观权力运行会面临新的风险和挑战，境外微观权力制约监督制度会面临新的职能和任务。这就要求我们要继续以问题为中心进行研究，在境外微观权力制约监督领域开展深入研究。同时，要继续发展广泛的学术兴趣，涉足更多学科领域，便于以后从更多角度进行思考、采取更多方法开展研究，运用多种知识来解决问题，尽力取得更好的研究效果。四是加强境外微观权力监察的工具和手段还有待更深入研究。境外微观权力中很大比重是经济权力，控制着大量经济资源，权力滥用和权力腐败也主要是经济方面的，从这一角度看，加强金融方面的控制和监管，充分运用财务制度和工具，对做好境外微观权力制约监督工作十分重要。这些内容虽然在本书已有初步研究，但是运用金融手段和财务工具加强境外微观权力制约监督工作还有很大的潜力和空间，是下一步的研究重点和努力方向。五是境外微观权力监察制度的立法完善方案还需要进一步研究。深入改革、健全法治，有效制约和监督权力；标本兼治、综合治理，严厉惩治腐败，重点是解决不能腐的问题。解决不能腐的问题不仅是国家监察体制改革和监察法的任务，其他多项全面深化改革任务和党规、法律、法规制定、修订工作都与解决不能腐的问题密切相关。因此，必须动员各方面广泛参与，群策群力，健全完善规范权力运行的制约监督制度，全面深化各项改革措施，真正筑起不能腐的堤坝，控制和监督境外微观权力。在此基础上，及时通过立法方式把行之有效的改革措施以党规、法律、法规的形式固定下来，形成制度合力，增强监察实效，确保将党和人民赋予的权力真正用来为人民谋利益。如何将行之有效的改革措施以党规、法律、法规的形式固定下来，良好地使用和驾驭涉及党内监督、国家监察和反腐败领域的党规、法律和法规制度体系，妥善处理其间的复杂关系以确保法治建设取得良好效果，这些问题都还需要进行深入研究。

党和国家的实践需求为理论研究指明了方向，是对理论界的鞭策，更是对理论界的鼓舞和激励。深入学习宣传并贯彻党的十九大精神，把思想和行动统一到党中央的决策和部署上来，为党和国家构建完善的权力制约监督体系的生动实践提供理论基础和理论准备，当下的中国法学界和政治学界责无旁贷，必须勇挑重担，从法学、政治学研究的角度，积极适应时代新变化，研究新情况新问题，形成新的理论创新，为新的社会实践提供理论支撑。我国已经进入中国特色社会主义建设新的阶段，习近平总书记为中国特色社会主义提出了新的发展目标，绘就了新的发展蓝图。本书研究就是从护航中国特色社会主义建设的战略高度，为提高国家治理体系和治理能力现代化水平，服务"一带一路"倡议和"走出去"战略，实现全面从严治党向基层延伸、向纵深推进、向境外拓展，围绕政治权力制约监督这一重大的前沿性研究课题进行深入研究，形成解决境外微观权力制约监督问题的系统方案，提出健全完善国家监察法治体系的立法建议，对中国社会主义政治文明建设和反腐败斗争实践提供必要的理论支持，为政治体制改革和民主政治发展做出自身的贡献。

参考文献

中文著作

1. 中共中央马克思恩格斯列宁斯大林著作编译局编译：《马克思恩格斯全集》（第一卷），人民出版社 1956 年版。

2. 中共中央马克思恩格斯列宁斯大林著作编译局编译：《马克思恩格斯全集》（第十七卷），人民出版社 1963 年版。

3. 中共中央马克思恩格斯列宁斯大林著作编译局编译：《马克思恩格斯全集》（第二十五卷），人民出版社 1974 年版。

4. 中共中央马克思恩格斯列宁斯大林著作编译局编译：《马克思恩格斯全集》（第四十二卷），人民出版社 1979 年版。

5. 中共中央马克思恩格斯列宁斯大林著作编译局编译：《马克思恩格斯选集》（第三卷），人民出版社 1972 年版。

6. 中共中央马克思恩格斯列宁斯大林著作编译局编译：《马克思恩格斯选集》（第四卷），人民出版社 1972 年版。

7. ［德］马克思、恩格斯：《共产党宣言》，人民出版社 1964 年版。

8. 中共中央马克思恩格斯列宁斯大林著作编译局编译：《列宁全集》（第三卷），人民出版社 1972 年版。

9. 中共中央马克思恩格斯列宁斯大林著作编译局编译：《列宁全集》（第三十一卷），人民出版社 1958 年版。

10. 中共中央马克思恩格斯列宁斯大林著作编译局编译：《列宁全

集》(第 35 卷),人民出版社 1972 年版。

11. 毛泽东:《毛泽东选集》(第一卷),人民出版社 1991 年版。

12. 毛泽东:《毛泽东选集》(一卷本),人民出版社 1964 年版。

13. 邓小平:《邓小平文选》(全三卷),人民出版社 1994 年版。

14. 江泽民:《江泽民文选》(全三卷),人民出版社 2006 年版。

15. 胡锦涛:《胡锦涛文选》(全三卷),人民出版社 2016 年版。

16. 习近平:《习近平谈治国理政》,外文出版社 2014 年版。

17. 习近平:《习近平谈治国理政》(第二卷),外文出版社 2017 年版。

18. 习近平:《论坚持党对一切工作的领导》,中央文献出版社 2019 年版。

19. 中共中央文献研究室编:《习近平关于全面从严治党论述摘编》,中央文献出版社 2016 年版。

20. 中共中央纪委检查委员会、中共中央文献研究室编:《习近平关于党风廉政建设和反腐败斗争论述摘编》,中央文献出版社、中国方正出版社 2015 年版。

21. 中共中央党史和文献研究院编:《习近平关于总体国家安全观论述摘编》,中央文献出版社 2018 年版。

22. 中共中央文献研究室编:《习近平关于社会主义政治建设论述摘编》,中央文献出版社 2017 年版。

23. 中共中央文献研究室编:《习近平总书记重要讲话文章选编》,中央文献出版社、党建读物出版社 2016 年版。

24. 习近平:《之江新语》,浙江人民出版社 2013 年版。

25. 习近平:《干在实处 走在前列——推进浙江新发展的思考与实践》,中共中央党校出版社 2013 年版。

26. 习近平:《摆脱贫困》,福建人民出版社 2014 年版。

27. 习近平:《知之深 爱之切》,河北人民出版社 2015 年版。

28. 中共中央采访实录编辑室：《习近平的七年知青岁月》，中共中央党校出版社 2017 年版。

29. 中共中央宣传部：《习近平新时代中国特色社会主义思想三十讲》，学习出版社 2018 年版。

30. 中共中央宣传部：《习近平新时代中国特色社会主义思想学习纲要》，学习出版社、人民出版社 2019 年版。

31. 中共中央组织部编：《贯彻落实习近平新时代中国特色社会主义思想在发展改革稳定中攻坚克难——案例提要》，党建读物出版社 2019 年版。

32. 本书编写组编著：《党的十九大报告辅导读本》，人民出版社 2017 年版。

33. 本书编写组编著：《〈中共中央关于全面深化改革若干重大问题的决定〉辅导读本》，人民出版社 2013 年版。

34. 本书编写组编著：《〈中共中央关于全面推进依法治国若干重大问题的决定〉辅导读本》，人民出版社 2014 年版。

35. 本书编写组编著：《〈中共中央关于坚持和完善中国特色社会主义制度、推进国家治理体系和治理能力现代化若干重大问题的决定〉辅导读本》，人民出版社 2019 年版。

36. 全国干部培训教材编审指导委员会组织编写：《新时代　新思想　新征程》，人民出版社、党建读物出版社 2019 年版。

37. 全国干部培训教材编审指导委员会组织编写：《建设现代化经济体系》，人民出版社、党建读物出版社 2019 年版。

38. 全国干部培训教材编审指导委员会组织编写：《发展社会主义民主政治》，人民出版社、党建读物出版社 2019 年版。

39. 全国干部培训教材编审指导委员会组织编写：《改善民生和创新社会治理》，人民出版社、党建读物出版社 2019 年版。

40. 全国干部培训教材编审指导委员会组织编写：《决胜全面建成小

康社会》，人民出版社、党建读物出版社 2019 年版。

41. 全国干部培训教材编审指导委员会组织编写：《将改革进行到底》，人民出版社、党建读物出版社 2019 年版。

42. 全国干部培训教材编审指导委员会组织编写：《建设社会主义法治国家》，人民出版社、党建读物出版社 2019 年版。

43. 全国干部培训教材编审指导委员会组织编写：《全面加强党的领导和党的建设》，人民出版社、党建读物出版社 2019 年版。

44. 全国干部培训教材编审指导委员会组织编写：《全面践行总体国家安全观》，人民出版社、党建读物出版社 2019 年版。

45. 全国干部培训教材编审指导委员会组织编写：《全面推进中国特色大国外交》，人民出版社、党建读物出版社 2019 年版。

46. 《总体国家安全观干部读本》编委会编著：《总体国家安全观干部读本》，人民出版社 2016 年版。

47. 本社编：《马列著作选编（修订本）》，中共中央党校出版社 2011 年版。

48. 中共中央党校教务部编：《毛泽东著作选编》，中共中央党校出版社 2002 年版。

49. 刘春：《权力的答卷——当代中国反腐败论》，中共中央党校出版社 1998 年版。

50. 刘春：《权力的陷阱与制约——西方国家政治腐败透视》，中共中央党校出版社 1998 年版。

51. 张鸣：《乡村社会权力与文化结构的变迁（1903—1953）》，广西人民出版社 1996 年版。

52. 张鸣：《中国政治制度史导论》，中国人民大学出版社 2004 年版。

53. 张鸣：《北洋裂变——军阀与五四》，广西师范大学出版社 2010 年版。

54. 张鸣：《重说中国近代史》，中国致公出版社 2012 年版。

55. 解志勇：《论行政诉讼审查标准》，中国人民公安大学出版社 2004 年版。

56. 解志勇：《行政法治主义及其任务》，中国法制出版社 2011 年版。

57. 解志勇：《行政诉讼调解》，中国政法大学出版社 2012 年版。

58. 李良栋、侯少文、刘春：《新编政治学原理》，中共中央党校出版社 2001 年版。

59. 乔石：《乔石谈民主与法制》，人民出版社、中国长安出版社 2012 年版。

60. 李瑞环：《看法与说法》，中国人民大学出版社 2012 年版。

61. 朱镕基：《朱镕基讲话实录》，人民出版社 2011 年版。

62. 吴官正：《闲来笔潭》，人民出版社 2019 年版。

63. 王沪宁：《政治的逻辑——马克思主义政治学原理》，上海人民出版社 2016 年版。

64. 厉以宁、孟晓苏、李源潮、李克强：《走向繁荣的战略选择》，经济日报出版社 2013 年版。

65. 林尚立：《国内政府间关系》，浙江人民出版社 1998 年版。

66. 林尚立：《当代中国政治基础与发展》，中国大百科全书出版社 2017 年版。

67. 林尚立：《当代中国政治形态研究》，天津人民出版社 2000 年版。

68. 宋功德：《党规之治》，法律出版社 2015 年版。

69. 杨光斌、李月军：《当代中国政治制度导论》，中国人民大学出版社 2007 年版。

70. 杨光斌：《政治学导论》，中国人民大学出版社 2007 年版。

71. 杨光斌：《制度变迁与国家治理——中国政治发展研究》，人民出版社 2006 年版。

72. 张小劲、景跃进：《比较政治学导论》，中国人民大学出版社 2001 年版。

73. 郑永年：《中国的"行为联邦制"：中央—地方关系的变革与动力》，东方出版社 2013 年版。

74. 郑永年：《中国改革路线图》，东方出版社 2016 年版。

75. 俞可平：《当代中国的政治体制》，兰州大学出版社 2000 年版。

76. 罗豪才：《行政法学》，中国政法大学出版社 1999 年版。

77. 罗豪才：《行政法论丛》（第二卷），法律出版社 1999 年版。

78. 罗豪才：《行政法平衡理论讲演录》，北京大学出版社 2011 年版。

79. 林中梁：《各级党委政法委的职能及宏观政法工作》，中国长安出版社 2004 年版。

80. 高全喜：《我的轭——在政治与法律之间》，中国法制出版社 2007 年版。

81. 陈业宏、唐明：《中外司法制度比较》，商务印书馆 2000 年版。

82. 冯象：《政法笔记》，江苏人民出版社 2004 年版。

83. 华世平：《政治学》，中国人民大学出版社 2007 年版。

84. 郭德宏：《中国马克思主义发展史》，中共中央党校出版社 2001 年版。

85. 江平口述，陈夏红整理：《沉浮与枯荣——八十自述》，法律出版社 2010 年版。

86. 王长江、姜跃：《世界政党比较概论》，中共中央党校出版社 2003 年版。

87. 闫健：《民主是个好东西——俞可平访谈录》，社会科学文献出版社 2006 年版。

88. 周天勇、王长江、王安岭：《攻坚——中国政治体制改革研究报告》，新疆生产建设兵团出版社 2007 年版。

89. 马怀德：《行政诉讼原理》，法律出版社 2003 年版。

90. 刘莘：《立法法》，北京大学出版社 2008 年版。

91. 刘莘：《行政立法研究》，法律出版社 2003 年版。

92. 侯淑雯：《立法制度与技术原理》，中国工商出版社 2003 年版。

93. 李步云、汪永清：《中国立法的基本理论和技术》，中国法制出版社 1999 年版。

94. 汪全胜：《制度设计与立法公正》，山东人民出版社 2005 年版。

95. 高铭暄、马克昌、赵秉志：《刑法学》，北京大学出版社、高等教育出版社 2000 年版。

96. 湛中乐：《现代行政过程论——法治理念、原则和制度》，北京大学出版社 2015 年版。

97. 江必新、梁凤云：《国家赔偿法教程》，中国法制出版社 2011 年版。

98. 宋大涵、青锋：《行政执法教程》，中国法制出版社 2011 年版。

99. 汪永清、李岳德：《行政许可法教程》，中国法制出版社 2011 年版。

100. 姜明安：《行政诉讼法教程》，中国法制出版社 2011 年版。

101. 王晓东：《国家安全领导体制研究》，时事出版社 2009 年版。

102. 李竹：《中国国家安全法学》，人民出版社 2006 年版。

103. 朱建新、王晓东：《各国国家安全机构比较研究》，时事出版社 2009 年版。

104. 陈长文、罗智强：《法律人，你为什么不争气？法律伦理与理想的重建》，法律出版社 2007 年版。

105. 张曙光：《中国制度变迁的案例研究》（第一辑），上海人民出版社 1997 年版。

106. 樊纲：《走向市场（1978—1993）》，上海人民出版社 1994

年版。

107. 汪玉凯：《中国行政体制改革 20 年》，中州古籍出版社 1998 年版。

108. 王秀贵：《政治体制改革与民主法制建设》，经济科学出版社 1998 年版。

109. 蔡定剑：《中国人民代表大会制度》，法律出版社 1998 年版。

110. 陈红太：《中国政府体系与政治》，河南人民出版社 2005 年版。

111. 公丕祥：《当代中国的法律革命》，法律出版社 1999 年版。

112. 郭道辉：《法理学精义》，湖南人民出版社 2005 年版。

113. 贾春旺：《法律监督与公平正义》，中国民主法制出版社 2008 年版。

114. 江华：《江华司法文集》，人民法院出版社 1989 年版。

115. 强世功：《法制与治理》，中国政法大学出版社 2003 年版。

116. 苏力：《法治及其本土资源》，中国政法大学出版社 1996 年版。

117. 孙国华：《马克思主义法理学研究》，群众出版社 2007 年版。

118. 孙谦：《人民检察制度的历史变迁》，中国检察出版社 2009 年版。

119. 沈德咏：《秋菊故乡新说法——能动主义司法模式理论与实践》，法律出版社 2010 年版。

120. 谭世贵：《中国司法改革研究》，法律出版社 2000 年版。

121. 王长江：《现代政党执政方式比较研究》，上海人民出版社 2002 年版。

122. 王利明：《司法改革研究》，法律出版社 2001 年版。

123. 王利明：《法治：良法与善治》，北京大学出版社 2015 年版。

124. 卓泽源：《法学新论》，法律出版社 2007 年版。

125. 卓泽源：《法政治学》，法律出版社 2011 年版。

126. 李景鹏：《权力政治学》，北京大学出版社 2007 年版。

127. 程琳：《公安学通论》，中国人民公安大学出版社 2014 年版。

128. 吴丕、袁刚、孙广夏：《政治监督学》，北京大学出版社 2007 年版。

129. 陈国权：《权力制约监督论》，浙江大学出版社 2013 年版。

130. 陈国权：《政治监督论》，学林出版社 2000 年版。

131. 陈国权：《社会转型与有限政府》，人民出版社 2008 年版。

132. 陈国权：《责任政府：从权力本位到责任本位》，浙江大学出版社 2009 年版。

133. 沈荣华：《行政权力制约机制》，国家行政学院出版社 2006 年版。

134. 施九青：《当代中国政治运行机制》，山东人民出版社 2002 年版。

135. 金太军、张劲松、沈承诚：《政治文明建设与权力监督机制研究》，人民出版社 2010 年版。

136. 林喆：《权力腐败与权力制约》，山东人民出版社 2010 年版。

137. 吕元礼、邱全乐、黄锐波、黄薇：《鱼尾狮的政治学——新加坡执政党的治国之道》，江西人民出版社 2007 年版。

138. 曲新久：《刑事政策的权力分析》，中国政法大学出版社 2002 年版。

139. 何秉松：《刑事政策学》，群众出版社 2002 年版。

140. 马克昌：《中国刑事政策学》，武汉大学出版社 1992 年版。

141. 杨春洗：《刑事政策论》，北京大学出版社 1994 年版。

142. 刘强：《情报工作与国家生存发展——基于西方主要国家的历史考察与思考》，时事出版社 2014 年版。

143. 罗援：《鹰胆鸽魂——罗援将军论国防》，中国友谊出版社 2015 年版。

144. 李志永：《"走出去"与中国海外利益保护机制研究》，世界知识出版社 2015 年版。

145. 宋云霞、王全达:《军队维护海外利益法律保障研究》,海洋出版社 2014 年版。

146. 于军、程春华:《中国的海外利益》,人民出版社 2015 年版。

147. 刘静:《海外利益保护——海外风险类别与保护手段》,中国社会科学出版社 2016 年版。

148. 宋海啸:《中国海外利益风险分析——基于中国"走出去"战略的全球视角》,时事出版社 2017 年版。

149. 周国平:《周国平人文讲演录》,上海文艺出版社 2006 年版。

150. 陈宜中:《何为正义》,中央编译出版社 2016 年版。

151. 童之伟:《国家结构形式》,北京大学出版社 2014 年版。

152. 卜永光:《地区主义的政治逻辑》,政大出版社 2015 年版。

153. 孙志勇:《遏制腐败战略——党的十八大以来中国特色反腐败理论十讲》,中国方正出版社 2017 年版。

154. 陈明明主编:《反腐败——中国的实践》,复旦大学出版社 2017 年版。

155. 张利生:《防治腐败简论》,中国方正出版社 2016 年版。

156. 时昊华:《金融国策论》,社会科学文献出版社 2015 年版。

157. 王伟光:《马克思主义中国化的最新成果——习近平治国理政思想研究》,中国社会科学出版社 2011 年版。

158. 秦前红、叶海波:《国家监察制度改革研究》,法律出版社 2017 年版。

159. 江国华:《中国监察法学》,中国政法大学出版社 2018 年版。

160. 马怀德:《中华人民共和国监察法理解与适用》,中国法制出版社 2018 年版。

161. 张晋藩:《中国古代监察法制史》,江苏人民出版社 2017 年版。

162. 吴健雄:《读懂〈监察法〉》,人民出版社 2018 年版。

163. 周旺生：《立法法》，法律出版社 2004 年版。

164. 刘哲昕：《我们为什么自信》，学习出版社 2018 年版。

165. 傅佩荣：《西方哲学与人生》，东方出版社 2013 年版。

166. 舒晓萍：《行政监察法概论》，中国政法大学出版社 2016 年版。

167. 乔德福：《一把手腐败治理研究》，法律出版社 2015 年版。

168. 丁捷：《追问》，中共中央党校出版社 2017 年版。

169. 李翔：《反腐败国际刑事合作机制研究》，北京大学出版社 2011 年版。

170. 陈雷：《反腐败国际合作理论与实务》，中国检察出版社 2012 年版。

171. 张磊：《国际刑事司法协助热点问题研究》，中国人民公安大学出版社 2012 年版。

172. 解彬：《境外追赃刑事法律问题研究》，中国政法大学出版社 2016 年版。

173. 胡鞍钢：《中国集体领导体制》，中国人民大学出版社 2013 年版。

174. 王绍光、樊鹏：《中国式共识型决策："开门"与"磨合"》，中国人民大学出版社 2013 年版。

175. 鄢一龙：《目标治理：看得见的五年规划之手》，中国人民大学出版社 2013 年版。

176. 胡鞍钢、王绍光、周建明、韩毓海：《人间正道》，中国人民大学出版社 2011 年版。

177. 汪太理、邝良宇、危雍熙：《中外反腐败史鉴》，中国人民公安大学出版社 1991 年版。

178. 钱穆：《中国历代政治得失》，生活·读书·新知三联书店 2012 年版。

179. 寇健文：《中共菁英政治的演变》，五南图书出版股份有限公司

2004 年版。

180. 于歌：《美国的本质——基督新教支配的国家和外交》，当代中国出版社 2015 年版。

181. 张文木：《世界地缘政治中的中国国家安全利益分析》，山东人民出版社 2004 年版。

182. 李方祥、陈晖涛：《摆脱贫困与全面小康》，人民日报出版社 2017 年版。

183. 中共中央纪律检查委员会、中华人民共和国国家监察委员会法规室编：《〈中华人民共和国监察法〉释义》，中国方正出版社 2018 年版。

184. 任仲文：《严肃党内政治生活　加强规范党内监督——人民日报重要文章选》，人民日报出版社 2016 年版。

185. 任仲文编：《加强党的政治建设——学习读本》，人民日报出版社 2019 年版。

186. 中共中央文献研究室编：《建国以来重要文献选编》，中央文献出版社 1992 年版。

187. 中央纪委国家监委机关、中央"不忘初心、牢记使命"主题教育领导小组办公室：《党的十九大以来查处违纪违法党员干部案件警示录》，中国方正出版社 2019 年版。

188. 全国干部培训教材编审指导委员会组织编写：《做好新形势下的群众工作》，人民出版社、党建读物出版社 2015 年版。

189. 中共党校教务部编：《十一届三中全会以来党和国家重要文献选编》，中共中央党校出版社 2008 年版。

190. 中央组织部编：《贯彻落实习近平新时代中国特色社会主义思想在改革发展稳定中攻坚克难案例——党的建设》，党建读物出版社 2019 年版。

191. 国务院研究室编写组编写：《政府工作报告学习问答》（2019），

中国言实出版社 2019 年版。

192. 中央和国家机关工委编：《中央和国家机关驻村第一书记扶贫典型案例集》，研究出版社 2019 年版。

193. 国务院国资委党委宣传部编写：《初心最美》，红旗出版社 2019 年版。

194. 国家行政学院编写组编：《中国精准脱贫攻坚十讲》，人民出版社 2019 年版。

195. 新华社总编室编：《治国理政新实践——习近平总书记重要活动通讯选（一）》，新华出版社 2019 年版。

196. 新华社总编室编：《治国理政新实践——习近平总书记重要活动通讯选（二）》，新华出版社 2019 年版。

197. 最高人民法院中国特色社会主义法治理论研究中心编写：《法治中国——学习习近平总书记关于法治的重要论述》，人民法院出版社 2017 年版。

中文译著

1. ［美］塞缪尔·P. 亨廷顿：《变革社会中的政治秩序》，李盛平等译，上海人民出版社 2008 年版。

2. ［美］西达·斯考切波：《国家与社会革命——对法国、俄国和中国的比较分析》，向俊志等译，上海人民出版社 2007 年版。

3. ［美］乔万尼·萨托利：《民主新论》，冯克利等译，上海人民出版社 2010 年版。

4. ［英］张夏准：《富国陷阱——发达国家为何踢开梯子》，肖炼等译，社会科学文献出版社 2007 年版。

5. ［美］杰克·普拉诺：《政治学分析词典》，胡杰译，中国社会科学出版社 1986 年版。

6. ［美］博登海默：《法理学——法哲学及其方法》，邓正来等译，华夏出版社 1987 年版。

7. ［美］博登海默：《法理学：法律哲学与法律方法》，邓正来译，中国政法大学出版社 1999 年版。

8. ［古希腊］亚里士多德：《政治学》，吴寿彭译，商务印书馆 1965 年版。

9. ［美］汉密尔顿、杰伊、麦迪逊：《联邦党人文集》，杨颖玥译，商务印书馆 2004 年版。

10. ［法］托克维尔：《论美国的民主》，董果良译，商务印书馆 1988 年版。

11. ［美］戴维·伊斯顿：《政治生活的系统分析》，王浦劬等译，华夏出版社 1999 年版。

12. ［美］赫尔德：《民主的模式》，燕继荣等译，中央编译出版社 2008 年版。

13. ［美］罗伯特·达尔：《民主理论的前言》，顾昕译，东方出版社 2009 年版。

14. ［南非］罗伯特·克利特加德：《控制腐败》，杨光斌等译，中央编译出版社 1998 年版。

15. ［英］阿克顿：《自由与权力：阿克顿勋爵论说文集》，侯健译，商务印书馆 2001 年版。

16. ［英］弗雷德里希·冯·哈耶克：《自由秩序原理（上）》，邓正来译，三联书店 1997 年版。

17. ［英］韦德：《行政法》，徐炳等译，中国大百科全书出版社 1997 年版。

18. ［美］乔治·萨拜因：《政治学说史》，邓正来译，上海人民出版社 2008 年版。

19. ［美］约瑟夫·克罗波西、列奥·施特劳斯主编：《政治哲学史》，李天然等译，法律出版社 2009 年版。

20. ［英］卡尔·波兰尼：《大转型：我们时代的政治与经济起源》，冯钢等译，浙江人民出版社 2007 年版。

21. ［英］安东尼·德·雅赛：《重申自由主义》，陈茅等译，中国社会科学出版社 1997 年版。

22. ［法］罗曼·罗兰：《卢梭评传》，王晓伟译，中华工商联合出版社 2018 年版。

23. ［美］理查德·波斯纳：《波斯纳法官司法反思录》，苏力译，北京大学出版社 2014 年版。

24. ［法］卢梭：《论人类不平等的起源和基础》，李学山译，商务印书馆 1958 年版。

25. ［德］莱布尼茨：《中国近事》，［法］梅谦立、［中］杨保筠译，大象出版社 2005 年版。

26. ［美］马汉：《海权论》，萧伟中等译，中国言实出版社 1997 年版。

27. ［美］兹比格涅夫·布热津斯基：《大抉择：美国站在十字路口》，王振西等译，新华出版社 2005 年版。

28. ［美］维尔弗雷托·帕累托：《精英的兴衰》，刘兆成译，上海人民出版社 2003 年版。

29. ［德］马克斯·韦伯：《新教伦理与资本主义精神》，龙婧译，群言出版社 2007 年版。

30. ［法］古斯塔夫·勒庞：《乌合之众：大众心理研究》，冯克利译，中央编译出版社 2011 年版。

31. ［美］沃尔特·李普曼：《公众舆论》，阎克文等译，上海世界出版集团 2006 年版。

32. ［日］盐野七生：《罗马人的故事》（第一卷），计丽屏译，中信出版社 2013 年版。

33. ［新西兰］杰瑞米·波普：《制约腐败——建构国家廉政体系》，

清华大学公共管理学院廉政研究室译，中国方正出版社 2003 年版。

34. ［美］理查德·J. 伯恩斯坦：《社会政治理论的重构》，黄瑞祺 译，译林出版社 2008 年版。

35. ［美］巴林顿·摩尔：《专制与民主的社会起源——现代世界形 成过程中的地主与农民》，王茁等译，上海译文出版社 2012 年版。

36. ［美］罗伯特·J. 阿特、罗伯特·杰维斯：《政治的细节》，陈 积敏等译，世界图书出版社 2014 年版。

37. ［美］约翰·鲁尔克：《世界舞台上的政治》，白云真等译，世 界图书出版社 2014 年版。

38. ［美］利昂·P. 马拉达特：《意识形态：起源与影响》，张慧芝 等译，世界图书出版公司 2010 年版。

39. ［法］弗雷德里克·皮耶鲁齐、马修·阿伦：《美国陷阱》，法 意译，中信出版集团 2019 年版。

40. ［美］R. 麦克法夸尔、费正清：《剑桥中华人民共和国国史： 中国革命内部的革命（1966—1982）》，谢亮生等译，中国社 会科学出版社 1992 年版。

41. ［美］罗德里克·麦克法夸尔：《文化大革命的起源》（第 2 卷），魏海生等译，求实出版社 1990 年版。

42. ［美］费正清：《美国与中国》，张理东译，世界知识出版社 1999 年版。

43. ［美］费正清：《伟大的中国革命》，刘尊棋译，世界知识出版 社 2000 年版。

44. ［美］费正清、赖肖尔：《中国：传统与变革》，陈仲丹等译， 江苏人民出版社 1992 年版。

45. ［美］莫里斯·梅斯娜：《毛泽东的中国及其发展——中华人民

共和国国史》，张瑛等译，社会科学文献出版社 1992 年版。

46. ［美］李侃如：《治理中国：从革命到改革》，胡国成等译，中国社会科学出版社 2010 年版。

47. ［美］罗伯特·劳伦斯·库恩：《中国 30 年：人类社会的一次伟大变迁》，吕鹏译，世纪出版集团、上海人民出版社 2008年版。

48. ［美］约翰·奈斯比特、［德］多丽丝·奈斯比特：《中国大趋势：新社会的八大支柱》，魏平译，中华工商联合出版社 2009年版。

49. ［德］哈雷穆特·毛雷尔：《行政法学总论》，高家伟译，法律出版社 2000 年版。

50. ［德］卡尔·拉伦茨：《法学方法论》，陈爱娥译，商务印书馆2003 年版。

学位论文

1. 侯圣鑫："党委政法委权力关系研究"，中国人民大学 2013 年博士学位论文。

2. 侯圣鑫："论行政不作为的国家赔偿责任"，中国政法大学 2006年硕士学位论文。

3. 叶峰："国家的整体与部分关系比较研究"，中国人民大学 1990年博士学位论文。

4. 郑贤君："转型社会中的地方监督"，中国人民大学 1999 年博士学位论文。

5. 储殷："基层人民法院权力结构与运行机制"，中国人民大学2006 年博士学位论文。

6. 李培广："权利视野下的民族区域自治政府——以某自治州为中心的分析"，中国人民大学 2006 年博士学位论文。

7. 王波："政治认同理论研究"，中国人民大学 2006 年博士学位论文。

8. 李月军："社会规制：理论范式与中国经验——以中国煤矿安全规制为例"，中国人民大学 2007 年博士学位论文。

9. 邵明阳："中央与地方——当代中国条块格局变迁研究"，中国人民大学 2008 年博士学位论文。

10. 李铭："起点·逻辑·落脚：中共政法观研究（1949-1966）"，中国人民大学 2010 年硕士学位论文。

11. 马飞："1931 年国民会议研究：宪政失落语境下的政治整合"，中国人民大学 2011 年博士学位论文。

12. 钟金燕："中共政法委制度研究"，中国人民大学 2012 年博士学位论文。

13. 高克强："论我国中央和地方权限的划分"，中国社会科学院 1996 年博士学位论文。

14. 张永斌："当代中国中央和地方关系研究"，华东师范大学 2002 年博士学位论文。

15. 周帆："改革开放后的中国府际关系：一种法律的途径"，复旦大学 2003 年博士学位论文。

16. 张志："全球化背景下的中国海外利益的保护和拓展研究——以能源为例"，暨南大学 2008 年博士学位论文。

17. 王爱军："论中央立法与地方立法的关系"，北京大学 2000 年博士学位论文。

18. 吴建雄："中国二元司法模式研究"，中南大学 2012 年博士学位论文。

19. 李雅云："中国共产党领导司法的历史嬗变"，中共中央党校 2011 年博士学位论文。

20. 张凤玲："党委政法委制度研究"，中国政法大学 2007 年硕士学位论文。

21. 刘勇："政法委制度的历史沿革"，中国政法大学 2010 年硕士学位论文。

22. 杨哲勇："论政法委协调案件职能之废除"，苏州大学 2009 年硕士学位论文。

23. 王国有："我国地方政法机关执法监督问题研究"，黑龙江大学 2003 年硕士学位论文。

24. 黄姗姗："法治指标体系研究——基于成都市地方政府社会管理能力绩效评价体系新构想的分析"，西南财经大学 2010 年硕士学位论文。

25. 朱晔："和谐社会背景下的基层政法委员会制度研究"，南京师范大学 2008 年硕士学位论文。

26. 杨哲勇："论政法委协调案件职能之废除"，苏州大学 2009 年硕士学位论文。

27. 吴蓉："论党的领导与法院独立行使审判权"，华东政法大学 2011 年硕士学位论文。

28. 李媛媛："审判独立的适用问题研究"，辽宁大学 2011 年硕士学位论文。

29. 武丽丽："中国海外利益的发展、威胁及其保护"，复旦大学 2010 年硕士学位论文。

30. 袁野："海外利益视角下的中国能源安全研究"，吉林大学 2013 年硕士学位论文。

31. 吴卫军："法理与重构——中国司法改革的宏观思考"，中国政法大学 2003 年博士学位论文。

学术论文

1. 中国反腐败司法研究中心："国家监察体制改革试点工作调查"，

载《求是》2017 年第 23 期。

2. 马怀德："国家监察体制改革的重要意义和主要任务"，载《国家行政学院学报》2016 年第 6 期。

3. 马怀德："国家监察法的立法思路和立法重点"，载《环球法律评论》2017 年第 2 期。

4. 姜明安："国家监察法立法的若干问题探讨"，载《法学杂志》2017 年第 3 期。

5. 卞建林："监察机关办案程序初探"，载《法律科学》2017 年第 6 期。

6. 龙宗智："监察体制改革中的职务犯罪调查制度完善"，载《政治与法律》2018 年第 1 期。

7. 吴建雄："健全国家监察组织架构"，载《中国社会科学报》2016 年 9 月 7 日，第 7 版。

8. 吴建雄："论国家监察体制改革的价值基础和制度构建"，载《中共中央党校学报》2017 年第 2 期。

9. 吴建雄："国家监察体制改革试点的实践探索"，载《人民日报》2017 年 8 月 16 日，第 7 版。

10. 吴建雄："以科学思维方式推进国家监察体制改革"，载《人民日报》2017 年 12 月 14 日，第 7 版。

11. 吴建雄："国家监察体制改革的法治逻辑与法治理念"，载《中南大学学报》2017 年第 4 期。

12. 魏昌东："《监察法》与中国特色腐败治理体制更新的理论逻辑"，载《华东政法大学学报》2018 年第 3 期。

13. 秦前红："困境、改革与出路：从三驾马车到国家监察——我国监察体系的宪制思考"，载《中国法律评论》2017 年第 1 期。

14. 秦前红、刘怡达："监察全面覆盖的可能与限度——兼论监察体制改革的宪法边界"，载《甘肃政法学院学报》2017 年第 2 期。

15. 秦前红、石泽华："论监察权的独立行使及其外部衔接"，载《法治现代化研究》2017 年第 6 期。

16. 秦前红："监察法理解和适用的若干难点问题"，载《人民法治·法律实施》2018 年第 3 期。

17. 任进："中国特色国家监察体制的法治保障"，载《行政管理改革》2018 年第 4 期。

18. 魏昌东："《监察法》与中国特色腐败治理体制更新的理论逻辑"，载《华东政法大学学报》2018 年第 3 期。

19. 江国华、彭超："国家监察立法的六个基本难问题"，载《江汉论坛》2017 年第 2 期。

20. 江国华："国家监察体制改革的逻辑与取向"，载《学术论坛》2017 年第 3 期。

21. 韩大元："论国家监察体制改革中的若干宪法问题"，载《社会科学文摘》2017 年第 8 期。

22. 黄韶鹏："监察全覆盖是怎样实现的——六大类人员全部纳入监察对象"，载《中国纪检监察》2017 年第 23 期。

23. 姚文胜："国家监察体制改革有关问题的思考"，载《环球法律评论》2017 年第 2 期。

24. 朱福惠："国家监察体制之宪法史观察——兼论监察委员会制度的时代特征"，载《武汉大学学报（社会科学版）》2017 年第 2 期。

25. 侯志山："国家监察：中国特色监督的创举"，载《中国党政干部论坛》2018 年第 4 期。

26. 蔡乐渭："国家监察机关的监察对象"，载《环球法律评论》2017 年第 2 期。

27. 胡于凝、刘金程："国有企业反腐败与纪检监察研究综述"，载《天津行政学院学报》2013 年第 6 期。

28. 黄晓彤、曾慧华："当下我国国有企业经营者去行政化改革的路径建构——规范行政者行为还是解除公务员身份"，载《理论探讨》2015 年第 2 期。

29. 刘玫："论监察委员会的调查措施"，载《学习与探索》2018 年第 1 期。

30. 汪海燕："监察制度与《刑事诉讼法》的衔接"，载《政法论坛》2017 年第 6 期。

31. 吴宏耀："侦查讯问制度研究"，载《中国刑事法杂志》2001 年第 5 期。

32. 张翔、赖伟能："基本权利作为国家权力配置的消极规范——以监察制度改革试点中的留置措施为例"，载《法律科学（西北政法大学学报）》2017 年第 6 期。

33. 陈越峰："监察措施的合法性研究"，载《环球法律评论》2017 年第 2 期。

34. 王飞跃："监察留置适用中的程序问题"，载《法学杂志》2018 年第 5 期。

35. 宋英辉："职务犯罪侦查中强制措施的立法完善"，载《中国法学》2007 年第 5 期。

36. 张咏涛："留置措施的基本内涵和规范运行"，载《新疆师范大学学报（哲学社会科学版）》2018 年第 1 期。

37. 郭华："监察委员会与司法机关的衔接协调机制探索—兼论刑事诉讼法的修改"，载《贵州民族大学学报（哲学社会科学版）》2017 年第 2 期。

38. 刘艳红："监察委员会调查权运作的双重困境及其法治路径"，载《法学论坛》2017 年第 6 期。

39. 戴涛："监察体制改革背景下调查权与侦查权研究"，载《国家行政学院学报》2018 年第 1 期。

40. 施鹏鹏："国家监察委员会的侦查权及其限制"，载《中国法律评论》2017年第2期。

41. 唐亮："监察体制改革与检察机关之归位"，载《河北法学》2018年第1期。

42. 陈卫东："职务犯罪监察调查程序若干问题研究"，载《政治与法律》2018年第1期。

43. 陈光中："我国监察体制改革若干问题思考"，载《中国法学》2017年第4期。

44. 张建伟："法律正当程序视野下的新监察制度"，载《环球法律评论》2017年第2期。

45. 纵博："监察体制改革中的证据制度问题探讨"，载《法学》2018年第2期。

46. 储植杯、郭明跃："联合国反腐败公约与中国反腐败国际合作研究"，载《刑法论丛》2007年第1期。

47. 黄风："我国主动引渡制度研究：经验、问题和对策"，载《法商研究》2006年第4期。

48. 马军亮："试析中国反腐败国际追逃追赃长效机制的构建"，载《哈尔滨工业大学学报（社会科学版）》2016年第2期。

49. 李蓉："反腐败的国际刑事司法协助——《联合国打击跨国有组织犯罪公约》的刑事司法协助体系"，载《政法论坛》2005年第2期。

50. 林雪标："外逃腐败资产的追回"，载《国家检察官学院学报》2010年第5期。

51. 张磊："腐败犯罪境外追逃追赃的反思与对策"，载《当代法学》2015年第3期。

52. 王强军："利用遣返实现境外追逃问题研究"，载《法学评论》2013年第6期。

53. 薛丰民、黄鹏："中国反腐败境外追逃实践之劝返模式研究"，载《郑州大学学报》2017 年第 6 期。

54. 任铁缨："反腐败与社会监督"，载《中共中央党校学报》2009 年第 4 期。

55. 曹亘平："对监察委的监督制约严密而有效——多把连环锁确保监察权良性运行"，载《人民论坛》2018 年第 1 期。

56. 郑永年："中国应考量如何保护其海外利益"，载《科学决策》2007 年第 3 期。

57. 王逸舟："创新不干涉原则，加大海外利益保护力度"，载《国际政治研究》2013 年第 2 期。

58. 夏莉萍："海外中国公民安全状况分析"，载《国际论坛》2006 年第 1 期。

59. 夏莉萍："美英领事保护预警机制的特点及对我国的启示"，载《外交评论》2006 年第 1 期。

60. 于学强："'一把手'腐败：原因与防治"，载《中共四川省委省级机关党校学报》2010 年第 3 期。

61. 杨建顺："国家监察体制改革十大课题"，载《中国法律评论》2017 年第 6 期。

62. 马岭："论监察委员会的宪法条款设计"，载《中国法律评论》2017 年第 6 期。

63. 侯圣鑫："我国维稳工作机制探析"，载《新疆社科论坛》2013 年第 1 期。

64. 侯圣鑫："论我国维稳工作机制的困境及其对策"，载《理论界》2013 年第 3 期。

65. 侯圣鑫："合众连横中的中印关系"，载《国际关系学院学报》2012 年第 3 期。

外文文献

1. Joshua S. Goldstein, *International relations*, New York: Longman, 1999.

2. Joseph S. Nye, *Soft Power: The Means to Success in World Politics*, U. S: Public Affairs, 2005.

3. Joshua Cooper Ramo, TheBeijing Consensus, *First Published* 2004 *by the Foreign Policy Centre*, London: The Foreign Policy Centre, 2004.

4. Elizabeth Perry and Mark Selden, ed. , *Chinese Society: Change, Conflict and Resistance*, New York: Routledge, 2000.

5. Bruce J. Dickson, *Democratization in China and Taiwan: The adaptability of Leninist Parties*, Oxford: Oxford University Press, 1997.

6. Jean Oi, *Rural China Takes Off*, Berkeley: University of California Press, 1999.

7. HarryHarding, *Organizing China: The problem of Bureaucracy*, Stanford: Stanford University Press, 1981.

8. Tianjian Shi, *Political participation in Beijing*, Cambridge, MA: Harvard University Press, 1977.

9. Hans J. Morgenthau, *The Politics Among Nations*, New York: Alfred A. Knopf, 1972.

10. Bruce J. Dickson, "What Explains Chinese Political Behavior? The Debat over Structure and Culture", *Comparative Politics*, Vol. 25, 1992.

后　记

　　本书是在中共中央党校政法部博士后研究报告《境外微观权力制约监督研究》的基础上修改完成的，同时也是中国政法大学解志勇教授主持的国家社科基金重大项目"中国特色国家监察理论构建、制度创新与实践运行研究"的组成部分。在本书付梓之时，心中充满着感激之情。要对导师刘春教授表示深深的感谢，感谢刘春教授的悉心指导和无私教诲。从中国人民大学国际关系学院中国政治专业博士毕业后，来到中共中央党校政法教研部，师从刘春教授开展政治学博士后研究。刘春教授长期在党的最高学府致力于政治学教学科研工作，政治理论研究角度独特，方法独到，在权力制约监督理论研究上有很深造诣，是理论界权力制约监督研究的领军人物，对党的纪检监察理论建设作出了重大贡献。刘春教授在微观权力研究上倾注大量心血，善于运用政治权力分析法解决理论和现实问题，从20世纪90年代就致力于微观权力运行和腐败治理问题研究。在刘春教授的启发和指导下，我把博士后研究重点聚焦于微观权力运行，聚焦于权力制约监督，并且把权力制约监督的基本理念贯穿于整个监察理论构建和制度创新过程中。刘春教授关于权力制约监督理论和反腐败工作的研究成果帮助我解决了长期的学术困惑。在长期学习和工作经历中，我的学术思想深受当代中国法学界主流观点的影响，把主要精力放在行政法的学习和研究上，把关注点放在法律实践和具体问题的解决上。面对纷繁复杂的法律现象，被各种权力现象和权力行为所吸引，我产生了大量关于权力的疑惑和不解，但一直没有找到分析各种现象和行为以及解决各种问题和挑战的关键。刘春教授传授的权力分析方法使我掌握了解决政治法律问题的关键点和切入点，传授的权力制约监督理论使我找到了解决权力控制和监管问题的金钥匙，他的无私教诲使我对一些学术迷失有豁然开朗的感觉，对一些实践迷惑有醍醐灌顶的欢快。2015 年～2019 年在中共中央党校刘春教授的指导下深入开展研究工作，我的研究水平大幅提升，研究能力显著提高，取得的学术成果和实践收获是一生宝贵的财富。

感谢解志勇教授的循循善诱和倾心帮助。2003 年～2006 年在中国政法大学的硕士研究生学习经历是我学术历程的重要阶段，是解志勇教授把我带入行政法学习研究的大门，培养了我对行政监察的浓厚研究兴趣，确立了"官吏是治国之要，察吏是治国之本"的监察思想，深刻理解了依法治吏可以使"君尊"、使"民不违"、使国家大治的基本内涵，促使我多年来一直对行政法基本理论尤其是平衡论进行深入的思考研究，并成为指导自身学习研究工作的重要理论，内化于工作生活的方方面面。解志勇教授研究视野宽广，社会实践深入，洞察问题深刻，对国家监察理论研究倾注大量心血，提出许多真知灼见，取得重大科研成果，受到理论界和实务界的高度评价。能够参与解志勇教授主持的国家社会基金重大项目课题组的学术研究活动，及时学习分享解志勇教授和其他知名学者的学术思想与理论洞见，对我拓展研究视野、精通研究方法、提高研究水平产生了重大帮助。在今后的学习和工作中我一定牢记解志勇教授的教诲，做一名勤读书、善学习的干部，做一名勤思考、善研究的干部。我真诚希望所思所想所悟能够为当下和今后的国家政治和法治实践作出一些贡献，尽自己的微薄之力。

回首学术之路、实践历程，思绪万千、感慨颇多。从进入中国人民大学攻读中国政治专业博士，我就一直在运用先进的政治学理论分析实践中遇到的各种问题，最终以《党委政法委权力关系研究》为题，完成了博士毕业论文。博士论文作为学生身份结束之前最为重要的一项训练，为以后的研究和工作奠定了坚实的基础。《党委政法委权力关系研究》写作完成之时，正值党的十八大胜利召开，中国特色社会主义建设进入新的阶段，政法工作面临的形势和任务发生较大变化，党委政法委制度逐渐暴露出一些薄弱环节，其中重要一项就是党对政法工作的绝对领导贯彻落实得不够有力全面。党中央对党委政法委制度进行了全面系统深入的改革，最终制定出台首部针对政法工作的党内法规《中国共产党政法工作条例》，为政法工作指明了前进方向，提供了基本遵循。令人感到振奋和欣慰的是，《中国共产党政法工作条例》中的许多思想、理念和内容与《党委政法委权力关系研究》的学理分析、思路观点和措施建议相同或近似，自己的研究成果受到理论界和实务界的肯定，并为政法工作实践所印证，不仅为我带来了许多难得的学术交流机会，更坚定了加强学术研究，提高学术水平，做出学术贡献的信心决心。

我进入中共中央党校做博士后研究，在刘春教授的指导下思考研究报告的选题，主要学习研究内容集中在政治权力分析和权力制约监督方面。在中共中央党校学习和工作期间，正值党的十九大胜利召开，习近平新时代中国特色社会主义思想确立为党的指导思想，党的理论创新取得历史性重大成果，中国特色社会主义建设伟大实践取得历史性成就，中国特色社会主义事业发生历史性变革。处于新时代，学习新思想，践行新理论，我自身的理论研究和工作实践也发生新变化，提出新要求，明确新任务。经过长时间的研究和实践、认识和深化、总结和反思，我认为一是应该做一篇理论性较强的研究报告，学习贯彻习近平新时代中国特色社会主义思想中关于党的建设、政法工作的重要内容，继续加强对政治权力、权力制约监督理论和政法工作制度的研究，深化对平衡论等行政法基本理论的研究，在理论上做更为深入的探索挖掘；二是应该做一篇具有重要实践意义的研究报告，强化问题意识，坚持问题导向，从历史和现实相贯通、国际和国内相关联、理论和实际相结合的宽广视角，聚焦国家发展和我们党执政面临的重大理论和实践问题，进行深入思考和全面把握，透过现象看本质，从繁杂问题中把握事物的规律性，从苗头问题中发现事物的倾向性，从偶然问题中揭示事物的必然性，研究提出问题解决思路和整体解决方案，将自己的研究和思考呈现给母校和尊敬的师长；三是应该强化对思想方法和研究方法的训练，用好调查研究的传家宝，练好调查研究基本功，拓展研究渠道、丰富研究手段、创新研究方式，进行深入细致的思考，进行深入的交换、比较、反复，把零散的认识系统化，把粗浅的认识深刻化，找到问题产生的根源，提出解决问题的方法。在刘春教授的悉心指导下，经过长期思考，认真提炼，深入研究，慎重选择，我确定了研究报告的选题：境外微观权力制约监督研究。

在研究报告撰写过程中，正值国家监察体制改革大力推进和《监察法》制定出台。深化国家监察体制改革，颁布实施国家监察法，是以习近平同志为核心的党中央从党的历史使命出发作出的重大战略部署，是重大的组织创新、体制创新和制度创新，是健全党和国家监督体系的重大举措。解志勇教授敏锐地发现这一重大创新背后的理论需求，积极作出回应，敢于担当作为，提出要加强对中国特色国家监察理论构建、制度创新和实践运行的研究，在深入进行理论研究的基础上，提炼总结中国特色社会主义监察理论，阐释中国特色社会主义监察制度的总体框架、创新发展、制度特色、核心制度等，运用实证性评估方法，对其重点环节进行审视，对其实践效果进行评估，在此基础上提出中国特色国家监察制度的健全完善建议。中国特色国家监察制度应当把境外微观权力纳入监察范围，中国特色国家监察理论研究应当重点关注境外微观权力，其学理基础、价值追求、基本原则、功能定位、发展方向等都迫切需要进行深入研究，为进一步深化国家监察体制改革和完善国家监察制度提供理论支撑，奠定理论基础。因此，在解志勇教授的指导帮助下，在境外微观权力制约监督研究的基础上，我深入研究分析境外微观权力监察制度，并将其纳入中国特色国家监察理论整体研究中。在综合分析各方面情况后，我确定从全面从严治党、全面依法治国、国家治理体系和治理能力现代化、加强海外利益保护等多个研究领域的结合点——境外微观权力的控制和监管这个全新的问题领域来开展研究，从政治学的视角开展权力分析和制度研究，以期抛砖引玉，引起理论界的关注，得到实务界的认同。这一问题理论价值和实践意义主要体现在两方面：一方面能够在"一带一路"倡议推行中，构建境外微观权力中国特色监察制度，从制度层面加强对境外微观权力的控制和监管，切实保护迅速发展的海外利益；另一方面能够在"四个全面"战略布局协调推进中，在中国特色国家监察制度进一步健全完善工作中，将境外微观权力监察制度补充完善为中国特色国家监察制度的重要内容。

　　在本书撰写过程中，我完成基础研究和问题研究之后，后续研究陷入迷茫之中，遇到重大研究瓶颈，而此时，在中国政法大学硕士研究生学习期间就开始学习研究的行政法平衡论映入眼帘。行政法的学习研究经历提供的丰富知识储备和理论储备对我的写作研究发挥了重要作用。多年来我一直在政治和法律之间寻求平衡。一方面努力把政治问题、经济问题、社会问题转化为法律问题，强调法律意识和规则制度，重视运用法律手段尤其是软法来解决政治问题、经济问题和社会问题；另一方面努力把法律问题转化为政治问题，增强政治意识、加强政治建设、提高政治能力，透过纷繁复杂的法律现象来深刻洞察政治本质，善于从政治上思考和把握问题，分析和处理问题，从而实现法律和政治的良好二元互动。"中国特色国家监察理论构建、制度创新与实践运行研究"整体上是从法治视角对中国特色国家监察制度进行研究，关注的重点是权力救济、程序法治、与司法检察衔接等基本法律问题，可以说已经完成了把全面从严治党、全面深化改革、国家治理体系和治理能力现代化、海外利益保护和"一带一路"倡议等政治问题、经济问题、社会问题转化为法律问题的工作。而作为课题的有机组成部分和法治研究视角的有益补充，本书从政治学的视角研究提出境外微观权力的控制和监管问题，运用权力分析方法开展学理分析，力求解决境外微观权力主体和权力本身的"全覆盖"问题，防止境外微观权力成为国家监察全覆盖的空白和盲区，并进一步研究指出境外微观权力是国家监察应该关注的重点和难点。在保证国家监察"全覆盖"的监察广度的同时，在平衡论基本理念指导下运用权力制约监督基本理论构建监察制度，制定设计有针对性的国家监察方式和渠道，确保国家监察对境外微观权力的深入开展，切实保证境外微观权力监察效果和境外微观权力监察深度。同时做到统筹兼顾，与效率、成本、权力等因素实现平衡，着力保证境外微观权力正常运行，提高境外微观权力运行的效率，降低境外微观权力运行的成本，保证境外微观权力主体工作人员的政治权利和工作权利。

境外微观权力监察理论体系的形成非一日之功，需要经过长期的经验沉淀和知识积累；非一人之力，需要一大批法学家、党建专家和国家监察实践工作者共同完成。作为法律人，有责任结合工作实际积极参与国家监察理论研究，为构建境外微观权力监察制度贡献力量。有鉴于此，在知名专家学者的鼓励下，在同事们的支持帮助下，我不顾才疏学浅写了这本书。资本是经济活动中的权力，权力是政治活动中的资本，权力在政治学中的作用如同资本在经济学中的作用。在政治学视角下，紧紧抓住权力现象、运用权力工具，使用权力方法对我国海外利益保护和境外反腐败工作面临的问题挑战进行分析研究，希望能在一定程度上深化对境外微观权力的认识，引起对境外微观权力研究的重视，能为境外微观权力监察制度完善提供学理上的支持，进而为中国特色国家监察制度的进一步完善作出理论上的贡献。构建境外微观权力监察制度既要有宏大视野，观照到国家监察制度的纷繁复杂、气象万千，又要有化蝶的执着和细致，一点一点积蓄力量、一个问题一个问题解决，最终才能破茧而出。由于自身所在单位部门任务繁重，完成工作任务已是精疲力竭，此种情形下决定去写这本书，确实是对我智力与体力、毅力与定力的巨大挑战。书中点点滴滴的思考多半是平常交流、座谈、会议中闪过的流星，或者是凌晨带着理论纠结上床却辗转难眠时暗夜的访客。现在回想起来，我要对领导的关心和鼓励，同事们的支持和帮助，亲朋好友的理解和期待表达深深的谢意。

　　虽然已经竭尽全力试图把本书所涉及的微观权力、制约监督、海外利益、监察制度等问题阐释清楚，但是由于研究视野、认识局限等原因，书中观点、表述词不达意、一知半解甚至似是而非之处可能依然不少，恳请大家批评指正。在此需要予以说明的是，我认为应该将自己内心深处的思想和观点淋漓尽致地表达出来，呈现出来，接受理论界的评判和实践的检验。由于自身的水平有限，精力也不够充沛，无力对研究细节精雕细琢，研究内容不拘泥于格式条款等形式上的限制和遣词造句等行文上的桎梏，对一些学术规范上的繁文缛节没有投入过多精力。不当之处、不妥之文，恳请大家谅解。

侯圣鑫

2020 年 12 月